罪犯教育系列教材

ZUIFANJIAOYUXILIEJIAOCAI

RU JIAN JIAO YU

入监教育

司法部监狱管理局 编

长江出版传媒
湖北科学技术出版社

图书在版编目(CIP)数据

入监教育 / 司法部监狱管理局编著. — 武汉 :
湖北科学技术出版社，2011.8(2024.6重印)

ISBN 978-7-5352-4806-0

Ⅰ. ①入… Ⅱ. ①司… Ⅲ. ①监狱-管理-基本知识-中国 Ⅳ. ①D926.7

中国版本图书馆CIP数据核字(2011)第139486号

策　　划:刘　辉
责任编辑:兰季平　王　梅　　封面设计:胡　博

出版发行:湖北科学技术出版社　　电　　话:027-87679468
地　　址:武汉市雄楚大街268号　　邮　　编:430070
(湖北出版文化城B座13-14层)
网　　址:http://www.hbstp.com.cn

印　　刷:武汉珞珈山学苑印刷有限公司　　邮　　编:430200

880×1230　1/32　　11.625印张　280千字
2011年10月第1版　　2024年6月第7次印刷

定价:15.00元

《入监教育》

主　　编：刘金华

副 主 编：陈　琳　周裕坤

参　　编：杨增福　周发新　徐　波

丁若砺　熊　焰　袁　锋

龚友松　胡广才　肖春雷

何　烜　李　新　何　程

编写说明

根据司法部统筹推进以政治改造为统领的五大改造新要求和新时期监狱改造罪犯的需要，按照司法部监狱局统一部署，湖北省监狱管理局组织编写了罪犯教育系列教材《入监教育》。

本教材以习近平新时期中国特色社会主义思想为指导，以将罪犯改造成为守法公民为目标，结合新时期监狱工作和全国监狱入监教育工作发展的实际，在2011年版《入监教育》的基础上，对教材的体例进行了部分调整，坚持了政治性和思想性的统一、继承性和时代性的统一、指导性和实践性的统一。本教材内容翔实、重点突出、可读性强，巧妙穿插了丰富生动的案例和阅读材料，适合新入监罪犯学习和阅读，对促进罪犯改造、维护监管安全、提高改造质量具有重要意义。教材总课时安排为180课时，其中民警授课36课时，讨论36课时，辅助教育28课时，队列训练80课时。

湖北省监狱管理局承担了本教材的编写任务。湖北省监狱管理局高度重视本教材的编写，并由教育改造处具体统筹。各章执笔人如下(按章节先后顺序):导言(杨增福)、第一章(周发新、徐波)、第二章(丁若砺)、第三章(熊焰)、第四章(袁锋)、第五章(龚友松、胡广才)、第六章(胡广才)、第七章(肖春雷)、第八章(何烜)、第九章(李新、杨增福)、结束语(何程)。教材在编写中,借鉴、吸收了当今国内外有关监狱教育改造罪犯的成果,先后三次召开研讨会、初审会、统稿会征求教材编辑委员会、基层民警及相关专家教授的意见,得到了司法部监狱管理局、湖北省沙洋监狱管理局、武汉女子监狱、咸宁监狱、黄州监狱、汉江监狱、襄南监狱、荆州监狱、沙洋汉津监狱、沙洋熊望台监狱、沙洋范家台监狱等单位的大力支持和帮助。由于编者水平有限,疏漏和不妥之处在所难免,敬请各位读者批评指正。

湖北省监狱管理局

2019 年 3 月

目 录

导言　新生从这里起步

当一个人失足犯罪，被判入监服刑，无疑是人生道路上的重大挫折。当接到人民法院的判决书、走进监狱大门的那一刻起，就意味着个人身份发生了变化，意味着监狱改造生活的开始。面对现实，摆在每名罪犯面前的一个关键问题，就是学会调整人生新角色，适应人生新变化。只有深刻反省自己的罪行，做到知罪、认罪和悔罪，才能认识到自己犯罪的严重性和危害性，从而产生悔改念头和赎罪心理，下定悔改决心，真正决裂旧我。这个问题解决得好与坏，不仅影响整个服刑期间的改造生活，而且还会影响到刑满释放后的人生道路。

正因如此，为帮助新入监罪犯树立身份意识、端正改造态度、适应改造环境、熟悉监规纪律、加速行为养成、调整心理情绪、参与习艺劳动、增强改造信心、明确改造方向，按照《中华人民共和国刑法》（以下简称《刑法》）第 46 条、《中华人民共和国监狱法》（以下简称《监狱法》）第 7 条关于“犯罪分子必须接受教育和改造”的规定和司法部第 79 号令《监狱教育改造工作规定》《教育改造罪犯纲要》的要求，监狱将用 1～2 个月的时间，对新入监的罪犯进行入监教育。

一、为什么要接受入监教育

入监教育是监狱对新入监罪犯集中一段时间专门进行的基础性教育。它是监狱执行刑罚的第一道工序,是教育改造罪犯的开始,也是罪犯从看守所到监狱、完成一个“社会人”到罪犯角色转变的重要阶段。因此,每名罪犯都应当充分认识到入监教育的重要性和必要性,学好新生第一课,走好新生第一步。

(一)入监教育是罪犯接受刑罚的第一站

一个人实施了犯罪行为,必然要受到国家的刑事制裁——刑罚。监狱执行刑罚的目的,一是依法对罪犯实施惩罚,二是依法对罪犯进行改造,在多种改造手段的配合下,对罪犯的犯罪思想乃至世界观、人生观、价值观进行矫正和重建,促使他们蜕变成一个守法公民。罪犯在服刑期间,惩罚是普遍存在的,比如每天的学习、劳动、生活被规制,部分权利被剥夺或者严格限制,是不以任何人的意志为转移,更不因某些抵触、反抗或适应不了而发生改变。所以,入监教育让罪犯明白监狱是国家的刑罚执行机关、监狱人民警察代表国家行使刑罚执行职能,认识到监狱人民警察与罪犯是惩罚改造与被惩罚改造的关系、罪犯与罪犯之间是相互监督的竞争改造关系,使罪犯强化身份意识,消除恐惧心理,克服悲观情绪,放下思想包袱,正确面对服刑改造。

(二)入监教育是罪犯认罪悔罪的第一关

罪犯走上犯罪道路的原因是多种多样的,既有客观影响,也有主观故意。但无论是何种原因,只要被判处刑罚,进入监狱后,必然面对认罪悔罪问题。因为,从法院判决到监狱执行这个过程,罪犯处在“罪与非罪”“认罪与不认罪”的思想交织阶段。有的罪犯法律知识缺乏,法治观念淡薄,对犯罪缺乏深刻认识,抱着无所谓的态度;有的罪犯自知犯了罪,该判刑,但心理上无法接受,总在寻找理由开脱罪责,抱着侥幸心理盼改判;有的罪犯对罪行不认,有意抵赖、顽固对抗,持有反动立场、观念与行为。这些糊涂的认识和扭曲的心灵,如果得不到及时的规正与清洗,势必会严重影响罪犯的改造与新生。所以,罪犯进入监狱后,认罪悔罪是“第一关”,是老实接受刑罚惩罚的前提条件,是安心改造、踏实改造的思想基础。入监教育中将从承认犯罪事实、剖析犯罪原因、认清犯罪危害和服从法院判决等方面入手,既帮助罪犯在学习中深刻反省自己的罪行,产生对法律的敬畏,提高对认罪悔罪的认识,又帮助罪犯在改造中修补人格缺陷,重构健康人格,使其走向新生的步伐更加坚实。

(三)入监教育是罪犯迈向新生的第一步

新入监罪犯如果不经过入监教育就分配到监区进行紧张的学习、劳动、生活,往往会在思想认识、人际关系、知识技能等方面出现严重的不适应状态。因此,罪犯在入监教育期间练好服刑改造“基本功”就显得非常重要。一方面要加速行为养成。在入监教育中,通过强化《服刑人员行为规范》的“知”“行”训练、军事化的队列训练和内务训练,使罪犯养成良好的规范意识和行为习惯,让罪犯的一言一行、一举一动都接受监规纪律的约束,从而适应监狱“处处有规范、事事有规则、时时有规定”的改造环境;另一方面强化劳动习艺。入监教育会结合监狱劳动改造的特点,对新入监罪犯进行上岗前的劳动知识、安全常识和岗位技能等方面的培训,帮助罪犯尽快适应劳动岗位，树立热爱劳动观念，为罪犯劳动改造奠好基、开好头、起好步。

二、罪犯接受入监教育的主要内容

根据司法部的要求和新时期监狱改造罪犯的需要，在入监教育期间，监狱重点开展以下方面的教育。

（一）监狱法规教育

主要是要求新入监罪犯通过对《监狱法》等法规的学习，了解监狱的性质、任务和改造罪犯的基本原则与手段；了解监狱执行刑罚的法律依据；了解监狱人民警察的地位与职权；知晓罪犯权利，自觉履行义务等，消除服刑疑虑，增强改造信心。

（二）认罪悔罪教育

主要是让新入监罪犯正确认识认罪服法对自身改造的重要性，教育罪犯敢于承认犯罪事实、剖析犯罪原因、认清犯罪危害、服从法院判决，并消除各种错误认识，逐步做到知罪、认罪、悔罪、赎罪。

（三）政治改造教育

主要是帮助新入监罪犯正确认识政治改造、掌握习近平新时期中国特色社会主义思想的主要内容；通过大力开展爱国主义、集体主义和民族团结教育，强化法治教育和时事政策教育，围绕罪犯在思想上、情感上“五个认同”，促使罪犯树立正确的历史观、民族观、国家观、文化观、宗教观，促使罪犯认识、理解、拥护党的路线方针政策，增强民族自信心和社会责任感。

（四）文化改造教育

主要是对罪犯进行中国特色社会主义先进文化教育、优秀传统文化教育、法治文化教育和监狱文化教育，推进社会主义核心价值观入脑入心，使罪犯懂义利、明是非、敬法度、尚道德、讲诚信，让罪犯在公正文明的执法中感受公平正义，培养罪犯自信自尊、理性平和的心态。

（五）监规纪律教育

主要是通过组织罪犯学习并掌握改造考核与奖惩、分级处遇、互监组管理、教育改造、劳动生产、心理矫治、生活卫生等与自身服刑改造生活息息相关的各项监狱管理制度、规定，帮助罪犯正确对待服刑改造、树立改造信心、明确改造目标、积极踏实改造。

（六）行为规范教育

主要是围绕《监狱服刑人员行为规范》，引导罪犯学规范、背规范、守规范，并开展队列训练和内务训练，强化罪犯的身份意识、纪律意识、服从意识和集体观念，规范行为习惯，掌握服刑技能，增强适应能力。

（七）劳动改造教育

主要是教育新入监罪犯充分认识劳动在改造罪犯中的重要地位和作用；引导罪犯端正劳动态度、养成劳动习惯、掌握劳动技能，完成劳动任务；了解安全生产和劳动保护常识，增强罪犯的劳动意识、安全意识和质量意识，并在劳动中改造思想，矫正恶习。

（八）健康服刑教育

主要是帮助新入监罪犯树立健康服刑改造意识：一是帮助了解健康的重要性，掌握必要的疾病预防知识，养成良好的生活卫生习惯,自觉服从生活卫生管理,维护身体健康;二是传授心理调适的基本技能,引导罪犯正确面对服刑初期常见的心理健康问题,合理调整情绪,处理好服刑期间的各种人际关系,学会珍爱生命。

(九)政策前途教育

主要是引导新入监罪犯树立信心,相信“人是可以改造的”,理解国家的政策和形势有利于罪犯改造;端正思想,下定决心,彻底矫治恶习,制定改造规划,加快改造赎罪步伐;懂得只有重拾诚心,才能尽快回归家庭、回报社会,才有光明前途。

三、罪犯接受入监教育的基本要求

入监教育的出发点和落脚点,就是引导和帮助新入监罪犯正确理解刑罚,正确处理服刑改造期间所面临的和可能遇到的问题与困难。因此,树立正确的服刑意识,积极改造,争创佳绩,才是每一名罪犯的唯一选择。

(一)明确身份,转换角色,过好思想认同关

身份是一个人在社会生活里的出身、地位和资格。罪犯,同样也是一种身份,明确表明了在社会中所处的是接受法律惩罚的社会地位。罪犯应牢记自己的身份,彻底地转换角色,使角色意识在大脑中扎下根来,必须把握好以下三个方面:

1. 对自己社会角色的认同。通俗地讲就是要解决一个“你是什么人”的问题。只要你走进了监狱,穿上了囚服,无论你内心深处是否愿意接受这个现实,实际上你的身份已经转换为罪犯了。只有认识到自己的犯罪行为已经触犯了国家的法律,理应受到法

律的制裁,这是自己应得的下场,才能理智地接受罪犯的身份,才能自觉接受刑罚和改造。

2. 对自己社会环境的认同。通俗地讲就是解决一个"这是什么地方"的问题,罪犯必须明白自己所处的社会环境是执行刑罚的场所——监狱。在监狱里,罪犯的所有言行必须符合监规纪律的要求,罪犯只有认同这种环境,接受这种事实,才能尽快地从心理上缩短适应监狱环境的过程,只有时刻记住自己失去人身自由是咎由自取、罪有应得,使自己的服刑生活变得平安、顺利。

3. 对自己社会责任的认同。通俗地讲就是解决一个"到这里来干什么"的问题。我国监狱工作方针是"惩罚与改造相结合、以改造人为宗旨。"在监狱接受惩罚与改造是罪犯的根本任务。罪犯只有明白自己到监狱里来干什么,才能树立起正确的改造观,才能使身份意识在自己的头脑扎下根来,完成由不自觉到自觉的转变过程,使自己真正像一名罪犯,安心服刑,诚心改造。

以上三个方面是罪犯角色意识不可分割的有机组成部分,层层递进,缺一不可。也就是说,只有从心理上真正认同自己是一名罪犯了,才会主动去适应监狱的环境要求,才会尽快进入角色,主动接受入监教育,遵规守纪,服管服教,为今后的自觉改造争创佳绩打好基础。

(二)端正态度,规范言行,过好行为调整关

改造态度的好坏,决定改造结果的优劣。改造态度好,看到的就是健康、快乐、积极、向上的一面,就可能得到越来越多的表扬、减刑甚至假释的机会,刑期将会越来越短,最终凤凰涅槃、浴火重生;改造态度不好,看到的就是悲观、失望、郁闷、灰暗的一面,得到

的将是警告、记过、禁闭处罚的可能，甚至刑期可能会越来越长。最终，亲人会疏远你，其他罪犯会远离你，监狱也必定会更加严厉地惩罚你，在监狱服刑期间除了得到所谓的“苦难”之外，其他的将一无所获。入监教育是端正改造态度的必修课，针对罪犯改造中的问题，帮助打好思想改造基础，防御不良思想的侵蚀。

“你改变不了事实，但你可以改变态度；你改变不了过去，但你可以改变现在”。因此，每一名新入监罪犯要从现在开始，将《监狱服刑人员行为规范》内化于心，外化于行，端正改造态度，反思犯罪教训，痛下决心，矫治恶习，重塑自我。

（三）消除疑虑，调适心理，过好情感融入关

监狱的高墙电网，与社会、家庭、亲友之间强制隔离的监管措施，让罪犯在入监之初，往往会对自己的改造前途有恐惧、迷茫之感。这一方面是因为大多数罪犯是第一次进入监狱服刑改造，对监狱的情况知之不多，不知道自己将面临什么样的前途；另一方面是对监狱的监规纪律、生活待遇缺乏应有的了解，不知道自己将经历怎样的改造生活；同时，由于对监狱的教育、劳动等方面要求更是一无所知，不知道自己该做什么、不该做什么和怎样去做等种种疑虑。而且，漫长的刑期才刚刚开始，牵挂家人却又有心无力，这都是新入监罪犯最容易背上的沉重思想包袱。对此，新入监罪犯应当积极投入到文化改造之中，培养自己的文化认同；配合心理测试，及时调适心理；消除一切疑虑，化“牵挂”为积极改造的动力，用争取减刑、假释等实际行动为家庭分忧解愁。从而稳定罪犯情绪，加快情感融入，提高对监狱生活的适应能力。

（四）联系实际，学以致用，过好新生起步关

入监教育重在学，但更重在做，要学以致用，指导改造实践。

每一名新入监罪犯要积极发挥主观能动性，用学到的知识来指导自己的改造实践。思想顾虑重重、对监狱持不信任态度的罪犯，通过学习监狱的性质、任务、方针、政策以及各种监规纪律，应当消除顾虑，相信政策；行为规范达不到要求、对监狱的监规纪律一时不适应的罪犯，要通过学习行为规范并严格执行，加强锻炼，尽快适应。

勇敢地面对现实，以积极的姿态尽快适应改造生活，把入监教育当作自己迈向新生彼岸起点，沿着积极改造之路，重塑新的人生。

一切都已结束，一切都将开始！

第一章　认识监狱　明确身份

随着法治中国建设的推进,我国监狱的法律法规日益健全完善。罪犯进入监狱以后,一定要认识监狱,了解监狱法律法规的精神实质,逐步适应服刑改造环境,放下包袱,消除疑虑,打好思想改造基础。认清自己的身份,树立正确的角色意识、规范意识和服刑改造意识,明确监狱是改造人、教育人、挽救人的地方,振作精神,认清前途,全身心地投入到改造中去。

第一节　监狱是国家刑罚执行机关

监狱是随着国家的出现而产生的。无论古今中外,只要有国家,就会有监狱。监狱随着国家的发展而不断向前发展,其刑罚理念和行刑思想也是随着国家的进步发展而不断调整完善。

一、监狱的含义和特征

(一)监狱的含义

《监狱法》第2条明确规定:"监狱是国家的刑罚执行机关。依照刑法和刑事诉讼法的规定,被判处死刑缓期 2 年执行、无期徒刑、有期徒刑的罪犯,在监狱内执行刑罚。”对监狱概念,可以从四个方面来理解。

1. 监狱是国家的刑罚执行机关。公民因为触犯刑法而被法院判处刑罚后,为保证法律的严肃性和强制性,其刑罚必须得到有效的执行。为此,国家专门设置监狱,负责对罪犯的刑罚执行。《监狱法》明确规定:“监狱是国家的刑罚执行机关。”这是在法律层面上准确地表明了什么是监狱和我国监狱的基本职能。它表明监狱在国家对犯罪的侦查、起诉、审判、执行四大环节中,居于独立的重要地位。监狱对罪犯执行刑罚时,依法对罪犯做出的任何奖励或惩罚都代表国家法律权力,体现国家意志,具有强制性。

2. 监狱关押罪犯必须依法进行。监狱是法律赋予的关押对已发生法律效力被判处有期徒刑以上(3 个月以下除外)刑罚罪犯的特定场所。主要表现在收押的罪犯必须是被法院判处刑罚并必须符合依法关押条件,在执行刑罚的活动中,执法主体、执法内容、改造手段、工作程序等必须符合法律规定并严格依法执行。一是监狱是法律特定的刑罚执行的主体,这种主体资格是其他任何机关所代替不了的;二是对罪犯的一切执法内容都必须严格控制在法律规定的范围之内;三是监管手段、教育手段和劳动手段等其他改造罪犯手段必须符合法律规定,既要体现出刑罚的不可抗拒性和强制性又要凸显出法律的情理性和人性化特点;四是监狱必须严格执行刑罚的各项程序,对罪犯从收押、服刑改造到刑满释放等各项执法活动都必须要依据法律进行,对罪犯的各种行政和刑事奖励要严格按程序规定进行;五是监狱执行刑罚的各项活动要接受有效的监督。

3. 监狱是关押罪犯的特定场所。监狱是法律赋予的唯一关押对已发生法律效力被判处死刑缓期两年执行、无期徒刑、余刑在3个月以上有期徒刑罪犯的特定场所。监狱有自己特定的表现形式,比如监狱一般有高墙电网等警戒设施,武装看押,严格的管理和纪律约束,通过一定的强制手段,限定罪犯的活动范围等等。

4. 监狱关押的对象具有特定性。监狱是国家的刑罚执行机关,但不是唯一的刑罚执行机关。在我国执行刑罚的机关基本上有三种:一是监狱。监狱关押的对象是被依法判处死刑缓期2年执行、无期徒刑、有期徒刑(余刑3个月以下除外)的罪犯。被依法判处其他刑罚的,不是监狱收押的对象;二是法院、公安机关。被判处死刑(立即执行)和独立适用附加刑的由法院执行;有期徒刑在3个月以下、管制、拘役等刑罚的执行则由公安机关依法在看守所执行;三是社区矫正机关。中华人民共和国《刑事诉讼法》(以下简称《刑事诉讼法》)第269条明确规定:"对被判处管制、宣告缓刑、假释或者暂予监外执行的罪犯,依法实行社区矫正,由社区矫正机构负责执行。"

概括地说,监狱是国家机器的重要组成部分,是国家的刑罚执行机关,是以国家强制力为后盾,依法对被判处死刑缓期二年执行、无期徒刑、有期徒刑的罪犯实行监禁和矫治的场所。

(二)监狱的特证

1. 法定性。即由法律、法令所规定。我国监狱作为刑罚执行机关,是由《监狱法》明确规定的,监狱的一切活动都是依照法律的规定进行的。

2. 强制性。主要表现在以下几个方面：①罪犯的自由被严格限制和部分权利被剥夺，不以任何人的意志为转移，更不因为任何人抵触、反抗或适应不了而发生改变。②监规纪律必须严格遵守，各项法令必须执行。③强制性劳动改造。《监狱法》明确规定："有劳动能力的罪犯，必须参加劳动。"④服从管理，令行禁止。监狱实行的是规范管理，监狱人民警察与罪犯之间是管理者与被管理者的关系，要求罪犯必须服从监狱人民警察的管理和教育，做到令行禁止，绝对服从，不得擅自活动，自行其是。⑤环境设置有特别规定。监狱在一定的地域空间内四周设置高墙电网，使罪犯与社会隔离，内部监舍钢栏铁护，戒备森严，封闭严密，威严庄重。这样的环境设置，一方面是营造威严的改造氛围，起到震慑罪犯、惩罚罪犯、限制罪犯人身自由的作用；另一方面也是为了保证监管秩序的稳定和改造的安全，防止罪犯脱逃和意外事故发生，实现监管改造安全的可持续性。

3. 目的性。监狱对罪犯身心进行限制或强制，从客观上说有促进罪犯加速改造、重塑自我的积极作用，两者相互依存，相辅相成，共同显示了惩罚与改造的两大功能。没有限制和强制性因素，达不到惩罚的目的；没有积极有利的促进性因素，实现不了改造的目标。限制自由，无疑会给罪犯带来痛苦，但更能促进罪犯自我反思，重新做人。强制服从，能促进罪犯养成良好生活习惯，培养守法意识。权利被限制，能让罪犯痛定思痛，悔过自新。

4. 规范性。监狱处处有规范，事事有规则，时时有规定，罪犯的一言一行、一举一动都必须符合《监狱服刑人员行为规范》。这种规范性本身就是刑罚实施的具体体现，也是促使罪犯养成良好的行为习惯和守法守规强有力的手段。监狱对罪犯实行规范管理,强调节奏和规律,一日之内,作息有序,一年之内,寒暑交替,张弛有度,劳逸相谐。这种节律一定程度上反映出改造的时序性、阶段性和计划性,能够促进罪犯逐步适应环境、规范养成。

二、监狱的性质和任务

(一)我国监狱的性质

所谓性质,是指事物本身所具有的、区别于其他事物的特征,也就是事物的本质属性。我国监狱的性质是指我国监狱区别于其他国家机关的特殊属性。总体上讲,我国监狱的性质主要体现在以下三个方面。

1. 从法理意义上来说,作为国家刑罚执行机关的监狱,是国家机器的重要组成部分。所谓的国家机器,就是国家设置的,旨在维护国家主权、领土完整,保障国家安全和人民生命、财产安全的机构。如军队、警察、法庭、监狱等都属于国家机器的范畴。在现代,不同的国家虽然有不同的政体和社会制度,但监狱普遍是作为国家机器的重要组成部分,是由国家设置的,并代表国家法律对依法剥夺犯罪人某些权益的处罚进行强制执行的机关。

《监狱法》第 2 条明确规定:“监狱是国家的刑罚执行机关。”它表明:其一,我国的监狱是以国家的名义来组织,代表国家执行刑罚的机关,是国家机器的组成部分。它的设置、撤销、迁移必须由国务院司法行政部门批准,其他任何个人、团体没有资格组织监狱,也不允许任何个人、团体来组织监狱。其二,监狱是执行刑罚的主体机关。刑罚是国家对犯罪分子实施的最严厉的强制方法。审判机关对罪犯的刑罚作出之后,必须使刑罚得以实现,监狱就是具体执行刑罚的主体机关。《监狱法》第2条规定:"被判处死刑缓期2年执行、无期徒刑、有期徒刑的罪犯,在监狱内执行刑罚。"第15条规定:"罪犯在被交付执行刑罚前,剩余刑期在3个月以下的,由看守所代为执行。"其三,我国监狱与公安机关、检察机关、法院同属国家政法机关。监狱作为执行刑罚的机关,与公、检、法组成了系统的执法体系,是相互配合、相互制约的关系,其地位是平等的。

2. 从政治意义上来说,我国监狱是人民民主专政的工具之一。这一特性是由我国的经济基础和国家性质决定的。中华人民共和国《中华人民共和国宪法》(以下简称《宪法》)明确规定:"中华人民共和国是工人阶级领导的、以工农联盟为基础的人民民主专政的社会主义国家。"在我国,工人阶级是人民政权的核心,人民群众是国家的主人,工人阶级和广大人民群众在国家政治生活、经济生活和社会生活中享有充分的民主权利,而对极少数敌对分子实行专政。邓小平在《坚持四项基本原则》中强调:"在阶级斗争存在的条件下,在帝国主义、霸权主义存在的条件下,不可能设想国家专政职能的消亡。""我们必须看到,在社会主义社会,仍然有反革命分子,有敌特分子,有各种破坏社会主义秩序的刑事犯罪分子,有贪污盗窃、投机倒把的新剥削分子,并且这种现象在长期内不可能完全消灭。同他们的斗争不同于过去历史上的阶级对阶级的斗争,但仍然是一种特殊形态的阶级斗争,或者说是历史上的阶级斗争在社会主义条件特殊形式的遗留。"①这就是说,国内阶级斗争还在一定范围内存在的情况下,在国际帝国主义、霸权主义存在的情况下,必须继续坚持人民民主专政。党的十九大报告提出:"坚持国家总体安全观,统筹发展和安全,增强忧患意识,做到居安思危,是我们党治国理政的一个重大原则。"而监狱安全是保障国家总体安全的重要组成部分。监狱是人民民主专政的工具,因此监狱的专政职能不仅不能遗失,还必须加强。这就决定了我国的监狱只能是人民民主专政的工具,是工人阶级和广大人民手中的锐利武器,是根据人民群众的利益和意志,对一切严重危害国家和人民利益的罪犯实行惩罚与改造的场所。

3. 从改造功能上来说,我国监狱是改造人的特殊学校。对罪犯不是单纯地进行关押惩罚,而是在监管关押惩罚的基础上,通过教育和劳动的手段进一步达到惩罚和改造的目的。监狱工作方针"惩罚和改造相结合,以改造人为宗旨",就深刻体现出这一点。注重罪犯思想本质改造,矫正犯罪恶习,培养罪犯劳动观念和劳动习惯,帮助他们弃恶从善、学有所长,掌握谋生本领,把罪犯重新塑造成为新人,使其重新适应社会,成为社会守法公民,是中国社会主义监狱特色。

为突出我国监狱改造的特殊职能作用,我国监狱从机构的设置上、从管理的模式上、从改造的手段上都突出了"教育改造人"的特点。因此,我国监狱又体现出学校的教育职能,既是监狱又是一所特殊的学校,教育改造功能是我国监狱独有的特殊功能。为了

---

①邓小平《坚持四项基本原则》,1979 年 3 月 30 日在党的理论工作务虚会上的讲话。

充分发挥这一特殊功能，我国监狱建立了与社会教学体制基本相同的教学机制，设置了相关的教育课目，开展了系统的政治改造教育、文化改造教育和职业技术教育。经过严格的考试，合格的罪犯将获得国家承认的学历证书和专业技术等级证书。

近年来，全国监狱罪犯通过高等教育自学考试，获得了文化毕业证书；通过职业技术培训，获得了技术等级证书。通过教育学习，极大地提高了罪犯的综合素质，也使我国监狱不仅较好地发挥了刑罚执行的职能，而且成为改造人的特殊学校，这是我国社会主义监狱体制区别于资本主义监狱体制的根本性标志。

综上所述，我国监狱：一是具有关押罪犯权力的独立性。国家公民因犯罪而被判处刑罚后，刑罚的执行只能由监狱来承担，其他任何单位或机构不得行使这一职权；二是体现了惩罚与改造相结合的原则。我国的监狱不仅仅是惩罚犯了罪的人，更主要的是通过各种教育手段提高罪犯改造质量并由此产生良好社会效果。

(二)我国监狱的任务

监狱的任务是由监狱的性质决定的。我国监狱作为国家的刑罚执行机关，作为人民民主专政的工具之一，作为改造人的特殊学校，其根本任务是通过执行刑罚与改造罪犯，达到预防和减少犯罪的目的，促使罪犯回归社会后遵纪守法，成为守法公民。简而言之，我国监狱的根本任务就是对罪犯进行惩罚和改造。

1. 惩罚罪犯。对罪犯实施惩罚，是法律赋予监狱机关的一项执法任务。《刑法》第 46 条规定：“被判处有期徒刑、无期徒刑的犯罪分子，在监狱或者其他执行场所执行；凡有劳动能力的，都应当参加劳动，接受教育和改造。”《刑事诉讼法》第 264 条规定：

"对被判处死刑缓期2年执行、无期徒刑、有期徒刑的罪犯,由公安机关依法将该罪犯送交监狱执行刑罚。"监狱机关依照法院的判决书和执行通知书,依法将罪犯监禁起来,限制其人身自由,以强制手段作保障,规范其服刑期间的活动。由此可见,监狱作为刑罚的执行机关,其首要任务就是要把对罪犯实施的惩罚落到实处。不管罪犯的意愿如何,都必须无条件地接受这种不可侵犯的强制性惩罚。

对罪犯的惩罚手段应该是多种多样的。根据我国监狱多年的司法实践,当前主要是选择了把罪犯与社会隔离这一惩罚方式。主要原因:一是通过与社会的隔离,有利于限制罪犯的各种违法心理需求,消除他们在社会上继续犯罪的条件,并且体验到国家法律的严肃性和不可侵犯性;二是通过对罪犯限制一定人身自由和规范行为的惩罚,可平息民愤、伸张正义,并威慑社会其他不法分子,使他们悬崖勒马,迷途知返,达到预防和减少犯罪,稳定社会秩序,保障人民群众生命和财产安全的目的。三是通过与社会的隔离,减少社会各种负面因素对罪犯的影响,防止罪犯犯罪思想在还没有彻底矫治好之前出现波动或反复,不利于罪犯认罪服法、矫正恶习、重新做人。

2. 改造罪犯。《监狱法》第3条规定:"监狱对罪犯实行惩罚和改造相结合、教育和劳动相结合的原则,将罪犯改造成为守法公民。"由此可见,对罪犯实施惩罚,是手段,而不是目的,把罪犯改造成为守法公民,才是监狱的根本任务和目的。我国监狱在执行刑罚的过程中,通过政治改造、监管改造、教育改造、文化改造、劳动改造手段,强制罪犯接受教育,通过严格、系统的思想道德教育和文化知识教育，矫治其犯罪思想，树立正确的人生观和价值观，从根本上清除其原有的犯罪思维模式。同时通过强制罪犯劳动，帮助罪犯抛弃不劳而获的寄生思想，养成劳动习惯，学会生产技能，并逐步培养罪犯自觉改造意识，最终把罪犯改造成为守法公民和社会有用之材。

三、监狱执行刑罚的法律依据

（一）宪法依据

宪法是我国的根本大法。《宪法》第 28 条规定："国家维护社会秩序，镇压叛国和其他危害国家安全的犯罪活动，制裁危害社会治安、破坏社会主义经济和其他犯罪的活动，惩办和改造犯罪分子。"这是我国在惩罚和改造罪犯方面具有最高法律效力的宪法依据。监狱执行刑罚，惩罚和改造罪犯的一系列原则、政策、制度等，都是依据宪法的规定而制定和执行的。

（二）基本法律依据

《刑法》第 46 条规定："被判处有期徒刑、无期徒刑的犯罪分子，在监狱或者其他执行场所执行；凡有劳动能力的，都应当参加劳动，接受教育和改造。"据此，关于监狱刑罚执行的对象是谁、对罪犯是否进行劳动改造和教育等问题都有了相应的基本法律依据。

《刑法》第 78 条、第 79 条、第 81 条分别规定了罪犯减刑和假释的条件及相应的法定程序，这些规定为监狱行使减刑、假释建议权提供了实体上的基本法律依据。

(三)专门法律依据

1994年12月29日,第八届全国人大第十一次常委会审议通过的《监狱法》,是新中国成立以来第一部有关监狱惩罚和改造罪犯方面的专门法律,是国家重要的刑事法律之一。它的颁布,填补了我国刑事立法的空缺,与《刑法》《刑事诉讼法》共同构成了我国完整的刑事法律体系,完善了从侦查、起诉、审判到执行的刑事司法制度,以法律形式明确规定了国家刑罚执行机关与国家法律监督机关、审判机关、侦查机关在刑罚执行过程中的相互关系。2012年10月26日中华人民共和国第十一届全国人民代表大会常务委员会第二十九次会议通过了《关于修改〈中华人民共和国监狱法〉的决定》,对于涉及罪犯被交付执行刑罚的剩余刑期,暂予监外执行,实行社区矫正等条款做了修改和完善。第15条修改为:“罪犯在被交付执行刑罚前,剩余刑期在3个月以下的,由看守所代为执行。”第27条修改为:“对暂予监外执行的罪犯,依法实行社区矫正,由社区矫正机构负责执行。原关押监狱应当及时将罪犯在监内改造情况通报负责执行的社区矫正机构。”并自2013年1月1日起施行。具体体现在三个方面:

1. 监狱法调整的范围是监狱行刑活动。我国的刑事法律体系主要是由刑事实体法(《刑法》)、刑事程序法(《刑事诉讼法》)和刑事执行法(《监狱法》)三部分所组成的。刑事实体法和刑事程序法是从刑事诉讼的角度解决定罪量刑问题,即依法确认犯罪嫌疑人有罪或无罪以及刑罚轻重的问题。

监狱行刑是我国行刑活动的重要组成部分,具体是指监狱对被判处死刑缓期2年执行、无期徒刑、有期徒刑的罪犯执行刑罚,实施惩罚和改造的活动。由于我国是人民民主专政的社会主义国家,因此,监狱行刑活动是基于国家惩罚和改造罪犯的需要而产生的一种特殊的社会实践活动,它不是简单、被动和消极地行刑,而是在依法惩罚罪犯的基础上融进了更为先进而又科学的改造内涵。

2. 监狱法调整监狱行刑活动中所发生的一定的社会关系。在监狱行刑活动中,除了监狱、监狱人民警察和罪犯之外,一些社会组织、社会团体和个人还参与或介入其中,参加者彼此之间形成了多种社会关系。监狱法正好起到了调整这些由于监狱行刑而形成的多种社会关系中最主要、最基本的社会关系的作用。

(1)调整监狱与罪犯之间惩罚与被惩罚、改造与被改造的关系。监狱及其监狱人民警察和罪犯,是监狱行刑活动中最基本的直接参加者,他们之间发生的关系是监狱行刑活动中最基本、最普遍的关系。监狱的职责是代表国家依法对罪犯实施惩罚和改造,监狱及其人民警察是监狱行刑活动的组织者、管理者和领导者。对罪犯的惩罚与改造需要严格依照国家的意志和法律办事,因此,必须摆正国家、监狱与罪犯之间的关系。同时要提高监狱和改造罪犯工作的质量,必须调动监狱人民警察和罪犯两个方面的积极性。所以,监狱人民警察和罪犯双方在监狱行刑法律活动中的权利、义务,是监狱法调整的主要对象和内容。

(2)调整监狱系统内部的工作关系。我国的监狱系统在组织上形成了一个周密完备的网络,上下左右、纵向横向,在工作上都存在着有机的联系,需要定期沟通和交流。

(3)调整其他社会关系。与公、检、法、武警因执行刑罚而产生的协助关系。监狱作为国家的刑罚执行机关,不仅在收监、管理、奖惩以及处理申诉、保外就医、假释、追捕等方面,还是在对罪犯的教育改造上,都需要公安、检察、法院、武警等部门的配合、支持及相互制约。这些关系,需要监狱法来调整。同时,也调整监狱与其他国家行政机关、社会团体、社会组织以及个人之间相互配合、相互监督的关系。监狱行刑与改造罪犯是一项社会性比较广泛的工作,需要社会有关部门如民政、财政、工、青、妇等部门的协助与支持,需要罪犯家属、亲朋好友及其原所在单位、街道的紧密配合,这些都是改造罪犯和提高监狱行刑效果必不可少的重要条件。从实践中看,只有监狱法对这些关系进行规范和调整,充分发挥法律调节的强制作用,才能使罪犯的社会帮教落到实处。

3. 监狱法是调整监狱行刑活动中一系列法律规范的总称。我国监狱法的内容和表现形式十分丰富,各种不同层次、不同效力的法律形式相互补充,形成了一个完整的监狱法律体系。而这里的监狱法是指以《中华人民共和国监狱法》为核心而形成的法律法规体系。所指的正是调整监狱行刑活动中一系列法律规范的总称。

第二节　监狱改造罪犯的原则和手段

不同社会制度下的国家监狱,具有不同的改造罪犯的原则和手段。我国是社会主义国家,重视人权,重视人的全面健康发展,注重公民道德、文化素质的全面提高,创造高度的社会主义精神文明是社会主义优越性的重要体现之一。因此,我国的社会主义国家性质决定了监狱在改造罪犯的过程中,必须坚持科学的、正确的与国情相符合的基本原则和手段。

一、我国监狱的工作方针

我国现行的监狱工作方针是"惩罚与改造相结合,以改造人为宗旨"。这一方针是几十年监狱工作经验的科学总结。

(一)我国监狱工作方针的含义

"惩罚与改造相结合、以改造人为宗旨"的方针,是根据我国监狱的性质、任务及改造罪犯的成功经验为依据制定的,它完整地体现了我国的刑事政策,正确地解决了监狱行刑与改造的关系。它包含三层意思:一是惩罚。惩罚罪犯是古今中外的一切监狱所共同具有的职能。我国监狱也不例外。《宪法》第 28 条也明确规定了"惩办和改造犯罪分子";二是与改造相结合。我国监狱对罪犯执行刑罚并不是单纯惩罚,还要对罪犯进行改造。即通过政治、监管、教育、文化和劳动手段,改造罪犯的思想,矫治罪犯的恶习,使其养成劳动习惯,学会生产技能;三是以改造人为宗旨。我们的最终目的是把罪犯改造成为自食其力的守法公民和建设社会主义的有用之材。

(二)现行监狱工作方针的意义

"惩罚与改造相结合,以改造人为宗旨"的监狱工作方针,重申了长期以来我国监狱工作的指导思想,反映了对监狱本质认识上的不断深化,体现出与国际行刑相适应的发展趋向,具有重大的历史意义和现实意义。

1. 体现了社会主义刑罚的进步性。监狱是国家的刑罚执行机关,对罪犯执行刑罚是法律赋予监狱的重要职能。监狱在对罪犯实施惩罚和改造时,强调“惩罚与改造相结合”,也就是在依法监管的前提下,统筹推进以政治改造为统领的五大改造,对罪犯进行感化、挽救。惩罚不是监狱工作的主要目的和意图,无论是刑罚执行、狱政管理、教育改造,还是组织罪犯劳动生产,其主要目的和意图,都是为了改造人,都是要围绕“改造人”这一中心工作展开各项活动。在依法监管的前提下,将对罪犯的惩罚与改造充分结合,并以改造人为宗旨,这是我国监狱区别于一切剥削阶级国家监狱的重要标志之一,是伟大的、历史的进步。

2. 体现了我国监狱工作的特色。我国监狱制度与剥削阶级监狱制度最根本的区别,在于抛弃了单纯惩罚罪犯或以惩罚罪犯为核心的传统刑罚执行制度,建立了以改造罪犯为核心的社会主义的新型刑罚执行制度。我国监狱工作的主要目的,较之传统的刑罚执行制度发生了质的变化。监狱工作方针中的“以改造人为宗旨”,是马克思主义改造罪犯的基本理论在中国监狱工作中的科学运用,体现了我国监狱工作的社会主义特色。

3. 体现了监狱工作的时代性。从世界上绝大多数国家的监狱行刑发展史来看,大体上都经历了从“单纯报复刑主义”到“教育刑、目的刑主义”的演变过程。这一发展过程的实质,是要在监狱工作指导思想上解决到底是以惩罚为主,还是以矫正为主的问题。虽然矫正与改造两个概念的内涵及外延不尽相同,但是至少两个概念在消除犯罪恶习,重返社会这个意义上具有一致性。现行的监狱工作方针规定:“惩罚与改造相结合,以改造人为宗旨。”这就是说,惩罚与改造是监狱的两个职能,二者不可偏废,但最终要以罪犯重归社会,将罪犯改造成为守法公民作为主要目的和归宿。这一方针既符合我国监狱工作的一贯指导思想,又体现了与国际行刑发展潮流相适应的时代特征。

二、改造罪犯的主要原则

原则是基础,是前提,是一切行动的导向,只有坚持正确的原则,才能达到预期的效果。我国监狱改造罪犯的原则在《监狱法》第3条中做了明确规定:“监狱对罪犯实行惩罚和改造相结合、教育和劳动相结合的原则,将罪犯改造成为守法公民。”

(一)惩罚和改造相结合的原则

惩罚就是把罪犯监禁起来,实行严格管制,限制其行动自由,强制其参加生产劳动,强制其接受教育。监狱作为国家刑罚执行机关,首先表现的是对罪犯的惩罚职能。对罪犯实施惩罚,充分体现出监狱作为国家刑罚执行机关执行法律的严肃性和强制性。一个人犯了罪,触犯了刑律,侵犯了国家和受国家法律保护的公众利益,就应当受到惩罚。使其对自己的犯罪付出代价的同时,深刻认识到国家法律的神圣性和不容侵犯性,从而有所畏惧,有所悔悟。不经历惩罚的过程,罪犯就很难认识到自己的过错和罪恶,也很难产生悔罪和弃恶扬善的念头。

改造就是对罪犯进行教育,转变其犯罪思想,矫正其犯罪恶习,清除其错误的认知,并结合生产劳动培养罪犯自食其力的能力，把罪犯重新塑造成守法公民和社会有用之才。改造罪犯是我国监狱机关的重要职能，也是社会治安综合治理的必然要求。只有对罪犯进行改造，才能从根本上消除其犯罪思想，把他们从社会的破坏力量转变成社会的建设力量，才能使社会治安环境不断得到净化。

惩罚罪犯和改造罪犯是法律赋予监狱机关的两大基本任务，但惩罚和改造并不是相互独立的，更不是相互对立的，两者相互依存，相互作用，相互影响。首先，惩罚是改造的前提和条件。没有必要的惩罚就不可能实现改造的目的。因为任何一个人走向犯罪都不是偶然的，而是在其犯罪思想和意识的支配下实施的。对罪犯的改造不同于对一般人的改造，没有强制惩罚的过程，也就无法进入自觉改造的过程，改造罪犯的目的就无法完成。同时，惩罚也是一种改造手段，惩罚本身也包含着强制改造的功能。另一方面，改造又是惩罚的目的。监狱作为国家刑罚执行机关，代表国家执行刑罚，绝不是简单的监禁关押，让罪犯受到痛苦，而是通过惩罚，加上动之以情、晓之以理的教育，使罪犯产生心灵上的震动和良心上的发现，从而认罪悔罪，达到改造罪犯的目的。

在改造罪犯的工作中，必须坚持惩罚与改造相结合的原则，不能片面强调惩罚或改造的作用，要两者并举，忽视任何一方都是极其有害的。应该看到，改造罪犯是一项长期艰巨的任务，需要经过不断的反复。在反复的过程中，必须把惩罚与改造结合起来，坚持惩罚与改造的一致性。也就是说，监狱在采取惩罚措施时，要注意与改造相结合，要体现改造的思想，不违背改造的要求。在采取改造措施时，要注意与惩罚相结合，要重视惩罚的作用，不违背惩罚的要求。但是必须强调的是，惩罚的方式是限制罪犯的人身自由而不是体罚虐待，惩罚的目的在于改造罪犯成为社会的守法公民。

实践工作中要坚定不移地、始终如一地遵守惩罚与改造相结合的原则，不能顾此失彼，更不能把两者对立起来，应该看到只强调惩罚而忽视改造，必然导致惩办主义；只强调改造而忽视惩罚就难以维护正常的改造秩序，最终也达不到改造罪犯的目的。

（二）教育和劳动相结合的原则

教育与劳动相结合的原则是我国监狱工作一贯坚持的原则。《监狱法》将其规定为刑罚执行的基本原则之一。

教育是指影响人的思想品质、增强人的文化知识和技能的一切活动。这里说的教育不是一般意义上的教育，而是与刑罚活动相联系的改造罪犯的一种手段。对罪犯教育，实质上就是监狱机关所实施的旨在转变罪犯思想、传播文化知识和技能的有目的、有组织、有计划的系统影响活动。法制观念淡薄、贪图享乐、好逸恶劳、思想腐化堕落，是罪犯诸多犯罪原因中最主要的原因，要改造罪犯就必须从教育着手，采用强制的方法，用先进的、科学的思想理论对他们进行灌输、教育，以破除罪犯的犯罪思想，增强法制观念和判断是非的能力，树立正确的人生观、价值观、道德观，同时采用正规化的文化、技术教育，提高罪犯文化素质和劳动技能。

改造罪犯在施以教育手段的同时，还必须施以劳动手段。因为劳动是最基本的实践活动，它对人类社会的发展具有决定性的意义。马克思曾经说过“劳动创造世界”。人们在劳动过程中，不但改造客观世界，而且改造主观世界，劳动对改造罪犯尤为重要。通过劳动，使罪犯了解社会财富来之不易，可以帮助罪犯消除好逸恶劳、贪图享乐的心理,可以帮助罪犯树立劳动观念,养成劳动习惯,从而帮助罪犯形成正确的劳动观和价值观。

尽管教育和劳动在改造罪犯过程中都有着重要作用,但是仅有教育或仅有劳动都是无法达到改造罪犯的目的的。教育和劳动相互影响,相互作用,两者关系十分密切。教育的观点和内容可以放到劳动实践中去体验。在劳动的实践中,可以增长知识,提高认识,受到启发和教育。二者相互补充,相得益彰,在改造罪犯中共同发挥作用。

坚持教育与劳动相结合的原则,就是要坚持教育和劳动是两个改造罪犯的基本手段,不能片面强调一方的作用而忽视另一方的作用。要通过教育和劳动,循序渐进、潜移默化地实现对罪犯的改造,把罪犯重新塑造成新人。尽管随着罪犯构成的变化,随着社会形势的发展,随着监狱工作的进步,对罪犯改造的政策、方法等也在不断发展变化。但是,无论怎么变化,教育和劳动这两个改造罪犯的基本手段不会变。过去我们坚持这两个基本手段,成功地改造了日伪战犯,改造了历史反革命犯以及一大批刑事罪犯,取得了伟大成就。现在我们要继续坚持。《监狱法》规定教育和劳动相结合的原则,就是为了在改造罪犯的工作中有保证地遵循和坚持这一原则。

三、改造罪犯的基本手段

改造罪犯的手段是监狱将罪犯改造成为守法公民所采取的措施和方法。我国监狱在改造罪犯的过程中,根据改造罪犯的需要,采取多种措施和方法进行改造。其中有些措施和方法贯穿于改造罪犯的全过程，在改造罪犯中起着决定性作用，这些措施方法就是改造罪犯的基本手段。

2018 年全国监狱工作会议要求，要坚持以政治改造为统领，统筹推进监管改造、教育改造、文化改造、劳动改造的五大改造新格局，这就是监狱改造罪犯的基本手段。

（一）政治改造

政治改造，主要是指监狱把党的历史、党的理论，特别是习近平新时期中国特色社会主义思想作为对罪犯政治改造的核心内容，大力开展爱国主义教育、集体主义教育、民族团结教育，并且强化以宪法为重点的法治教育，及时开展时事政策教育，促使罪犯认识、理解、拥护党的路线方针政策，减少罪犯对党和政府的仇视、对立情绪，引领罪犯感激、感恩党和政府。监狱可以通过组织罪犯唱国歌、升国旗、感党恩等多种政治改造活动，增强罪犯自觉接受政治改造的内在动力，确保政治改造入脑入心，促使罪犯从思想上、情感上认同党的领导、认同伟大祖国、认同中华民族、认同中华文化、认同社会主义道路，使罪犯树立正确的历史观、民族观、国家观、文化观、宗教观。政治改造是我国监狱改造罪犯最核心的措施，也是改造罪犯五大手段的统领。

（二）监管改造

我国监狱的监管改造，主要是指对罪犯依法进行监督管理，通过严肃的纪律约束、强制性的言行规范和生活规范，系统化的养成教育，准确公正的执法，严格的考核监督办法，鲜明、及时的奖励和惩罚措施，使罪犯的犯罪恶习逐步得到矫治，良好的行为习惯逐步养成,由强制改造逐步过渡到自觉改造。监管改造是对罪犯进行教育改造与劳动改造的前提和保障,脱离了监管改造这一前提,就无法实现教育改造和劳动改造,也就无从谈起实现把罪犯改造成为新人的总体目标。监管改造充分体现了寓教于管,管中有教,管教结合的原则,使管理本身具有很大的教育含义,不仅对罪犯具有震慑和惩戒作用,而且还有养成、引导、矫治和激励作用。

（三）教育改造

教育改造,主要是对罪犯进行文化教育、法治教育、职业技术教育、心理健康教育及其他矫治性教育。通过教育,促使罪犯认清犯罪危害,逐步清除自己头脑中的犯罪思想,树立正确的人生观、价值观、道德观、法制观;通过对罪犯进行文化、技术教育可以提高罪犯的文化素质和文明程度,使之掌握一定的谋生本领,以便在刑满释放后更好地适应社会生活;通过对罪犯进行心理咨询、团体辅导、心理健康讲座等方式,促进罪犯认识自身心理,培养罪犯健康人格;通过科学的有针对性的教育矫治活动,可以使罪犯的犯罪思想和恶习得到彻底矫治,预防重新犯罪,帮助罪犯重返社会。

教育改造是监狱改造罪犯的基本手段,承担着攻心治本、使罪犯洗心革面、脱胎换骨的重要功能。充分体现了我国监狱制度的优越性,是尊重罪犯人格,维护罪犯合法权益,保障罪犯享有的基本权利得以正当行使的具体体现。

（四）文化改造

我国监狱的文化改造,是指对罪犯进行中国特色社会主义先进文化教育、优秀传统文化教育、法治文化教育和监狱文化教育,推进社会主义核心价值观入脑入心,使罪犯懂义利、明是非、敬法度、尚道德、讲诚信,让罪犯在公正文明的执法中感受公平正义,培养罪犯自信自尊、理性平和心态。监狱可以通过内部报纸、狱内广播站、电视台和罪犯教育专网等多种载体,定期举办监区文化节艺术节,开展丰富多彩的文体运动会等形式,让罪犯在文化活动中陶冶道德情操。在罪犯一日改造生活中,可以通过固化诵读《弟子规》、唱队歌、喊口号等文化教育内容,潜移默化,润物无声,积聚改造正能量,最终达到以文化人,以文塑人、以文育人的目的。

(五)劳动改造

劳动改造,主要是指监狱通过组织罪犯参加生产劳动,矫正其好逸恶劳的恶习,培养罪犯的社会责任感和集体观念,增强罪犯相互协作、相互帮助的观念,将罪犯培养成为具有正确劳动观念、良好劳动习惯、过硬劳动技能的劳动者,促进罪犯刑满释放后顺利回归社会就业。

劳动改造是我国监狱改造罪犯的法定手段,是经过长期实践证明行之有效的改造方法,具有鲜明的中国特色。我国监狱组织罪犯劳动生产,不是以惩罚为目的,而是以改造为目的。为了确保劳动能更好地发挥其改造功能,《监狱法》对罪犯的劳动时间、劳动报酬、劳动保护、劳动保险和休息等做出规定,从法律上确保了罪犯的劳动服从于改造的目的。

在“五大改造”中,政治改造是统领,监管改造是基础,教育改造是治本,文化改造是教化,劳动改造是功能回归。它们之间相互联系、互相影响、共同作用于把罪犯改造成为守法公民这一改造目标。但是外因再好,必须通过内因来发挥作用。罪犯已经走错了一步,从现在开始,就应该抱着积极的态度,主动参与到监狱组织的各项改造活动中来，迈好新生的第一步，到刑满释放时，就会发现自己没有浪费服刑时间，就会有新的人生收获。

第三节　监狱人民警察的地位和职权

监狱人民警察是指依法从事监狱管理、执行刑罚、改造罪犯工作的人民警察，是我国人民警察的重要组成部分。《中华人民共和国人民警察法》第 2 条规定："人民警察包括公安机关、国家安全机关、监狱、劳动教养管理机关的人民警察和法院、检察院的司法警察。"监狱人民警察同其他警种的人民警察一样，都是国家治安行政力量一部分，都是肩负一定职责的人民警察。

一、监狱人民警察的地位

《监狱法》第 12 条规定："监狱的管理人员是人民警察。"这在法律上进一步明确了监狱管理人员的人民警察身份和地位。

监狱人民警察依法对罪犯实施惩罚和改造，是刑罚的执行者。监狱对罪犯的惩罚和改造，最终必须通过监狱人民警察的具体执法活动去实现。监狱人民警察执行公务的活动，是执法活动。只有监狱人民警察，才能在监狱内执行刑罚和改造罪犯，其他任何单位和个人都不能在监狱内执行这一公务。

《监狱法》第 5 条规定："监狱的人民警察依法管理监狱、执行刑罚、对罪犯进行教育改造等活动，受法律保护。”这就是说，监狱人民警察履行职责、依法行使权利的活动，不是个人行为，而是执法行为，国家强制力确保监狱人民警察的执法活动。任何无视甚至公然对抗监狱人民警察依法执行公务的都是违法行为，都是不允许的，都将视情节轻重，给予严肃处理，直至法律制裁。

二、监狱人民警察的职权

监狱人民警察的职权是指监狱人民警察所享有的法定权利。《监狱法》以国家法典的庄重形式，第一次向全社会公布了赋予监狱人民警察在执行刑罚和改造罪犯活动中的职权，并为其行使这些权利提供了切实有力的法律保障。这体现了监狱人民警察肩负的神圣职责，具有很高的法律地位。具体包括以下 4 点。

（一）刑罚执行权

刑罚执行权是国家法律赋予监狱人民警察依法代表国家对罪犯执行刑罚、实施惩罚、进行改造的权利。主要体现在对罪犯的关押、监督控制、严格管制、限制自由、规范行为、制裁违规、强迫劳动、强制改造，以及为保障监狱安全和监狱行刑活动的正常进行，在法定权限内对罪犯所必须采取的其他强制性或惩罚性措施的权利，主要包括收监权、对罪犯提出的申诉、控告、检举的处理权、暂予监外执行审批权、减刑、假释的建议权、释放权等。

（二）狱政管理权

对监狱的管理，对罪犯日常生活的组织、安排，对罪犯行刑活动的组织、指挥以及对监狱安全保障等职权，统称为监狱人民警察所享有的管理权。依此职权，监狱人民警察负责对罪犯日常生活的严格管理以及对行刑活动的安排、组织和指挥。主要包括分押分管权、武装警戒权、戒具和武器使用权、通信和会见管理权、生活卫生管理权、行政考核奖惩权、狱内侦查权等。

（三）教育改造权

我国的行刑目的和行刑制度决定了我国行刑基本活动都是围绕着对罪犯的教育改造展开，因此，监狱人民警察的教育改造权即是根据行刑目的、行刑制度和罪犯的实际情况对罪犯行使的各种形式的教育改造权。它是监狱人民警察依法所享有的最重要的职权之一，凭此职权，由监狱人民警察对罪犯实施强制性教育改造活动，主要有思想政治教育权、文化教育权、技术教育权、心理矫治权、个别教育权、社会帮教权等。

（四）劳动改造权

对罪犯进行劳动改造是我国监狱改造罪犯的基本手段之一。监狱采取强制措施组织罪犯进行劳动，劳动改造的法定对象是监狱中的罪犯，劳动是罪犯在人身自由受到限制、行动自由受到约束的条件下必须从事的法定活动。监狱组织罪犯劳动的根本目的是通过劳动转变其犯罪思想，矫正恶习，养成劳动习惯，学会生产技能，为释放后就业创造条件。

监狱人民警察组织对罪犯实施强制性劳动改造活动的职权主要有劳动项目选择权、劳动组织权、劳动管理权、劳动考核权、劳动保护权、劳动技能培训权等。

三、监狱人民警察的职业道德和工作纪律

《监狱法》对监狱人民警察的职业道德和纪律做了明确规定。《监狱法》第 13 条规定："监狱的人民警察应当严格遵守宪法和法律，忠于职守，秉公执法，严守纪律，清正廉洁。"这是《监狱法》对监狱人民警察的基本原则要求。

同时，《监狱法》第 14 条也对于监狱人民警察的 9 种行为做出了明确的禁止性规范。并指出监狱的人民警察这九种行为，构成犯罪的，依法追究刑事责任；尚未构成犯罪的，应当予以行政处分。

《监狱法》的这些规定，对于保证党的监狱工作方针、政策的贯彻，对于保证国家监狱法规的实施，对于提高监狱人民警察的素质，对于保障罪犯的合法权益，都具有十分重要的意义。

第四节　罪犯的身份与权利义务

一、罪犯的身份

身份，就是一个人在社会或法律上的地位。生活中每个人都有自己的特定身份，家庭中有丈夫、妻子、父母、儿女；工作上有经理、员工、服务员等等。服刑人员作为社会生活的特殊群体，自然

也有自己的身份——那就是“罪犯”。

（一）罪犯的含义

1. 广义之罪犯概念。广义之罪犯是指被法院生效判决和裁定所确定实施了我国法律明文规定犯罪行为的自然人和单位，自然人包括我国公民，也包括其他国家公民和无国籍人，单位既包括法人，也可以是非法人单位。从是否服刑角度考虑，罪犯包括虽然被定罪但被免于刑事处分，也包括被判处死刑、有期徒刑、无期徒刑、管制、拘役、罚金、没收财产和剥夺政治权利等刑罚者。

罪犯这个作为“受刑事追诉者”的后续称谓，与其处于刑事立案、刑事侦查、刑事起诉、刑事审判和刑事执行五个阶段的法律概念是不一致的。根据《刑事诉讼法》的有关规定，公诉案件中，受刑事追诉者在检察机关向法院提起公诉以后，则为被告人；在立案、侦查、审查起诉阶段，受刑事追诉者被称为犯罪嫌疑人，而在审判阶段则成为被告人，罪犯的称谓只能是执行阶段对刑事责任承担者的法律术语。

2. 狭义之罪犯概念。狭义之罪犯是指法定机关剥夺或限制人身自由在监内或社区被实施矫正教育的罪犯。其范围限于死刑缓期两年执行、无期徒刑、有期徒刑、拘役、管制的自然人罪犯。这可从以下几个方面来界定：

（1）法定性。罪犯身份和对其执行刑罚是由法定机关依法定程序决定的。我国《刑事诉讼法》第 12 条规定：“未经人民法院依法判决，对任何人都不得确定有罪。”可见，法院是我国唯一的确定公民有罪的机关，其他任何机关、政党、社会团体、组织和个人都无权确定其他自然人和单位的行为是否构成犯罪。法院对罪犯身份的确定还必须依据法定的审判程序所作出发生法律效力的判决和裁定。根据《刑事诉讼法》的有关规定，发生法律效力的判决和裁定包括：已过法定期限没有上诉、抗诉的判决和裁定；终审的判决和裁定；最高人民法院核准的死刑的判决和高级人民法院核准的死刑缓期两年执行的判决。除此以外，未发生法律效力的法院判决和裁定不能作为确定罪犯身份的依据。

对判刑罪犯的刑罚执行，刑罚变更和刑罚执行方式的变更均由法定机关按程序办理。对判处死刑立即执行、被判处罚金和没收财产的由法院执行刑罚；被判处有期徒刑缓期执行、被判处管制和单处剥夺政治权利的刑罚执行由公安机关负责；根据《监狱法》和《刑事诉讼法》的有关规定，对于监外执行和假释考验期的罪犯也由公安机关负责。被判处死刑缓期两年执行、无期徒刑、有期徒刑的罪犯才由监狱负责刑罚执行。其中被交付执行刑罚前，剩余刑期在三个月以下的罪犯，由看守所代为执行刑罚。

(2)刑事惩罚性。我国法律对罪错行为存在民事、行政、刑事三级法律制裁体系。其中刑事制裁是最严厉的惩罚措施，它不仅可以剥夺罪犯的荣誉、财产和政治权利，而且还能剥夺罪犯的人身自由，并进而剥夺其生命权，刑事惩罚的严厉性决定了它是一种严格的个人法律责任，它不可以像民事责任和行政责任一样使用无过错原则和连带主义原则，它只能由实施了犯罪行为的罪犯承担，而不得转嫁于他人和单位代为承担。罪犯的刑事惩罚性决定了其与处于审判程序终结前的犯罪嫌疑人和被告人的严格区别，虽然犯罪嫌疑人和刑事被告人在刑事诉讼中也可能被采取了类似自由刑的剥夺或是限制自由的刑事强制措施，但其性质只能属于无罪的预防性措施，只是为了保证刑事诉讼的顺利进行，防止犯罪嫌疑人和被告人采取妨碍刑事诉讼行为的必要措施，这与罪犯的刑事惩罚性是截然不同的。

（二）明确身份

明确身份就是一个人意识中清楚明白对自己身份的主观认定和与之相应的客观行为的定位。这就像演员演戏要进入角色，演什么像什么。譬如做丈夫的明确了自己在家庭中的身份，就会关爱妻子；做儿女的明确了晚辈的身份，就会孝顺父母；服务员明确了服务者的身份，就会笑迎宾客。罪犯明确了自己的身份，并不断强化自己的身份意识，就会自觉认真遵守行为规范，认罪悔罪赎罪，诚信踏实改造自己。

罪犯明确身份要注意以下几点：

1. 承认自己是一个有罪之人。一个自由的社会公民之所以成为罪犯，是因为他的行为超出了社会公众认可的范围，违背了集体的意志，国家必须用刑罚加以约束，他必须对自己的行为承担责任、付出代价。作为一名罪犯，要认识到自己的犯罪行为对社会秩序造成了破坏，对他人的生命财产安全造成了侵害和损失，已经触犯了国家的法律，理应受到法律的制裁，这是自己应得的下场。只有承认自己有罪，才能理智地接受罪犯的身份，才能自觉接受刑罚和进行改造。而且不管你以前在社会上是什么地位和身份，一旦进入监狱，穿上了囚服，无论你内心深处是否情愿接受这个现实，实际上你的身份已经变换为罪犯了。

2. 承受服刑失去自由的痛苦。一个自由的公民，有着正常人的生活空间，可以从事自己想做的事情，但一旦触犯刑律进入监狱接受刑罚处罚,就没有了选择生活方式的自由,私人生活空间受到局限,不能与亲人团聚,享受天伦之乐;不能与朋友相处,感受生活的美好;不能自主安排生活,只能服从监狱的安排等等。这种失去人身自由的服刑生活,是罪犯为自己的犯罪行为所付出的沉重代价,咎由自取,罪有应得,没有任何人可以代替,只能由自己去承受。这对每名罪犯来说也是一个深刻的教训。只有认真接受这个教训,才会知道珍惜自由,才会自觉改造赎罪,早日新生重获自由。

3. 不断强化罪犯身份意识。在监狱接受改造是罪犯的根本任务。罪犯只有明白自己在监狱里是干什么的,才能树立起正确的改造观。而身份意识的强弱,直接关系着罪犯是否能顺利地进行改造。作为一名罪犯,由于社会地位发生了根本的变化,如果角色意识还停留在入狱前的状态,就会与现实的要求脱节,产生种种的不适应,就会无法履行自己的改造义务。所以,罪犯要使身份意识在自己的头脑扎下根来,完成由不自觉到自觉的转变过程,安心服刑,服从管理。

二、罪犯的权利

权利是国家通过法律规定对法律关系主体可以自主决定做出某种行为的许可和保障手段。

(一) 罪犯权利的含义

罪犯的权利,就是指我国宪法和法律规定在刑罚执行期间罪犯应享有的权利。从根本上说,罪犯权利的享有具有双重意义:一是罪犯作为公民的一些基本需要和法律反映。保障罪犯的基本需要，像吃、住、卫生、健康、安全、人格等，是改造罪犯的前提条件；二是从法律上确认罪犯权利是改造罪犯、维护社会主义法治的需要。如在监狱开展的打击“牢头狱霸”，就是为了更好地保障罪犯的权利。

（二）罪犯权利的主要内容

《监狱法》第7条规定：“罪犯的人格不受侮辱，其人身安全、合法财产和辩护、申诉、控告、检举以及其他未被依法剥夺或者限制的权利不受侵犯。”由此可概括出罪犯权利的四大类型：

1. 罪犯完全享有的权利。主要包括人格不受侮辱、人身安全不受侵害、合法财产不受侵犯、申诉、辩护、控告、检举和请求国家赔偿的权利、休息权和获得劳动报酬的权利、维护身体健康有病得到诊治的权利等等。

2. 罪犯部分享有的权利。主要包括选举权、著作权、宗教信仰自由权等。

3. 罪犯限制享有的权利。主要包括通信权（通讯权）、会见权、婚姻、家庭方面的权利等。

4. 罪犯独自享有的权利。主要包括依法获得行政和刑事奖励的权利、有刑满依法获得按期释放的权利、刑满释放后获得安置或救济享有和其他公民平等的权利等。

对未成年犯、女犯、老弱病残犯及少数民族罪犯、外籍犯，在充分考虑他们的生理、心理、体力和生活习惯等方面的特点的前提下，在生活、管理、劳动等方面给予不同于其他罪犯的特殊待遇。

此外，罪犯还享有其他未被剥夺的合法权利。如接受教育的权利，对监狱管理、教育等提出合理化建议的权利，等等。

三、罪犯的义务

义务是国家通过法律规定,对法律主体的一种约束手段,是法律规定人们应当做出和不得做出某种行为的界限。

(一)罪犯义务的含义

罪犯的义务,就是指国家法律规定的罪犯必须履行的某种法律责任。值得注意的是,罪犯除了履行《宪法》规定的公民必须履行的基本义务外,还必须履行一些特定的义务,这些特定义务就是《监狱法》规定的义务内容。罪犯在履行义务时,是人人平等的,无论入监前的地位有多高,声名有多么显赫,也没有不履行义务的特权,任何罪犯都必须依法履行法律规定的义务。

(二)罪犯义务的主要内容

《监狱法》第 7 条规定:"罪犯必须严格遵守法律、法规和监规纪律,服从管理,接受教育,参加劳动。"具体来说,罪犯的义务主要包括以下几个方面:

1. 遵守国家法律法规的义务。严格遵守国家法律法规对于罪犯来说具有双重意义。首先,《宪法》赋予了每个公民应尽的义务。《宪法》第 53 条规定:"中华人民共和国公民必须遵守宪法和法律。"凡是中华人民共和国公民不得以任何借口不履行《宪法》和法律的义务。作为触犯刑律接受刑罚处罚的人,应当履行遵守国家法律法规的义务;其次,作为违法犯罪给社会造成危害的人,必须接受法律判决,接受刑罚处罚,从强迫履行义务到自觉履行义务,逐步改造犯罪思想,矫治犯罪恶习,从而改造成为自觉遵纪守法的新人。

2. 遵守监规纪律的义务。对罪犯的惩罚，具体是通过各种监管制度和日常生活起居的管理制度落实的，服从并严格遵守这些制度，自觉遵守监规纪律，自然就成了罪犯服刑期间义务的一项重要内容。为了达到惩罚和改造罪犯的目的，监狱对罪犯在服刑期间的活动、生活都做了细致的、严格的、约束性的规定，这些规定大都是义务性的。对罪犯来说，严格遵守监规纪律是由其服刑人的地位决定的，这些监规纪律体现了国家对罪犯处罚活动的内容、要求和方式，明确了罪犯服刑行为的方式、范围，确定了罪犯狱内行为的法律是非和正误标准，具有矫正其恶习，转化其思想的功效，也是维护监管场所正常秩序和罪犯本人合法权利得以有效保障所必需的。一方面引导纠正罪犯的思想认识和行为习惯，强制其养成遵规守纪的习惯，另一方面对那些无视监规纪律的罪犯起到强制制裁、惩治和警示的作用。

3. 服从管理的义务。服从管理是指服从监狱和监狱人民警察的管理。罪犯被置身于监狱内就必须接受惩罚，服从管理。监狱对罪犯的管理，既体现在狱政管理制度之中，又体现在监狱人民警察对罪犯日常的具体管理之中。因此，罪犯在严格遵守国家法律、法规的同时，还必须服从监狱人民警察管理与教育，不得顶撞和对抗。

服从管理也是罪犯适应监狱生活的基础和接受监狱教育改造的前提，只有当罪犯由强制服从管理到自觉服从管理时，才有改恶从善、悔过自新、改造成为新人的可能，否则，就谈不上改造，更谈不上改造好。所以罪犯要按照监规纪律要求，从日常生活做起，从一言一行、一举一动、一点一滴做起，逐步适应监狱的服刑生活。遇到困难和问题，应当向监狱人民警察报告，获得监狱的帮助。

4. 接受思想政治、文化技术教育的义务。罪犯必须无条件地接受监狱组织的思想政治、文化技术教育。需要特别指出的是，接受教育，既是罪犯的权利也是罪犯的义务。不论哪项教育，罪犯都不得拒绝，也不得以自己的好恶或爱憎来选择、取舍。在接受教育过程中，必须认真听课，遵守课堂纪律，按时完成作业，理论联系实际，努力完成学习任务，争当优秀学员。

5. 参加劳动的义务。劳动是我国改造罪犯的重要手段之一。通过劳动可以矫正罪犯好逸恶劳的恶习，培养罪犯的社会责任感和集体观念；可以增强罪犯的体质，有利于罪犯的身心健康；可以让其掌握一技之长，为刑满释放后的就业创造条件；还可以在为国家创造物质财富的同时，为自己刑满释放回归社会积累一定的就业资金。《监狱法》第69条规定："有劳动能力的罪犯，必须参加劳动。"[①]第70条规定："监狱根据罪犯的个人情况，合理组织劳动，使其矫正恶习，养成劳动习惯，学会生产技能，并为释放后就业创造条件。"同时，也对罪犯的劳动时间、劳动报酬，劳动保险都做了明确规定，以确保罪犯的权利和劳动改造目的。但是，罪犯参加劳动的意义，并不在于创造了多少物质财富，而是通过劳动接受教育，改造自己，重塑新我。

6. 法律法规规定的其他义务。罪犯除了上述的特定义务外，还应履行宪法和其他法律规定的普遍义务。比如，爱护国家财产，

①罪犯必须参加劳动，并不是《监狱法》特有的规定，这也是国际惯例所确定的原则。第一届联合国"预防犯罪和犯罪待遇大会"关于监狱劳动的总原则中明文规定"凡服刑罪犯都必须参加劳动"。对于组织罪犯参加劳动，各国法律都有具体规定。

保护公共设施的义务；维护正常改造秩序，自觉接受改造的义务；检举违法犯罪活动的义务等等。

罪犯要加速改造，尽快回归社会，不但要履行好上述义务，更要认真履行法律、法规赋予每一名公民的义务，从而真正做到知法、懂法、守法，成为一名合格的公民。

四、正确行使权利，自觉履行义务

（一）当前罪犯错误权利义务观的主要表现形式

1. 对自身权利比较重视，甚至过分强调权利。监狱保障罪犯的基本权利，并不是说罪犯的所有权利都必须满足或者实现。罪犯必须要树立正确的权利义务观，处理好权利和义务两者之间的关系。有的罪犯对权利、义务界限不清，对权利、义务之间的关系缺乏必要的认识，过分强调自身权利而忽视了应尽的义务。比如，有的罪犯过分强调休息权却忽视劳动的义务，有的罪犯过分要求人格尊严却忽视监规纪律等等。

2. 对义务较为淡漠，特别是服刑意识、角色意识淡薄。罪犯的义务是在服刑期间所必须履行的义务，是具有绝对的强制性的义务，监狱通过各种措施、规定促使罪犯履行这些义务。其实，权利与义务是不可分割的，罪犯对义务的漠视就是一定程度上对权利的放弃。有的罪犯在改造中消极怠工、打架闹事、无理取闹，甚至对抗管教，这些都是身份意识淡薄，放弃积极改造、重新做人的权利的表现。

3. 缺乏应有的维权常识。有些罪犯入监以后，不认罪服判，长期缠诉，这说明他们还没有真正认识到监狱的性质和职能。有些罪犯可能个人正当权利受损,但不知道采取什么样的方法。比如有的罪犯申诉程序不对,该向中级人民法院申诉的却一味地向高级人民法院申诉,造成申诉未果;有的罪犯在自身权利遭到其他罪犯侵犯的情况下,不能及时寻求监狱人民警察的帮助,却试图通过不正当的方式来解决,结果维权未果而触犯监规受到处罚。

(二)正确行使权利

罪犯在行使权利时必须注意以下几个方面:

1. 行使权利不得损害国家、集体的利益和其他公民的合法权利。权利是相对的、只存在于相应的法律框架内,世界上没有绝对的权利。公民的权利和自由是有一定限制的,不受限制的权利和自由是不存在的。公民只有在遵守宪法和法律的前提下才能享有权利和自由。作为罪犯,由于受到刑罚的强制性,更需要认识到权利相对存在这一问题,在行使和维护自己权利的同时,必须兼顾国家、集体和其他公民的合法权利不受侵害。

2. 行使权利必须采取正确的态度和方法,通过正当的方式和程序。《监狱法》第 22 条、第 23 条对罪犯行使权利的方式做了规定。罪犯在行使权利时,可以通过书面或口头的形式,向监狱和监狱的上级机关以及其他司法机关反映自己的意愿或提出申诉、检举、控告等事宜,也可以委托律师、亲属作为代理人来行使这些权利。但决不能以行使权利为名,无理取闹,扰乱监狱的正常管理秩序,更不能无中生有、诬陷他人,否则将会受到严厉的行政处罚,乃至追究刑事责任。

尤其是申诉权的行使要注意以下事项:

(1)罪犯申诉一般只能以书面的形式向法院或检察院提出。

(2)申诉的内容必须是“对发生法律效力的判决、裁定确有错误,要求纠正错误,给予改变判决或裁定”。

(3)罪犯在申诉时不得编造理由、脱离事实。

(4)罪犯要摆正申诉与改造的关系。一是要正确处理申诉与遵守监规纪律的关系。罪犯必须明确,申诉不等于就能改判,更不意味着原判无效。申诉只能代表罪犯个人对原判决的事实或适用法律有异议,绝不意味着原判决一定有出入。是否有出入,须由法院经过复查审理后做出决定。申诉期间,罪犯仍是罪犯,仍然必须接受刑罚,必须遵守监规,服从管教,接受惩罚和改造;二是要正确对待法院的裁定。法院的裁定结果要么是驳回申诉,要么是改判。对于法院驳回申诉,罪犯要认真反思自己的申诉是否真有道理,要认识到法院判决是以事实为根据,以法律为准绳的,只要事实清楚,证据确凿,适用法律适当,任何申诉都不起作用,一味强调客观原因而推卸罪责更是办不到的。同时,罪犯应当反省自己的罪行,认识到自己犯罪的严重性和危害性,从思想深处查找和深挖犯罪根源做到认罪服法,悔过自新,这才是真正积极改造的表现。如果申诉得到法院改判,这说明案情确有出入,它体现了党的实事求是的态度和有错必纠的精神。作为罪犯,更应该从中更加坚信党的政策,进一步加速改造;三是要正确对待申诉与自身改造的关系。申诉权必须依法行使,不能把自己改造的前途和希望全部寄托在申诉上,等复查,盼改判,想入非非,纠缠细节,无理取闹。这不仅扰乱了改造秩序,而且影响自身的改造。

3. 行使权利不能脱离实际。公民享有权利和自由的程度,归根到底受社会经济发展程度的制约。我国是一个发展中国家,经济和社会的发展水平制约着公民某些权利的行使,也同样制约着罪犯权利的行使。罪犯在行使和维护自己的合法权利时,不能想怎么办就怎么办,不能无原则无限度地把享有的权利无限扩大,甚至抛开法律规定的范围另行提出不合法的权利。比如,罪犯在行使和维护身体健康这一权利时,如果以维护健康之名躲避劳动、抗拒劳动之实,小病大养,要求吃好药,吃营养药,要求特护等,提出的这些要求显然是无理要求,超出实际的要求。又比如每一名罪犯都有检举权,有人在计分考核排名中,看到别人排名比自己靠前,就捏造、诬陷他人,这样做,只能使自己的情形更糟糕。因此,罪犯行使权利,不能超越法律规定。

4. 不得以行使权利的名义,从事非法活动或进行反改造活动。罪犯只能行使法律规定的权利,而这些权利必须是合法的,任何以行使和维护自己正当权利为借口从事非法活动或进行反改造活动,监狱将予以严厉打击,决不姑息。比如,在投入监狱服刑以后,在尚未认罪服法、决心改造之前,对强制监管抱有抵触情绪,罪犯不得以"人身安全不受侵犯"为由,对抗管理,甚至对监狱人民警察的管理教育进行挑衅、侮辱和诽谤。再如,罪犯在行使宗教信仰自由权时,如果以此为借口,从事习练或传播邪教等活动就是违犯监纪的行为,轻者受到监规纪律的处分,重者必将受到法律严惩。同时个人的宗教信仰不能排斥教育改造,不能影响正常的改造秩序。

(三)积极履行义务

罪犯履行法定义务不仅是行使权利的基础,而且对于罪犯的改造也具有十分重要的意义。

1. 铭记自觉履行义务的必要性。思想是行动的向导,罪犯只有认真学习权利和义务的内容,明确权利和义务的关系,才能深刻领会依法履行义务的法律内涵。依法履行义务的必要性可以从以下 4 个方面来理解:

(1)自觉履行义务是执行刑罚的具体要求。监狱作为刑罚的执行机关,以强制的手段促使罪犯依法履行法定的义务,规定其服刑期间的活动。不管罪犯的意愿如何,都必须无条件地接受这种不可侵犯的强制性惩罚。只有这样,才能对罪犯产生震慑和惩戒作用,并教育社会上的普通公民遵纪守法。

(2)自觉履行义务是享有权利的前提。权利是相对义务而言的,享有权利必须首先履行义务,履行义务是享有权利的法律条件,二者相辅相成。

(3)自觉履行义务是确保监管秩序稳定的需要。罪犯的改造必须有一个良好的改造环境和稳定的改造秩序,《监狱法》规定罪犯的权利和义务,就是为了让罪犯在服刑期间的一切活动处于法制化、规范化的轨道。如果罪犯只强调权利,不履行义务,那么就不但干扰、破坏了监狱的改造环境,也损害了罪犯的自身利益。

(4)自觉履行义务是将罪犯改造成社会守法公民的需要。罪犯之所以走上犯罪的道路,一个重要的原因就是法制观念淡薄,没有很好地履行自己的法律义务。因此,投入改造后只有自觉地履行法定义务,才能不断增强法制观念,成为守法公民。

2. 强化履行义务的自觉性。

(1)认真学习法律、法规,提高认识。认识是行动的指南,科学的认识才能指导科学的实践。因此,要提高履行义务的自觉性,就必须认真学习法律、法规,提高思想认识水平,真正明白自己该做什么,不该做什么。

(2)克服畏难心理,坚持行动第一。监规纪律具有强制性,义务也具有强制性。有的罪犯产生畏难心理,只说不做,得过且过。罪犯的改造表现不在于口头上讲得如何动听,关键在于行动上如何体现，“千里之行，始于足下”，只有在行动上真正履行了义务，才能取得优异的改造成绩。

(3)持之以恒，抓大不放小。履行义务，不是一朝一夕的事情，它贯穿于改造生活的始终，即使刑满释放后，也要依法履行公民的义务。因此要有持之以恒的思想准备，从点滴做起，从小处着手，只有这样才是真正履行了自己的义务。有的罪犯把违犯监规纪律看作是小事，认为只要不犯大错就可以了，这是很危险的。俗话说“千里之堤，溃于蚁穴”。绝大多数罪犯不就是因为沾染了认为是小事的不良习气而一步步走上犯罪道路的吗？因此，每名罪犯在改造和履行义务中，都要从小事做起，严格要求自己，逐步养成自觉履行义务的行为习惯，为做一个自食其力的守法公民打下坚实基础。

拓展阅读

涨姿势了！　原来囚服里的“道道”这么多！

中国长安网转 2018－04－20 22:05　来源:@江苏省浦口监狱

对于每一个监狱人民警察来说

囚服，是最熟悉不过的了

对于普通人来说，有时看见同色系的病号服

也会产生类似囚服的观感

可以说，囚服的形象，

在我们心里已经留下了标志性的印象

熟悉的蓝灰色，背后是“斑马纹”的图案

蓝灰色的冷色调，在前襟、背后和裤缝处有着醒目的蓝白条纹，样式很简单。在囚服后背上，印有一片蓝白相间的条纹，形似斑马，大家便象形称之为“斑马纹”。

你真的了解囚服吗？
“斑马纹” or “铁窗条”？
囚服上那标志性的蓝白“斑马纹”，到底有什么寓意？

有服刑人员数过，斑马纹正好与监房每扇铁窗上的窗条一样，都是13条。他认为，这绝非巧合，一定是囚服设计者的良苦用心。于是，他觉得自己囚服上的“斑马纹”，叫作“铁窗条”才更贴切。

更进一步，又有服刑人员说，“铁窗条”印在囚服背后，常常让他感觉像是背负着沉重的十字架，也是为了提醒自己，犯罪之后的救赎。一身囚服，不同于名牌时装，让你享受外观外在的华丽，而是带给你直击灵魂的透彻。

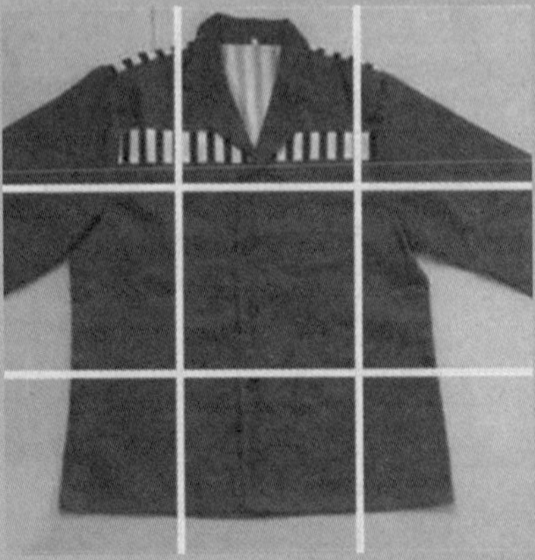

很多服刑人员说，囚服有一种魔力，无论入狱前是什么身份，曾经是市委书记还是黑道老大，无论是富商还是待业青年，穿上这一身囚服，都会自觉意识到自己的新身份：服刑人员。

97 式囚服套系

囚服的材质，还要综合考虑全国各地域气候、环境、体型、文化等

各种不同因素，所以97式囚服全套包含了冬服、春秋服、夏服、春秋帽、棉帽等系列，能够保障服刑人员舒适耐穿、御寒合体的需求。

囚服原创设计者
专业解读

如今我们熟悉的这套囚服，是1997年由司法部监狱管理局在广泛听取各级领导和业务部门意见后，组织人员进行设计后统一在全国推行的。

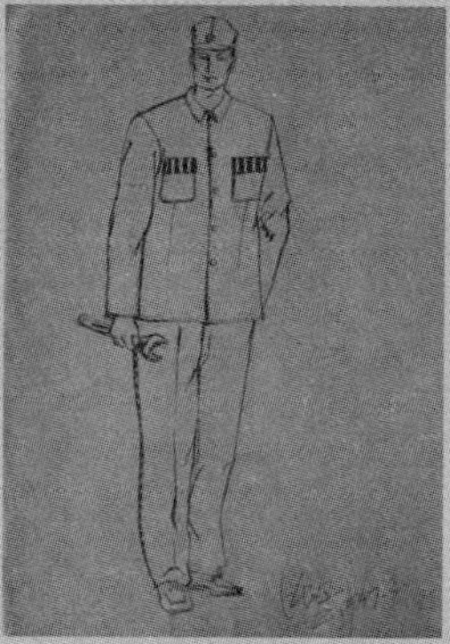
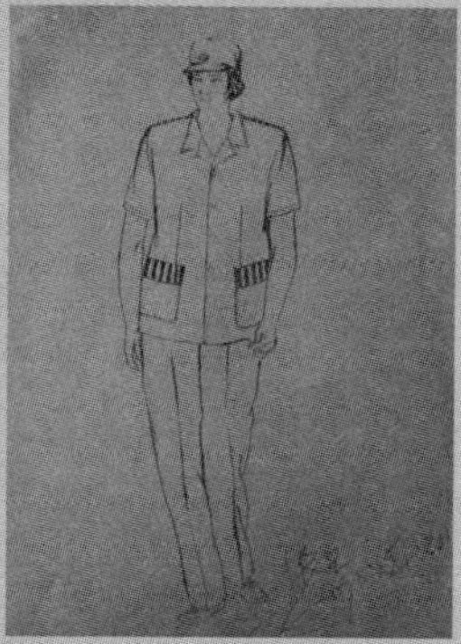

是的，你没有看错
这就是当年的原版设计手稿

1996年，年仅30岁，在安徽省宿州监狱8503工厂担任技术副厂长的张卫，带着厂里的技术骨干们，具体负责了囚服初稿的设计工作。后来，他又作为整个设计团队里唯一一位监狱系统的设计师，与全国十大设计师一起参与最终定稿，并受到当时司法部领导的接见。

现在已经是安徽省合肥监狱党委书记、政委的张卫回忆说："1997年前，全国各地的囚服式样各不相同，非常不利于集中统一管理，套用一句当年的话就是，老百姓都搞不清什么样的是囚服。"

这张被细心保存着的证明，见证了当年设计团队多方调研、几易其稿的心血。

而根据张卫介绍，当时在设计时，斑马纹的设计确实是有寓意的，一方面在色相明度上斑纹图案对比强烈，可以产生较强的形式感，另一方面，组合的直线条在反复渐变中，产生了一种强烈的节奏感。

标志的形成

这次设计是全国范围内实现了囚服的首次统一，象征牢房栏杆和规范规矩的斑马条，从此成了代表服刑人员的标志。

表征与象征

张卫解释说："斑纹的表征意义，正是监房中铁栏杆的比喻。色相的明、暗对比，也喻示着从黑暗走向光明。"

囚服的统一设计，更好地适应了监狱的不断发展，同时又价廉物美，工艺简单，各个省都可以自己生产，后来公安部门的看守所也开始使用这一样式的囚服，沿用至今。

（特别鸣谢：囚服设计者、安徽省合肥监狱党委书记、政委张卫提供的宝贵资料）

■思考题：

1. 什么是监狱？我国监狱的性质和任务是什么？

2. 监狱人民警察的职权有哪些？

3. 罪犯如何明确身份？

4. 罪犯的权利和义务包括哪些内容？谈谈你应当怎样正确行使权利，自觉履行义务？

◆**教学活动：**

组织收看所在监狱的纪录片或在监狱人民警察的指导下了解所在监狱的基本情况。

第二章 认罪服法 真诚悔罪

罪犯进入监狱后，面临的“第一关”就是认罪、悔罪问题。一个人如果连自己的罪错都不知道、不承认，就谈不上主动去忏悔、去改正。所以说认罪、悔罪是罪犯接受刑罚和改造的重要前提，是安心改造、积极改造的思想基础，是尽快矫正恶习、早日成为守法公民的必要条件。

第一节 正确认识认罪服法

一、认罪服法的内涵

（一）认罪服法的含义

认罪和服法是两个具有不同含义的概念，二者既相互区别，又相互联系。罪犯准确把握认罪服法的内涵，有利于自觉认罪服法，主动接受改造。

认罪，概括地说就是要承认自己所犯的罪行，具体地说，它包括承认全部的犯罪事实，深刻认识到犯罪的危害性和严重性，以及承担起触犯刑律而受到法律制裁的责任。

服法，是指在承认犯罪事实的基础上，服从法院的判决，接受刑罚，服从监狱人民警察的管理，遵守监规纪律，积极改造。服法是认罪的结果。

对罪犯来说，认罪服法是接受改造的前提条件，是弃恶从善的基本要求。没有认罪服法，就不可能做到服从管理。认罪是服法的前提和基础，服法是认罪的表现和结果。认罪和服法是相互关联，相辅相成的。只有彻底地认罪，才能促进服法；只有真正服法，才能加深认罪。

（二）认罪服法的特点

1. 法定性。认罪服法的内容、要求或标准在我国法律中均有明确规定，具有约束力。如《刑法》第 78 条规定："被判处管制、拘役、有期徒刑、无期徒刑的犯罪分子，在执行期间，如果认真遵守监规，接受教育改造，确有悔改表现的，或者有立功表现的，可以减刑。"《监狱法》第 57 条第一款规定："罪犯遵守监规纪律，努力学习，积极劳动，有认罪服法表现，可以给予表扬、物质奖励或者记功。"第 58 条规定："罪犯有违反监规纪律行为的，可以给予警告、记过或者禁闭，构成犯罪的，依法追究刑事责任。"因此，每个罪犯必须自觉对照法律的规定要求认罪服法。

2. 强制性。从认罪服法的法定性中可以看出，认罪服法是我国刑罚对罪犯的必然要求，是法律对犯罪行为人的犯罪行为实施制裁的重要内容和基本要求之一。监狱和监狱人民警察开展认罪服法教育，提出认罪服法的具体要求，是国家赋予的职权，是以国家强制力为后盾的，每个罪犯必须无条件地、自觉地去履行，否则就会受到制裁，并承担相应的责任。认罪服法的这一强制性贯穿于罪犯服刑改造的全过程，使罪犯从不自觉到自觉、从被强制到自愿认罪服法。

3. 统一性。认罪服法的内容和要求范围广泛，既涉及罪犯认罪的态度，对法院判决的认识，以及改造思想等方面的内容和要求；又涉及罪犯具体的改造行为方面的内容和要求，是罪犯思想认识和行为表现两方面的内在统一。认罪服法的统一性要求罪犯对自己的罪行有正确的思想认识，能够端正改造态度，增强遵纪守法意识；同时又要求规范自己的改造行为，矫正自己的行为恶习，养成良好的行为习惯。仅有思想认识，没有行为表现，不能算是认罪服法；同样，没有正确的思想认识，即使有行为表现，也不能算得上真正的认罪服法。每个罪犯认罪服法必须做到思想认识和行为表现的统一。

4. 渐进性。认罪服法贯穿于罪犯服刑改造过程的始终，认己之罪，悔己之过，改己之恶，在不同的阶段，有不同的内容和要求，是一个循序渐进的过程。罪犯的思想认识和行为表现，要符合认罪服法的要求，必须通过逐步积累，逐步提高，逐步深化的过程，才能完全做到。因此，罪犯认罪服法，不要害怕遇到挫折，不能气馁，要瞄准认罪服法的总体目标和要求，查找与分析原因，对症下药，逐步转变错误认识，矫正不良行为，逐步巩固成果，稳步迈向更高目标。

（三）认罪与申诉的关系

1. 要正确认识认罪服法与申诉的关系。罪犯对法院判决中认定的犯罪性质、犯罪事实应该接受和认同，如果认为与事实不符或量刑过重，应该在服从管理的前提下，一边安心改造，一边通过正常的法律程序提出申诉，绝不可以因为不认罪或正在申诉，抗拒改造。法律赋予了罪犯依照法定程序申诉的权利，也规定了罪犯必须遵守监规纪律的义务。罪犯应当在遵规守纪、接受改造的基础和前提下，理性地提出自己申诉的理由，通过合法正当程序提出申诉。罪犯必须明确知晓，申诉只是个人对判决的事实或适用法律条款有异议，申诉不等同于一定会改判，在申诉结果未出之前，原判决仍具有法律效力。在此期间，服从管理、接受改造仍是罪犯必须履行的义务。

2. 要正确对待法院的裁决。人民法院对于罪犯提出的申诉，有着严格的法律程序规定。首先会对案件进行复查，经过复查，如果认定罪犯的申诉符合《刑事诉讼法》第 240 条规定的情形之一的，案件就会进入审查监督程序，重新对案件进行审理，最终做出维持原判或改判的决定。如果复查发现罪犯的申诉无理，就会直接驳回。被驳回的罪犯应当服从法院的判决，认罪悔罪，安心改造，不纠缠，这样才能走好今后的改造路。

二、认罪服法的意义

（一）认罪服法是国家意志和法律的必然要求

罪犯接受的刑罚，是法院根据其犯罪事实和法律依据做出的判决。它的性质和法律一样，是国家意志的体现，是法律规定的要求，具有强制性和严肃性。监狱是国家刑罚执行机关，它是严格按照法院判决收押并对罪犯执行刑罚的，强迫罪犯遵守国家的法律和监狱的各项规章制度,促使罪犯认识国家法律的严肃性,反省自己所犯罪行的严重危害,进而认罪服法,接受改造。

(二)认罪服法是罪犯思想改造的重要基础

一个罪犯是否认罪服法,将直接影响他改造的态度。认罪服法是监狱机关对罪犯确定的最低改造要求,也是对改造行为的最低规定标准。认罪服法是罪犯从思想上真诚接受改造的基础,也是改恶从善的基本条件。认罪服法贯穿于罪犯改造的全过程,体现在各个方面。如果一个罪犯对自己的罪行不承认,对自己的犯罪危害性认识不足,那么,他会把自己的犯罪看作无所谓,甚至认为犯罪"有理",不以为耻,反以为荣,缺乏罪责感。只有真正认罪服法,才会认识到自己在世界观、人生观、价值观上存在的问题,从而看到改造的必要性、重要性和迫切性,才能在思想上自觉地接受惩罚与改造,真正地痛改前非,改恶从善。

(三)认罪服法是罪犯真诚悔罪的前提条件

可以说,每一名罪犯的犯罪史就是一段罪恶的历史、可耻的历史。既然是罪恶、可耻的历史,就应当果断地与旧我彻底决裂,老实认罪服法,自觉遵守法纪。每个罪犯都要认真反省自己的犯罪行为,必须清醒地看到自己的犯罪给国家、社会和人民的生命财产带来的危害,给家庭造成的悲剧。罪犯只有认可自己的行为是错误的行为,认识到自己的行为给社会、他人和自己造成的伤害,才有可能对自身行为感到悔悟,才会产生忏悔之心,如果不认罪,没有意识到自己行为的违法性质,悔罪就无从谈起。认罪服法是罪犯重新做人的起点,是改恶从善、悔过自新的自我斗争过程,也是迈向新生的必由之路。

三、务必消除的“不认罪服法”认识

(一)“环境影响论”

所谓“环境影响”就是说自己的犯罪是外界环境造成的,否认主观因素是犯罪的决定因素。有的认为自己犯罪是受社会风气的影响和刺激,有的把自己的犯罪归咎于生活和经济困难,有的还辩称自己犯罪是他人所逼等等。总之,都是“环境所迫”“不得已而为之”。这些错误认识实质上是为自己的犯罪开脱罪责。人的一切言行都是受自己的思想——内因支配的,客观环境只是外因。某些外因虽然对犯罪有不同程度的诱发作用,但毕竟是次要的原因,生活在与罪犯同一环境中的绝大多数社会成员都能守法遵纪,就是最好的证明。俗话说,“苍蝇不叮无缝蛋”。外因只能通过内因起作用,一个人走上犯罪道路,归根到底是自己的犯罪思想所决定的。

(二)“违法无害论”

所谓“违法无害论”,即承认犯法,不承认害民。有些经济罪犯贪污了大量赃款赃物没有挥霍,案发后全额退赔了,或者虽然挥霍了,但也全额赔偿了,便认为无害于国家和人民,因而大闹申诉;有的捕前职位较高的干部或所谓经济能人,认为自己对单位、对企业、对国家做出那么大贡献,吃点喝点拿一点,算不了什么;有的甚至错误认为行贿受贿是“交际应酬”的需要,是为本地区、本单位谋利益求发展,应该是功臣,怎么会与犯罪扯到一起呢?这些观点显然是非常荒谬的。他们只看到自己的行为可能换来一时一地的经济发展,却看不到自己的行为严重败坏了党风和社会风气,扰乱了经济秩序和正常的经济环境,阻碍着国家建设和经济改革的顺利进行,使国家蒙受了巨大损失。否认社会危害性,其实质就是不承认犯罪。

(三)"对比吃亏论"

所谓"对比吃亏论",就是有些罪犯采取相互比较的方法,通过比案情、比数额、比危害结果、比刑期等认为"自己判重了,吃亏了"。持有这种观点的罪犯,整日沉溺于不满情绪之中,沉溺在主观臆测之中。他们有的与同案比,认为罪名相同,同在一个案子,为什么有轻有重;有的与不同地区的罪犯比,认为数额相同,甚至还少,为什么数额少的反而判得重;有的用适用新刑法与老刑法比,认为老刑法判得重新刑法判得轻;还有的和社会上尚未发案的人比,认为自己只是"小鱼",那些"大鱼"未抓未判,为什么要判我。实践证明,尽管相同罪行的人很多,但每个人的案情是千差万别的,各有各的特点,哪怕是同案也是如此。比如:性质相同,情节不一定一样;情节相同,数额不一定一样;数额相同,危害结果不一定一样;还有坦白交代的态度和退出赃款赃物也不一定一样。因此看起来相同的案件甚至同案判处的刑期不同是正常的,不足为怪。对罪犯的刑罚不是哪个人说了算,而要严格依法定罪量刑。《刑法》第5条规定:"刑罚的轻重,应当与犯罪分子所犯罪行和承担的刑事责任相适应。"《刑法》第61条规定:"对于犯罪分子决定刑罚的时候,应当根据犯罪的事实、犯罪的性质、情节和对于社会的危害程度,依照本法的有关规定判处。"此外,还根据犯罪者的认罪态度,按照"惩办与宽大相结合"原则进行判处。对每个犯罪分子的定罪判刑,都是根据这些规定全面衡量的,不因为犯罪人的地位、身份、省籍的不同给予轻重悬殊的差别待遇。至于一些罪犯与社会上尚未发案的人比,更是无稽之谈。严厉打击各种刑事犯罪是我们党和政府的一贯立场,“苍蝇”敢拍,“老虎”敢打;“小鱼”要捉,“大鱼”更要抓。每个案件都有其特性,每个判决都有其针对性,主观臆断,盲目攀比只是企图逃避处罚的借口。

(四)“轻罪重判论”

所谓“轻罪重判论”,就是有些罪犯对自己犯罪的性质、情节等,歪曲辩解,避重就轻,进而认为定性不准,量刑不当,轻罪重判。这也是推脱罪责、不认罪服法的一种表现,必须进行批判。这些罪犯往往是由于对法律知识缺乏了解或自作聪明,企图减轻或逃避自己的罪责。有的罪犯只看到自己退赃了、自首了,可以从轻处罚的一面,却看不到自己还有从重处罚的情节。也有的罪犯在犯罪枝节问题上纠缠,以达到避重就轻的目的。应当指出的是,法院的判决、裁定,是以犯罪人的主要犯罪事实和主要犯罪情节来确定的,申诉人提出的枝节问题只要是不影响判决、裁定结果的,法院都不会予以采纳的。对罪犯判刑处罚,是以事实为根据,坚持罪刑法定,罪刑相适应的原则,在法律规定的幅度内量刑,绝不存在量刑畸重的情形。

(五)“风头官司论”

至于罪犯所指的“风头”,无非指的是我们党和政府针对各个时期严重违法犯罪活动所采取的各种专项治理和“严打”斗争。在这些时候被判刑的罪犯有的认为是吃的“风头官司”,判刑太重,这种看法无疑是片面的。因为,除了这些时期之外,公安、司法部门对破坏经济秩序的犯罪分子和破坏社会治安的刑事犯罪分子一直是在打击,从来没有放松过。只不过有的打击比较集中,声势比较大而已。但是,对罪犯判刑处罚,仍然是以事实为根据,以法律为准绳,严格依法办事,绝不是超越法律、违背法律的“从重从快”。所以罪犯被判刑吃官司完全是因为实施了犯罪活动,触犯了刑律,而不是什么由“风头”决定的,如果怨天尤人,就只能怨你自己咎由自取,罪有应得。

四、必须打击的“不认罪服法”言行

(一)不思悔改,进行无理申诉

1. 纠缠枝节。法律规定,只有当发生法律效力的判决或裁定确有错误时,方可提出申诉。有的罪犯明知有罪,却纠缠枝节问题,认为只要有机可乘,就有可能翻案,于是到处写申诉。如有个罪犯长期向法院申诉,申辩用的凶器是铁铲而不是铁棍,意思是他不是有意伤害,而是顺手拿的生产工具,要求法院重新审判,减轻对他的刑罚。显然,这种纠缠犯罪枝节的无理申诉,法院是不会重新审判的。

2. 歪曲事实。一些罪犯为了达到减轻或者逃避刑罚的目的,在申诉时,故意歪曲和否认犯罪事实。要强调的是,犯罪事实是犯罪已经发生不容置疑的客观真相。它是不依赖犯罪人的主观意志为转移的客观存在。企图全部否认也好,部分否认也好,以假乱真也好,都无法抹杀犯罪事实的客观性。判决书上认定的犯罪事实,是司法机关的侦查人员、检察人员、审判人员依照法定程序取得并经过查证的事实,不是哪一个人随心所欲或由哪一个人说了算的。一些罪犯视法院判决书认定的犯罪事实为儿戏,随意歪曲狡辩,这种捏造事实、歪曲真相,或者相互串供、作伪证的做法,是一种错误行为,严重的必须依法追究刑事责任。

3. 违反程序。有的罪犯认为申诉是法律赋予自己的权利,可以不按程序,随心所欲地复印或打印诉状,进行申诉。向上至中共中央、人大常委会、最高人民法院、最高检察院,横向至新闻机关、人民团体、民主党派。如罪犯陈某服刑不到4年,四处投寄申诉书千余份,而且每份均以挂号信邮寄。用他的话说:“这叫普遍撒网,重点捕捞”,“不愁网网空,只要有一网引起轰动,就成功”。殊不知,国家和政府的各级机关和部门都是按自身的性质和职能进行工作的,罪犯申诉不属于他们的工作范围,也就不可能受理查办,其诉状转来转去,最后还是要转到有关法院或检察院。司法机关受理罪犯的申诉,是依法办事,不受其他行政机关、社会团体、或者个人干涉的,因此,罪犯不按程序漫天投诉是徒劳无益的。

(二)破坏监规,扰乱改造秩序

1. 散布不认罪言论。有些罪犯不仅自己不认罪服法,而且还在罪犯中散布各种不认罪观点或不满情绪,以企图达到混淆视听,浑水摸鱼之目的。有的散布种种对司法机关判决不满的情绪,甚至用谩骂和恶毒的言论对司法机关进行攻击;有的散布谣言或小道消息,妄图把水搅浑,使其他人也跟着不认罪服法,闹申诉,从而使自己的不认罪服法在罪犯中有市场;有的散布判刑吃亏的言论,以求得其他罪犯认同。这些言论对于周围的罪犯具有很大的煽动性、欺骗性。特别是对那些认识能力差、文化水平低、认罪服法立场不稳定的人来说,更容易上当受骗,同流合污。

2. 讽刺挖苦打击先进。一些不认罪服法罪犯,为了使自己在改造中日子好过些,不但拉拢落后分子,教唆他犯不认罪,怂恿他犯写申诉;还对认罪服法、积极接受改造的罪犯进行讽刺、挖苦、打击报复,企图在犯群中形成抗拒改造的氛围,以达到自己不认罪服法的目的。殊不知,绝大多数罪犯都是认罪服法、积极改造的,这种妄图把水搅混的想法是没有市场的,最终只会成为过街老鼠,人人喊打。

3. 不服从管理教育。有的罪犯不按规定理发、穿囚服、戴囚牌,不听从指挥,肆意辱骂顶撞监狱人民警察;有的罪犯不愿参加思想、文化、技术学习或不遵守课堂纪律,上课不听讲,讨论发牢骚;还有的不服从分工或消极怠工,出工不出力或自伤自残逃避劳动,或在生产劳动中故意违反操作规程,有意损坏生产工具等等。对于这种违反监规纪律的行为,一定会受到严肃的处理。

(三)铤而走险,狱内违法犯罪

1. 报复伤害。有的认为自己的判刑是因为他人“诬告陷害”“刑讯逼供”造成的,企图报复原告人、检举人、证人和办案人员。有的故意违反劳动纪律和操作规程,故意破坏生产,给国家造成重大经济损失。还有的把不满发泄到监狱人民警察和其他罪犯身上,认为监狱的严格管理是跟自己过不去,监狱人民警察的批评教育是对自己有成见,其他犯人批评帮助是找麻烦,以致肆意对抗管教,辱骂、威胁监狱人民警察,极个别的甚至企图行凶报复。这些行为必然会受到监规纪律和法律法规的制裁。

2. 伺机脱逃。有的罪犯纠缠于判罪量刑上的枝节问题,在多次申诉没有结果的情况下产生了脱逃出狱去找法院申诉和算账心理。有的罪犯由于受其错误世界观的支配,对自己判刑改造抱错误的态度,因而不服从法院的判决,进而产生对刑罚的抵触心理,妄想用脱逃的方式来解脱。这种想法是十分错误且徒劳无功的,要知道"天网恢恢",脱逃必然不能实现,只会使自己得到更加严厉的法律制裁。

3. 自伤自残。有的罪犯无法面对自己的罪行和刑期,用自伤自残的行为来逃避改造。有的罪犯则企图通过自伤自残的方式引起监狱人民警察注意,妄图通过"闹监"对抗改造。有的罪犯则是自暴自弃,生出消极厌世的念头,以为通过自伤自残的方式就可以不用面对现实。不论出于何种目的,这种行为都是极端错误和愚蠢的。在监狱严格的管理下,自伤自残不可能得逞,同时这种重大违纪必将受到监规纪律的严惩,严重阻碍改造步伐。

现实改造中,不认罪服法的表现还很多。归结到一点,都是妄想推脱罪责,逃避惩罚和改造。通过教育,罪犯要联系实际,尽快纠正不认罪服法现象,加速改造步伐。

第二节 真正做到认罪服法

认罪服法不能只停留在口头上,它需要经过一定激烈的思想斗争过程和具体的行为表现。衡量一名罪犯是否认罪服法,主要看其是否能够做到以下几点。

一、承认犯罪事实

《刑法》第61条规定："对于犯罪分子决定刑罚的时候，应当根据犯罪的事实、犯罪的性质、情节和对社会的危害程度，依照本法的有关规定判处。"可见，每一个具体的罪犯定罪量刑，都以具体的犯罪事实作为根据，以具体的《刑法》规定作为标准。承认犯罪事实是认罪的基础，只有对犯罪事实供认不讳，才能说明罪犯是认罪服法的。承认犯罪事实是服法的前提，如果连自己的犯罪事实都不愿承认，不敢承认，就不可能诚心接受处罚，更谈不上服从监管，自觉改造。因此，罪犯要做到认罪服法，必须首先承认犯罪事实，这是认罪服法的起码要求。

（一）犯罪事实是定罪量刑的根据

定罪是司法机关认定被审理的行为是否构成犯罪、构成什么罪的活动。量刑是在定罪的基础上对犯罪分子依照《刑法》的规定裁量决定刑罚的一种审判活动。定罪和量刑是法院刑事审判活动中的两个重要环节。定罪与量刑都以犯罪事实为客观依据。

1. 犯罪事实是区分罪与非罪的界限标准。行为是否构成犯罪，是由犯罪构成决定的。犯罪构成要件的事实是决定行为是否构成犯罪的基础和前提。没有犯罪事实，就无法证明行为的社会危害性及其程度，也就谈不上犯罪，所以犯罪事实是区分罪与非罪的客观界限标准。在《刑法》总则中，除犯罪概念明确了罪与非罪的原则界限外，还为区分罪与非罪的界限提供了法定的具体事实标准，包括犯罪主体的年龄状况、责任能力状况、行为人的主观状况(故意、过失以及目的、动机)、行为的性质和行为的方式等等。如根据《刑法》第17、18条规定,“未满14周岁的少年以及不能控制和辨认自己行为的精神病人的行为不构成犯罪。”第16条规定:“行为在客观上虽然造成了损害结果,但是不是出于故意或者过失,而是由于不能抗拒或者不能预见的原因所引起的,不是犯罪。”此外,行为未侵害《刑法》所保护的社会关系或没有侵害行为,当然就不构成犯罪。

2. 犯罪事实是区分此罪与彼罪、重罪与轻罪的客观依据。如前所述,犯罪事实的内容包括犯罪性质、犯罪情节及犯罪的社会危害性。从犯罪性质的角度看,《刑法》分则规定的数百种具体罪名都是由犯罪行为的性质所决定并以此加以区分的。犯罪客体尤其是犯罪侵害的直接客体最直接地揭示了某一具体犯罪行为的性质和特征,如故意杀人罪和故意伤害罪的区别就在于:故意杀人罪的直接客体就是某人的生命权利,故意伤害罪的直接客体是某人的身体健康权利。犯罪的性质作为犯罪事实的重要内容,它把每一种犯罪的属性区别开来。譬如,同样是盗窃价值较大的枕木,一种是盗窃库存的枕木,另一种是盗窃正在使用之中的铁轨下的枕木,犯罪者的目的、手段、犯罪对象都是相同的,但就犯罪的性质来说,前者侵害的是国家对其财产(枕木)的所有权,构成盗窃罪;后者既侵害国家财产的所有权,同时更主要地侵犯了公共交通的安全,从而构成了危害公共安全罪中的破坏交通设施罪。此外,犯罪的目的、对象、结果也是区分一些犯罪此罪与彼罪的标准。如同样是致人死亡,行为主观上想致被害人死亡的就是故意杀人罪,主观上只想使被害人身体受到伤害,就是故意伤害致人死亡罪,当然这一目的需要通过其他事实来认定。

犯罪事实不仅有利于我们科学地划分此罪与彼罪的界限而且对于正确区分重罪与轻罪也起到决定性的作用。如犯罪的性质不同说明犯罪对社会的危害程度也不尽相同。危害国家安全利益与危害公共安全利益,显然前者的犯罪危害要比后者的危害更加严重,所以前者的罪重,后者则相对较轻;侵犯公民生命权利与侵害公民的身体健康权利,两者的社会危害性程度的差别也显然易见,所以前者属于重罪,后者则相对较轻。同一类型的犯罪,由于犯罪性质、犯罪手段不同。也使罪责的轻重有所区别。抢劫罪与盗窃罪,由于抢劫犯罪侵害了双重客体,使用的是暴力等手段,而盗窃犯罪侵害的是单一客体,采用的是秘密窃取的方法,所以它们虽然都以非法占有公私财物为目的,但各自的社会危害性程度就不一样,因此抢劫罪显然比盗窃罪的罪责要严重。

3. 犯罪事实是正确量刑的客观根据。从犯罪客观方面来看,有些犯罪的客体与主观方面基本相同,犯罪的行为方式、犯罪的时空条件,以及社会危害程度就成为决定量刑轻重的依据。例如《刑法》第 234 条根据伤害的结果,把故意伤害罪分为一般伤害、重伤和伤害致人死亡三种情况,并规定了三种量刑幅度。同时,查明犯罪主体的事实情况和行为人主观方面的事实情况,如行为人的刑事责任能力状况,行为人是故意还是过失、是直接故意还是间接故意,行为人的动机、目的等,也都对正确量刑起到一定的作用。司法实践中,有些罪犯为了推脱罪责和逃避惩罚,把故意犯罪说成过失犯罪,不愿承认自己的真实思想和心理态度;有的制造假象和谎言,企图蒙混过关;还有的拒不认罪等。而审判机关只要查明了犯罪事实,就可对行为人定罪量刑。

(二)承认犯罪事实的基本要求

1. 承认犯罪事实是确实存在的,不否认。犯罪事实是无法否认的,但有的罪犯不愿意认罪,心存侥幸,认为我不说,就查不到,所以极力否认;有的明明偷窃了,就是不承认,人赃俱获,还要抵赖;有的杀了人,人证、物证俱全,仍不承认,如此这般,就是不认罪的表现。犯罪的事情做了就做了,做了就应该承认。有的罪犯承认一部分,否认一部分;承认小的,否认大的,这都不对。全部否认也好,部分否认也好,都是不正确的态度。其实否认也是没有用的,法院判决是“以事实为依据,以法律为准绳”。

2. 承认犯罪事实是客观真实的,不歪曲。有些罪犯承认犯罪事实确实存在,但千方百计歪曲它,把事情颠倒,把情节弄乱,把性质混淆等等。还有的罪犯出于“面子”的考虑,在与监狱人民警察谈话时,或与同犯交谈时,有淡化犯罪,歪曲真相的现象。歪曲事情的真相,是罪犯不认罪的惯用伎俩。罪犯既然承认犯罪事实,就应当还事实于本来面目,不歪曲事实真相。刻意歪曲事实真相,实质上是否认犯罪,这种思想和态度非常不利于认罪悔罪,积极改造。况且,犯罪事实也是歪曲不了的,法院的刑事判决书上有认定。

3. 承认认定犯罪事实是正确的,不纠缠。在罪犯犯罪的事实中,存在有主要犯罪事实和主要犯罪情节,这是认定罪犯犯罪的依据。承认犯罪事实,也就是要求承认这些主要犯罪事实和主要犯罪情节。有的罪犯对主要犯罪事实和主要犯罪情节无话可说,却在枝节问题上纠缠不休,或申辩凶器为铁铲不是铁棍,或申辩作案是3点钟不是5点钟等等。纠缠枝节问题的目的,是想减轻罪责,改变量刑。殊不知，只要认定的主要犯罪事实和主要犯罪情节是正确的，细枝末节的差异，并不影响判决的正确性。过去就是有罪犯抓住枝节问题反复申诉，屡屡被驳回，进而责备法院不负责。其实法院是负责的，对法律负责，对人民负责，也对罪犯负责。法院接到申诉状一看，所述问题不影响定罪和量刑，毫无意义，一般是不会立案再审的。罪犯劳神费力一场空，还不如把精力集中到积极改造上好。

4. 做到承认事实与承认犯罪的统一，不狡辩。承认犯罪事实，不能只承认事实，不承认犯罪；承认事实并不等同于承认犯罪，但否认事实一定是否认犯罪。如有罪犯说："那回事是有的，但不一定就是犯了罪。"所以，光承认事实不行，一定要在承认事实的基础上承认犯罪，做到承认事实与承认犯罪的统一。一是要与犯罪危害联系起来看，从事实上造成的犯罪危害中认识犯罪；二是要与法院的刑事判决书对照起来看，从判决书历数的罪恶中认识犯罪；三是要与被判处的刑罚联系起来看，一般来说，判处刑罚期限越长，罪恶越大。实际上，行为是不是犯了罪，犯了什么罪，应处什么刑罚，法律都有具体的规定。可以对照法律，认识犯罪。问题是有一些罪犯学习法律，运用法律，不是从认罪出发，而是从开脱罪责出发，思想观点存在偏向。如果以平常之心，公正之心，民众之心，对照法律认识犯罪，是能够从中得出正确答案的。

二、剖析犯罪原因

任何事物、任何现象的产生都有其原因，犯罪亦不例外。正确归因自己的犯罪行为，这是罪犯能否真诚认罪悔罪的基础。因为一个人光知道自己有错，不知道错在哪里、是什么原因导致犯下的错误，那是很难真正改正错误的。因此，必须仔细剖析犯罪原因，深挖犯罪根源。

（一）从思想上剖析犯罪原因

一个人之所以走上犯罪道路，其原因不外乎有两个方面，即主观方面和客观方面。罪犯应当从主观、客观两个方面来剖析自己的犯罪原因，并着重从个人主观上进行剖析，而不是在客观上推卸责任。外因是条件，内因是根本。一个人会不会犯罪，归根到底还是由犯罪者个人的主观思想所决定的。所以，对罪犯来说，最重要的是要从主观上深挖自身的犯罪原因，这样才能真正地认罪悔罪，从而才能在改造中不走或少走弯路。

多数罪犯在思想层面存在以下几种情形：

1. 极端个人主义。极端个人主义体现在一切为了个人的私利上。他们的处世哲学是："人不为己，天诛地灭。"在他们看来"人的本质是自私的，人人都在为自己打算"。从政治上看，极端个人主义同鼓吹"个性解放"、绝对自由、绝对民主的无政府主义如出一辙，都是对共产党的领导、人民民主专政和社会主义制度的公开反对，其要害是把个人利益凌驾于党、国家和人民利益之上。从经济上看，极端个人主义追求金钱至上，正像一些财产犯罪分子所说的那样，"有奶就是娘，有钱就是爹"。为了金钱，可以不顾道义，不要廉耻，甚至铤而走险。其要害是损人利己，唯利是图。极端个人主义与违法犯罪之间有着必然的联系。

事实上，个人与他人，个人与社会是相互依赖，即互为目的，又互为手段的。个人的需要、利益、尊严，既需要社会提供条件，也需要尊重他人的需要、利益、尊严。虽然个人应自信、自强、自爱，但也离不开他人和社会的支持。只顾个人私利去损害他人和社会利益是违反社会主义精神文明的，是不道德的，而且脱离社会规范，人的个性也不可能得到发展的。

2. 腐朽的享乐寄生思想。腐朽的享乐寄生思想是一种骄奢淫逸的生活方式，并以寄生为基础，是把个人快乐幸福建筑在别人痛苦之上的剥削阶级人生观的集中反映。有这种思想的人，常把“人生在世，吃喝二字，不吃不喝，等于白活”和“吃得好，穿得阔，玩得开心，才是人生最大的乐趣”奉为信条，追求花天酒地、纸醉金迷的生活。有的为了满足奢侈生活的需要，不择手段地进行盗窃、诈骗、走私、抢劫，甚至杀人；有的利用手中的权力肆无忌惮地搞权钱交易，贪污受贿；还有些人的享乐思想不仅表现在对物质的追求上，还反映在对淫乱的追求上。享乐寄生思想所表现的形式和追求的目标无论怎样，都是导致犯罪的重要原因，这是毋庸置疑的。

腐朽的享乐寄生思想是十分有害的。第一，不懂得人与动物的区别。人有理想、信仰、思想、道德等精神追求。如果人不讲这些精神文明，只是追求物质上的享受，那岂不是把自己降低到了动物的地位。第二，不懂得人的另一属性社会性，忘记了自己作为一名社会成员应对社会所尽的义务。他们拼命抢、不择手段的捞取钱物，用获得的赃物恣意寻乐、享受，最终是逃不脱法律制裁的。第三，不懂得精神的力量。一个人如果没有高尚情操必然会走到歧路上去。

3. 哥们义气的封建行帮思想。哥们义气的封建行帮思想是旧社会遗留下来的瘟疫,至今还在散发着毒气。一些人特别是青年人以此作为自己处世的哲学,作为做人的第一信条。他们认为“老师严,父母狠,只有哥们最亲”,“在家靠父母,出门靠朋友”。在他们看来,为朋友两肋插刀是社会生活最高道德准则。许多人以哥们义气为精神纽带,组成犯罪集团。在个别地区甚至发展成为一种反社会主义的黑社会势力。这种人只知有帮,不知有国,只讲哥们义气,不顾法律威严,经常寻衅滋事,持械聚众斗殴,侮辱和强奸妇女。抢劫、盗窃、走私、贩毒,几乎到了无恶不作的地步。这种哥们义气的封建行帮思想对社会主义建设具有极大的破坏性,也是一些暴力犯罪和共同犯罪的重要思想根源。

4. 法制观念淡薄。法制观念强,就能正确处理人与人之间、个人与集体之间、个人与国家之间的关系,保证自己的言论和行动符合法律规范。反之,法制观念弱,就极易颠倒三者之间关系,违背人民的意志,触犯法律而犯罪。因法制观念淡薄而导致犯罪的,大体有三种情况:

一是不学法不知法。搞不清什么是合法行为,什么是违法行为,什么是犯罪,什么不是犯罪。因而,犯了罪还不知道,稀里糊涂,直到被逮捕法办,才恍然大悟。有李氏兄弟二人,对自己的父母十分孝敬,远近闻名。他们看到邻居的儿子经常侮辱打骂老父,便恨在心中,发誓要除掉他。一天邻居的儿子正对其父亲施暴,李氏兄弟认为机会已到,一个拿板凳朝邻居儿子的头部打去,一个用刀砍过去,当场将其打死。结果,李氏兄弟受到了法律的制裁。他们二人事后想不通,认为除了个忤逆子做了一件好事怎么说是犯罪。他们不知道:儿子忤逆父亲,应该由法院依法处理,而任何个人无权去杀人。杀人触犯刑律就构成犯罪。这个案例是一个典型的法盲悲剧。

二是知法不守法。犯罪者也知道合法与违法的界限,对违法犯罪也有所顾忌,但存有侥幸的心理。正如赌徒赌钱一样,明知是违法犯罪,但在金钱诱惑下,总认为不一定被捉,还要碰运气再赌一场,捞一把,结果受到了法律的制裁。这种情况在现实生活中并不少见,有不少罪犯就是因此而走上犯罪道路。由此可见,知法、懂法而不守法,仍然会违法犯罪。守法光荣,违法可耻,知法而去违法犯罪就更加可耻。

三是执法犯法。有些原系国家机关工作人员犯罪的一般都具有一定的法律知识,但他们轻视社会主义法制,蔑视法律的权威性,明知法律是不可侵犯的,违法犯罪要受到法律追究,但由于个人的私欲恶性膨胀,经不住利欲的诱惑或他人的拉拢,铤而走险,走上了以身试法的道路。

(二)从心理上剖析犯罪原因

正常人的心理调控适度,能够适应社会和生活的需要;不正常的人,其心理调节失控,甚至存在着严重的心理障碍和心理疾病,就有可能导致行为的异常。

1. 畸形需要。需要是有机体对内部环境和外部生活条件的要求在头脑中的反映。任何人都有着自己的需要。人的一切活动都是为了满足个体的某种需要。因此,需要是个体积极性的内在源泉,是个人活动的基本动力。需要是有层次的,需要的形成和发展表现出由低级向高级、由物质需要向精神需要、由基本的生存需要向利他的社会需要的不断运动和永无止境的特点。但人的需要不是随心所欲的,必须受到社会道德、法律规范的制约,以道德、法律规范所允许的方式来满足。否则,就会受到舆论的谴责和法律的制裁。

正常人的需要,尽管其需要的内容各不相同,但自己能够将需要的内容与自己所处的社会环境、社会条件相符合,并且采取合理、合法和符合道德规范要求的途径和方法去满足自己的需要。但也有些人的需要内容超出自己所处的社会生产发展水平,就容易形成畸形的需要心理。一个人犯罪,往往正是由于畸形需要心理得不到及时的调控和遏制,并任随畸形需要心理的发展形成恶性膨胀。从而采取种种非法的、不符合道德规范的手段去达到目的,以致走上犯罪的道路。

2. 意志薄弱。罪犯犯罪的心理原因表现在意志方面存在缺陷,即由于意志薄弱而导致犯罪。罪犯意志薄弱表现在:一是有的缺乏主见,盲目附从。在个体行动中没有明确的目的性,屈从于别人的影响,对别人的思想、行为不加辨别、不分好坏完全接受。如有的罪犯参加团伙犯罪,起初他也意识到行为的危害性,但在他人的劝说、教唆下,盲目附从,随波逐流,参加团伙犯罪活动。二是有的固执己见,独断性强。独断性较强的人,表面上似乎是独立地采取决定,执行决定,但实际上缺乏自觉性,不考虑自己所采取的决定是否合理,固执己见,经常毫无理由地拒绝考虑别人的批评、劝告,我行我素。如醉酒驾车肇事犯罪的人,平常就有酗酒的“固执症”,无论怎样劝告,他总是不改酗酒的毛病,结果导致醉酒驾车,发生交通肇事犯罪。三是有的行为任性。一些罪犯之所以犯罪,其原因表现在放纵自己,毫无约束、感情用事、任意而为,往往喜欢为所欲为,肆无忌惮;在遭受失败和挫折时,既不能忍受苦难的折磨，又不能抵制外界对自己的威逼和利诱，常常强调客观困难，不能严格要求自己，会一错再错，知过不改，结果导致犯罪的发生。每个罪犯必须认识到自己意志品质的缺陷，努力培养自己良好的意志品质。

3. 情感、情绪失控。情感是指人们反映外界事物时所体验出来的态度。人们在认识和活动中，总会对客观事物持有一定的态度。当他持有肯定的态度时，就会产生喜爱、满意、愉快、尊敬等内心体验；当他持有否定的态度时，则会产生憎恨、不满意、痛苦、愤怒、恐惧等内心体验。

如果一个人的情绪、情感具有不良的内容，并不加控制任其发展，积累到一定的程度就有可能导致犯罪。不良情绪、情感的失控表现在：一是有的不满情绪失控导致犯罪。一个人一旦对客观外界事物产生不满情绪，就会使头脑处于紧张状态。如有人因嫉妒、仇恨等不满情绪发展到一定程度，即达到"忍无可忍"的地步，便会引发犯罪动机而进行凶杀、投毒、纵火等犯罪活动。二是有的激情暴发可导致犯罪。激情是一种强烈的、短暂的、暴发式的情绪状态。激愤、暴怒、恐惧、狂喜、剧烈的悲痛、绝望等都是激情的表现。处在激情状态下的人，其认识活动的范围将会缩小、狭窄，自我控制能力减弱，往往不能约束自己的行动，不能正确评价自己的行动意义及预见行为的后果。激情状态下就可能产生犯罪行为。如当家庭发生重大变故时，其家人往往会产生激情，就极易产生报复心理，以牙还牙，发生犯罪。

（三）从行为上剖析犯罪原因

不良行为习惯也是导致犯罪的重要因素。不良行为习惯的产生原因，是思想上的偏差、观念上的误区和心理上的不健康，它们在导致犯罪方面的恶劣作用突出表现在以下三个方面：

1. 行为表现上的劣根性。有些人，特别是青少年，由于从小受到不良环境的影响（如居住的社区、乡村的风气不良，赌博成风、对小偷小摸不以为然、将打架斗殴视为小事，等等）染上了不良的行为，如赌博成瘾、浪荡成性、好吃懒做成癖等。这些人行为上的不良习性和不良习惯，如果不及时改正，任其发展，甚至恶化，就可能走上犯罪的道路。

2. 行为方式上的盲动性。也就是说，某些人不经考虑、不计后果、不顾客观条件盲目地去干违法的事情。这种行为方式上的盲动性，往往导致犯罪的严重后果。一些罪犯当初就是因为行为上“不动脑子”而犯罪的。如一些犯聚众斗殴罪的人，当初就是出于“哥们义气”，冲着朋友的面子，也为了给自己挣“面子”，“朋友”一个电话，就“杀将”过去，根本没想到自己的行为会产生什么后果，结果危害了社会治安，自己也锒铛入狱。

3. 行为走向上的反向性。行为朝着社会规定的反方向走，即严重逆反心理的表现。逆反心理的强化又导致反向行为的强化，最终导致犯罪。在这类犯罪中，以“二进宫”“三进宫”的累犯、惯犯最有代表性。这些人对自己的犯罪没有正确的认识，不是从自己身上找犯罪的根源，而是错误地认为自己是“倒霉”“命不好”，对法律的惩罚抱有怨恨和抵触情绪。因而，他们重返社会后，不仅没有吸取教训，反而以更强烈的逆反心理对待社会，甚至报复社会，以所谓“老子是从山上下来的”自居，以近乎变态的心理，变本加厉地作案，从而走上了“再犯罪”的道路。

总而言之,一个罪犯只有真正从上述方面,认准了、弄清了、深挖了犯罪的根源,才能真正为悔罪、赎罪和将自己改造好夯实基础。

三、认清犯罪危害

犯罪危害是指犯罪行为对我国刑法所保护的社会主义社会所造成的损害。《刑法》第13条根据犯罪行为所侵害的《刑法》所保护的社会关系,将犯罪的社会危害性概括为四个方面:危害国家的安全与稳定、破坏社会主义市场经济秩序、危害正常的社会秩序、危害人民群众。犯罪给国家、社会和公民以及自己家庭造成了严重危害,而且这种危害是多方面的,既有物质性危害和非物质性危害,又有直接的危害和间接的危害,同时还有当时产生的危害和遗留下来的贻害等等。认清犯罪危害就是要认清并牢记自己的犯罪,在政治上、经济上、物质上等各个方面给国家、社会和公民以及自己家庭造成的严重损害,并深挖犯罪根源,找到犯罪原因。对罪犯来说,能否认清自己的犯罪危害是关系到能否走好新生之路的关键问题。能够正确认识犯罪后果及其危害。这既是真正认罪的结果之一,也是悔罪的认识基础。

(一)客观地认清犯罪危害

犯罪一经构成,犯罪危害就客观存在,但由于种种原因,许多罪犯看不到危害的客观存在,不能以客观的态度认识它,成为影响认罪的一个重要因素。

从法律的观点看,犯罪的社会危害性是犯罪的基本特征之一,也是犯罪的构成要件之一。罪犯之所以被定罪判刑,就是因为行为构成犯罪,对社会造成了危害。被定罪判刑的事实已经说明,他们犯罪所造成的危害是客观存在的。

从犯罪危害的角度上看,犯罪所侵害的是刑法所保护的社会主义社会关系,不能把犯罪危害局限在具体的人和事上,或者是直观的危害后果上,由此判定犯罪危害的有或无。犯罪行为一经实施,其危害也就同时产生,不能因为犯罪所期望的社会危害没有直观的出现,就否认犯罪危害的客观存在。

从犯罪危害的形式上看,形式是多样的。有的可以具体确定和测量,比如杀了一个人、盗窃多少财物等等;有的不能具体确定和测量,比如对党和政府威信的损害,对公民名誉、人格的损害等等。不能对可以具体确定和测量的就承认,对难以具体确定和测量的就否认。

认识犯罪危害,关键是要有客观的态度。许多人不能深刻认识犯罪危害,问题就出在态度上,总想淡化危害、减轻罪责,这怎么能够客观地认识犯罪危害呢?只有站在公正的立场上,以客观的态度看待犯罪,才能对犯罪危害有深刻的认识。

(二)全面地认清犯罪危害

1. 既要认清犯罪的物质性危害,又要认清犯罪的非物质性危害。这是犯罪危害根据结果的现象形态所做的区分。物质性危害是指现象形态表现为物质性变化的危害结果,它往往是有形的,可以具体认定和测量。如致人死亡、致人伤害、毁损财物等。这种危害判决书上一般有记载,一目了然,容易理解。罪犯对这种危害一般能够承认,死不认账的是极个别。但是仅仅认识物质性危害是不够的,还要认清非物质性危害。非物质性危害是指现象形态表现为非物质性变化的危害结果，它往往是无形的，不能或难以具体认定和测量。如对人格的损害、名誉的毁损等。但这种危害可以被人们感受，其危害程度往往更为严重。刑事判决书上如有“造成不良影响”“影响极坏”等字样，就是对犯罪的非物质性危害的认定和评价。两种危害难以截然分开，清算罪行时，都要全面、深刻、透彻地认清。

2. 既要认清犯罪的直接危害，又要认清犯罪的间接危害。这是将犯罪危害从犯罪行为与造成的危害结果的联系形式所做的区分。直接危害与犯罪行为有直接联系，表现为犯罪的直接后果，比较直观，难以抵赖。间接危害虽不表现为犯罪的直接后果，但是由犯罪行为所引发或导致。比如某妇女被奸污后羞愧自杀身亡；某家孩子被拐卖后父母精神失常等。一般说来，犯罪直接危害侵害的客体涉及面越宽、株连的人越多、影响越深，间接危害就越大。间接危害常常出乎人们意料之外，为始料不及，确属客观存在，并非主观臆造。

直接危害和间接危害既互相区别，又相互联系，它们共同存在于犯罪危害这个统一体中，直接危害是间接危害产生的前提条件。如果只看到了直接危害的一面，没有看到间接危害的一面，那么对犯罪的认识就还比较片面和肤浅。

3. 既要认清犯罪的当时危害，又要认清犯罪的遗留危害。这是将犯罪危害从犯罪行为造成危害结果的时间上所做的区分。在现实生活中，有些犯罪的危害一时不会完全显露，它留下的隐害，在一段时间以后甚至相当长时间以后才会显露出来。遗留危害主要以三种情形持续长期存在：一是犯罪的危害后果持续一段甚至相当长的时间。这种危害反映在它的存在不是随犯罪行为结束而结束，而是具有时间上的持续性、顺延性，如伤害案件，被害人受到的危害一直要持续到伤口的愈合，直到身体恢复健康为止。有的伤害如断肢、毁容等，虽然伤口愈合了，但使被害人落下了终身痛苦，这种危害则一直持续到被害主体消失。二是危害带有阶段性和断续性。这种危害不是持续存在的，而是断续存在的，有时很明显，有时则不明显。如受害者伤口愈合后遇有一定的气候和温度、湿度，就会疼痛。三是直接产生遗留危害。如2008年的三聚氰胺毒奶粉事件，截至2008年9月下旬，有5亿人接受门诊治疗，死亡4人，这是直接的危害结果。并且一些毒奶粉已流入很多家庭，造成了潜在的遗留危害。

当时危害和遗留危害是犯罪危害在时间上的前后关系，前者显现于犯罪危害的表面，较易认识，后者则潜在犯罪危害内部，需要用发展和全面的眼光才能认识。有些罪犯只看到自己犯罪行为造成的当时危害，甚至以当时危害不大来掩盖更大的遗留危害。这种以表象代替实质的做法，目的不外是避重就轻、推诿罪责，必须狠狠批驳。

4. 既要认清犯罪对社会和他人的危害，又要认清犯罪对家庭和自己的危害。俗话说："以害人开始，以害己告终。"每个罪犯都应当认清自己的犯罪，不仅给国家、给社会、给被害人造成了巨大的伤害，同时也给自身和家庭带来了巨大的不幸，使自己失去了人身自由，断送了大好前程和美好青春，同时亲人们因你感到羞耻、痛恨，为你而伤心、担忧。精神上的压抑、生活中的艰辛，使许多罪犯亲属不堪重负。

(三)用正确的方法认清犯罪危害

认清犯罪危害,有态度问题,有观点问题,还有一个方法问题。正确的方法,可以帮助加深对犯罪的认识。除了一般的方法以外,这里重点强调两点:

1. 用角色换位的方法加深认识。每个人都在社会生活中扮演不同的角色,整个社会生活,就是这些社会角色在按照所规定的权利义务和行为规范进行活动。不同的角色有着不同的心理体验,犯罪者与被害者所处的位置不同,其心理体验是截然不同的。强奸者得到了兽性的满足,被害者却因身心受到摧残而痛苦;盗窃者为不劳而获而弹冠相庆,被害者因劳动果实被非法剥夺而痛心不已等等。角色换位,就是把罪犯的身份换成被害者的身份,从被害者所处的地位、环境以及所遇到的变故进行心理体验。设身处地,将心比心。这对罪犯增加悔罪感、赎罪感,增强思想改造的紧迫感很有好处。

2. 用算罪恶账的方法加深认识。犯罪危害有一个程度问题,其中物质性危害部分可以量化,可以计算。仅仅一两个人犯罪所造成的危害,不能使一些人对犯罪危害的严重程度引起重视。如果把几个人、几十个人犯罪所造成的危害相对集中起来,犯罪危害的严重性就会得到比较充分展示,引起大家重视;将某一监区,某一监狱犯罪所造成的损失统计累计起来,其数量肯定会触目惊心。例如,某监狱对所关押罪犯的犯罪事实调查统计,直接经济损失2382.5万元,侵害对象2014人,其中死亡121人,被强奸妇女491人。真可谓"不算不知道,一算吓一大跳"。就个人犯罪而言,大家也可以算一算自己的犯罪行为在哪些方面给国家、社会、个人造成了危害、危害的程度怎样，从而使自己能从过去的罪行中幡然醒悟，痛改前非。

四、服从法院判决

服从法院判决，即法院判决书上认定的犯罪事实、定性和量刑等要无条件地服从。因为法院的判决书是根据犯罪事实，包括犯罪的时间、地点、情节及造成的后果等，依据刑法的有关条款，进行定性、量刑而做出的判决，它具有权威性、强制性和公正性。法院判决既是法院审理案件、执行国家法律的具体结果，也是罪犯投入改造的法律依据。所以说，罪犯在监狱服刑期间，必须无条件地服从法院判决，接受刑罚的惩处。

（一）什么是法院判决

法院判决是指法院在审理案件终结时就实体问题所做的决定。法院判决依案件性质可分为刑事判决、民事判决等。刑事判决是指法院对受理的刑事案件，依据事实与法律，就被告人是否犯罪，犯何种罪，是否处罚、如何量刑等所做的处理决定。它是法院代表国家行使刑事审判权的体现，是对国家刑法的具体适用。民事判决是指法院对民事纠纷案件所做出的处理决定。《刑事诉讼法》第 77 条规定："被害人由于被告人的犯罪行为而遭受物质损失的，在刑事诉讼过程中，有权提起附带民事诉讼。如果是国家财产、集体财产遭受损失的，检察院在提起公诉的时候，可以提起附带民事诉讼。"附带民事诉讼，就是司法机关在追究被告人刑事责任的同时，附带解决被害人由于被告人的犯罪行为而遭受经济损失的赔偿问题的活动。附带民事诉讼是刑事诉讼中不可忽视的一个重要内容，对严厉惩罚犯罪，有效保护国家、集体财产和公民的合法权益，及时、正确处理案件等有着重要意义。

（二）正确认识法院判决

1. 要认识到法院判决的权威性。对罪犯做出的判决是法院代表国家做出的权威性判决，同其他机关、团体做出的处分决定有着原则的区别。法院在审判上的权威性表现在以下两个方面：

(1)法院是唯一的审判机关。《宪法》第123条规定："中华人民共和国法院是国家的审判机关。"这就是说，法院是代表国家行使审判权的机关。其他任何机关、团体和企事业单位，均没有这种权力。《刑事诉讼法》第12条规定："未经人民法院依法判决，对任何人都不得确定有罪。"这就是说只有法院才有权根据《刑法》规定确定某人有罪或犯有某种罪行，应不应该判刑，以及判处什么刑罚。

(2)法院独立行使审判权不受干涉。《中华人民共和国法院组织法》第4条规定："人民法院依照法律规定独立行使审判权，不受行政机关、社会团体和个人的干涉。"这就明确指出法院独立行使审判的核心是服从法律、依法办事。法院行使审判权时，除服从法律外，不接受和服从任何机关、社会团体和个人有关处理具体案件的指示或命令。

2. 要认识到法院判决的强制性。法院做出的判决、裁定，是对具体案件适用法律的结果，是严格执法的体现。通过强制执行将判决、裁定适用的刑罚等内容予以实施，就能维护法制的尊严和不可侵犯性。因此，判决、裁定一经发生法律效力，就表现出强制性。法院判决生效后，任何单位或个人都必须服从，不得违背，必须按照法院判决的内容执行。如果拒不执行法院判决，执行机关有权采取措施强制执行。拒不执行生效的法院判决，情节严重的，法院要追究其刑事责任。《刑法》第313条规定："对人民法院的判决、裁定有能力执行而拒不执行，情节严重的，处3年以下有期徒刑、拘役或者罚金。"个别罪犯在服刑期间，公开抗拒劳动，拒不接受教育，或不服从管理，无理申诉等，这些都是不服从法院判决的行为表现，对此《刑法》《监狱法》都做出了具体的处罚和强迫改造的强制性规定。

3. 要认识到法院判决的公正性。法院在审判过程中，对一切公民在适用法律时一视同仁、一律平等。《刑事诉讼法》第6条规定："对于一切公民，在适用法律上一律平等，在法律面前，不允许有任何特权。"这就是说，对任何公民的合法权益都应当依法予以保护，对任何公民的违法犯罪行为都应当依法予以追究，不特殊，不歧视，不受民族、性别、职业、社会地位、宗教信仰、教育程度、财产状况、居住期限等因素的影响。

法院作为一个组织整体，集体对审判权的行使负责。法院行使审判权，绝大多数案件是由审判长、审判员等组成合议庭，进行审理，这就保证了审判工作的依法公正性。同时，各级法院还建立了错案追究制度、回避制度，这从制度上有效地保证了办案质量。法院的审理判决，有其严格的诉讼程序，需要经过认真调查，反复取证，反复审理，直到证据确凿才判决量刑。

法律规定，检察院对法院的审判活动是否合法实行监督。同时还规定了当事人、其他诉讼参与人以及有关的公民和单位也有权对法院的审判活动进行监督，比如有权要求复议、提起上诉、提出申诉、进行控告等。此外，上级法院、上级检察院可以通过审判监督程序纠正下级法院已经发生法律效力的错误判决、裁定，使案件得到正确公正处理。

（三）自觉服从法院判决

1. 服从法院判决对犯罪事实的认定。法院在对罪犯定罪量刑之前，先要对犯罪事实做出认定。判决书上历数的，就是法院认定的犯罪事实，而且是犯罪的主要事实和主要情节。对判决书上认定的事实和情节，罪犯要服从，不能存有疑义。因为，判决书上认定的事实和情节都是证据确凿的，而且审判过程中罪犯也是认账的，不能在拿到判决书以后，又出尔反尔。尤其是现在，判决已经生效，交付执行，又对事实和情节提出疑义，那显然是对法律的不负责任，也是对自己的不负责任。

2. 服从法院判决对犯罪性质的认定。对犯罪定性是一个复杂的综合过程，必须分析被侵害对象的情况，犯罪危害后果，刑事责任人的自身情况，还要看犯罪的目的和动机等，其依据是十分明确的。《刑法》对各种犯罪行为都做出了明确具体的规定。只要实施了哪种犯罪行为，触犯了刑律某一条，就构成了什么罪。有的罪犯自以为诸如目的和动机是看不见的，是靠自己嘴说的，因而把强奸说成是通奸，把杀人说成是伤害，把故意说成是过失等等，这是枉然的。自觉服从法院判决，罪犯就必须从自身的犯罪事实上，认清自己的犯罪性质。

3. 服从法院判决的量刑。有的罪犯在犯罪事实无法否认，定性也提不出疑义的情况下，在量刑上纠缠的现象比较普遍。罪犯在量刑上攀比是不恰当的。每个人犯罪的情节，犯罪的后果，犯罪所造成的影响，是不一样的。世界上没有两个完全相同的案件，案件与案件之间根本就没有办法比。要比只能跟法律比，看对自己犯罪的量刑符合不符合法律的规定，只要法院量刑没有违背法律的规定，都是正确的。

政策与法律的关系十分密切。党的政策是国家法律的依据，国家法律是党的政策的具体化。所以法律必须体现和服务于党的政策，当党的政策调整和形势发生变化时，法律就必须为适应变化了的情况而进行必要的修改。全国人大常委会多次做出的有关决定，就是对刑法的补充和修改。如果同一类案件，因“时期”不同即法律规定不同而出现“重”或“轻”的现象，那这种“重”或“轻”是正常的。要怨只能怨自己不识时务，咎由自取。

法院在量刑中，一般会充分考虑从轻的情节。应当明确的是，就一个具体案件来说，应从轻到什么程度，如何具体实施从轻的量刑裁决，要视案件的全面情况而定。并不是凡有从轻的情节，就一定要从轻量刑。在许多案件中，既有从轻的情节，也有从重的情节；如果只看到从轻的情节，忽视从重的情节，就会陷入认识的误区。

第三节　言行一致　真诚悔罪

一、正确认识真诚悔罪

（一）悔罪的含义

悔罪是指罪犯在认罪服法的前提下向社会真诚地表示忏悔。

悔罪反映罪犯对其犯罪行为的反省程度，其道德来源在于人的内疚感，最终源自人的良心。

首先，从词义来看，“悔”意为自责，即自认为过去的某些言行不应该。悔罪，即悔恨自己的罪恶。悔是发自内心的，而非言悔心不悔。第二，从法律条文来看，我国《刑法》第 67 条关于适用缓刑的“悔罪”，是以“确实不致再危害社会”为内容的，所以决心痛改前非的才叫悔罪。第三，从实践中看，认罪不等于悔罪。不少罪犯认为自己的行为仅仅是触犯了刑律而已，并无自责之意，并不后悔，往往强调自己的犯罪是不得已的，甚至其中个别人是做了投案的打算后才去实施犯罪的。故徒有形式不属悔罪。第四，从思想支配行为的关系看，犯罪行为是在罪犯违反社会规范的思想支配下实施的。同样，悔罪表现也是在悔过者自觉遵守社会规范的思想支配下做出的。这种悔罪转变时间的长短因人而异，主观恶意重的罪犯，达到悔罪要求所需时间长，反之则短。然而，即使主观恶意再轻，偶尔犯罪后很快就产生悔罪思想而自首的少数罪犯，其悔罪的思想仍需要时间继续强化。因此，对罪犯来说，要经过较长时间的考验才能认定其悔罪，犯罪后的短期表现不足以说明。

总而言之，悔罪是指罪犯主观上对自己罪行的社会危害性的醒悟和内疚，客观上不再危害社会的一个过程。它是通过罪犯在犯罪前后相当一段时期的良好表现而体现的。

（二）悔罪的特点

1. 悔罪必须以真正的后悔心理为支撑。所谓悔罪心理是指罪犯在犯罪时或犯罪后，对其所犯罪行有一定的悔悟，迫于良心的谴责和罪责感的压力，主动实施一定的行为，以获得真正解脱的心理。罪犯正是在悔罪心理的内在推动下,才会主动实施一定的行为,以挽救犯罪损失,积极配合司法机关的调查取证,主动认罪服法等。

2. 悔罪必须体现在实际行动上。这些行动包括罪犯的言语、表情、动作、行为等方面。从刑法意义上看,言语和行动才具有实质的意义。因为罪犯虽然内心对犯罪行为无比悔悟,但是不通过言语或者行动表现出来,别人无法了解其存在悔罪的心理。另外刑法也只对行为进行评价,那么这种单纯内在的悔罪心理对于刑法来说就变得毫无意义。

3. 悔罪的主体必须是罪犯本人。悔罪表现是基于对自己实施的犯罪行为真诚悔悟而具有的表现,只有真正实施了犯罪行为的人的表现才能称之为悔罪表现,其他行为人没有实施犯罪行为,其实施的行为不具有悔罪性,当然不能称之为悔罪表现。如果罪犯本身无动于衷,其家属或相关社会机构代为做出的补偿,是不能代表其本人有悔罪意愿和行为的。

(三)真诚悔罪的作用

罪犯能够悔罪,说明其已深刻认识到自身犯罪行为的错误,愿意为自己的行为承担责任,再犯罪的可能性小,回归社会的信念较强。真诚悔罪,有助于罪犯积极主动寻求与被害人展开良好的对话沟通,补偿被害人损失,抚慰被害人心灵,恢复因犯罪行为遭到破坏的社会关系。

1. 真诚悔罪是罪犯告别旧我走向新生的转折点。真诚悔罪能够使罪犯认真反省自己的犯罪行为,清醒地看到自己的行为给国家、社会和他人带来的危害,给家庭带来的悲剧。犯罪的历史是罪恶、可耻的，只有与过去的自己彻底决裂，果断地告别旧我，才能站在人生新的起点上，改恶从善，抛弃旧我，重塑新我。同时，对于罪犯来说，悔罪是对自己不安良心的补偿，通过悔罪可换取良心的平静，重塑个人的道德完整性。

2. 真诚悔罪是修复受害人身心创伤的有效方法。罪犯真诚悔罪，向被害人真诚地悔悟并道歉，是打开被害人心结的前提，有助于被害人重拾掌握自己命运的信心，回归正常的生活。

悔罪不是金钱也不是某种实物，它是由罪犯展示某种特定信念、态度的话语行为。更为重要的是，悔罪不是补偿损失的机制，它不能补偿损失，它是对失去的价值予以承认的一种机制。对被害人来说，悔罪意味着自己曾被贬低的道德地位的恢复。悔罪是罪犯承认被害人及其他社会成员权利、表达尊敬的姿态。严重的犯罪行为是对被害人人权的极端不尊重。因此，让罪犯明确承认其所侵犯的价值是很重要的；而拒绝悔罪则是对被害人道德价值的继续贬低，是对社会价值规范的蔑视。悔罪是对被害人价值的认可，有助于恢复被害人的自我价值感，并对未来能够获得他人尊重而获得信心。在此意义上，悔罪具有心理补偿功能，是修复受害人身心创伤的有效方法。

3. 真诚悔罪是减少社会重新犯罪的关键。从心理学角度而言，刑释人员不再犯罪主要有三种可能：一是不敢再犯罪，这是其刑罚体验的结果；二是不想再犯罪，这是其思想改造的必然；三是不愿再犯罪，这是其对重新犯罪的成本与收益以及正常生活价值的客观评估。但是认真分析罪犯心理，就会发现，以上三种可能有一个共同的心理基础，这就是罪犯在服刑期间的认罪悔罪态度。

不难理解，如果一名罪犯在服刑期间不能真正地认罪悔罪，那么寄希望在刑释之后不再犯罪就只能是一句空话。因此我们说，罪犯经过改造后重新进入社会是否重新犯罪，取决于改造的结果，而真诚悔罪是改造的基础和前提。只有从思想上彻底抛弃犯罪的恶念，与过去划清界限，才能不再走犯罪的老路，真正做一个有益于社会的人。

（四）务必纠正的"认罪不悔罪"的错误认识

1. 缺乏愧疚悔恨之意。有部分罪犯，表面能够认同判决，但对于自己对受害人、对家庭、对社会造成的危害认识不清，认识不深，甚至少数人对判决持无所谓的态度，缺乏悔罪感，并不为自己的犯罪行为而感到后悔。如在贩卖毒品案件中，一些罪犯虽然能够认识到贩毒是危害社会的，是违法的，但对金钱的欲望促使他们出狱后又重操旧业，再度入狱；在故意杀人案件中，一些罪犯明知道杀人偿命，杀人违法，但他们拒绝悔罪，坚称被害人该死，即便后悔，也是因为无法接受漫长的刑期，而不是从内心真正觉得对不起被害人，还有一些罪犯"脑子里有杀人抵命的心理准备"，对于怎么判决无所谓，甚至于有求死的心态。这种所谓认罪的态度是极其恶劣的，并无悔罪之意，甚至经反复教育仍不思悔过。这种犯罪分子并不是因为对所犯罪行的社会危害性有所认识，他们在心理和行动上都表现出对改过自新的抗拒。这种行为是十分有害的，如果不对过去的罪行进行反思，没有罪恶感的羞耻心，就不可能有改正错误的意愿和决心，更不可能真正接受教育改造，重新做人。

2. 消极的服刑态度。对于服刑的消极态度主要体现在认为"官司难吃"，不认同不服从监狱管理的主要措施；认为"改造是肯定改造不好了”，只求在监狱里舒服地混日子。有的罪犯在与监狱人民警察谈话时表示认罪，背后却将自己的犯罪行为作为炫耀的资本，不以为耻，反以为荣，更有甚者，将“多进宫”作为“光荣事迹”，将监狱人民警察看作是“熟人”。有一些刑期比较短的罪犯来说，往往抱着混改造的心态，扣分无所谓，希望为自己营造一个相对“舒适”的服刑环境。有的长刑罪犯则对未来缺乏信心，“过一天是一天”的心态比较常见。行为是思想的体现，抱着这种心态服刑，只能说明没有从内心深处悔罪。

3. 漠视监规纪律。有少数罪犯，虽然口头上表示认罪，但思想上觉得认罪和改造是两码事，甚至觉得自己来坐牢就代表惩罚已经足够了，服刑期间表现好不好跟认不认罪没有关系。他们漠视监规纪律，缺乏角色意识，对抗管理，在狱内发生各种违纪行为，如脱离互监、私藏违禁品违规品，打架斗殴、自伤自残等。这些违纪行为一定会受到监规纪律的严惩。而抱有这种想法的罪犯，在监狱尚且不能约束自身言行，视监规纪律于无物，出狱后只会更加无视法律法规，再次走上犯罪道路。

二、悔罪与认罪

认罪的“认”，由“言”旁和 “人”字组成，意思是“一个人用言语来承认自己的罪行”。悔罪的“悔”，由“心”旁和“每”字组成，意思是“一种心里面自发产生的对犯罪行为的后悔心情”。由此可见，认罪是言语上的，口头上的；悔罪则是心理上的，情感上的。认罪并不等同于悔罪。认罪是悔罪的基础和前提。毫无疑问，一个罪犯要悔罪,首先要认罪。认罪是对正义的法律规范的尊重,是其责任感的体现。不承认犯罪的发生,不承认自己的行为构成了犯罪,不承认自己的刑事责任,悔罪则无从谈起。但仅仅是认罪并不构成悔罪。悔罪不仅表达责任,还要表达出后悔的态度和情感,后悔的态度对于悔罪非常关键。除了表达悔恨的情感外,犯罪人还必须表达出改过自新的意图和行为。悔罪中应该含有悔过自新的意思表示,其根据仍然在于良心中的责任观念。责任含有对现在和将来的义务。罪犯不仅对现在的自己负责,也要对未来的自己负责,因此,不仅要悔过,而且要自新。

综上所述,认罪即承认自己所犯罪行的态度,其内容包括以下三点:①承认事已发生;②承认自己的行为是犯罪;③承认对犯罪行为负责。悔改即表示悔过自新的态度,其内容包括两点:①对自己所犯罪行表示后悔的态度;②表示将来不再犯。认罪与悔改都是部分性悔罪,不是完整悔罪。只有将认罪与悔改完整地联系起来,层层递进和落实,才能达到真正的悔罪。

三、 悔罪与恢复性司法

1. 恢复性司法的含义。恢复性司法是一种前瞻性的司法理念,其并不仅仅着眼于对已然之罪的报应和惩罚,而是立足于对犯罪所损坏的社会关系的修复,致力于在被害人与罪犯之间建立一种对话沟通机制,使罪犯能够主动承担罪责,赔偿被害人的物质损失,抚慰被害人的精神创伤,修补破裂的社会关系,同时也有利于罪犯复归社会,实现社会的和谐。

如果罪犯在实施犯罪行为后,能主动向被害人坦白及忏悔,充分表明罪犯已经深刻认识到自己行为的错误,并愿意承担相应的责任。这种真诚的悔悟,更容易促使人改恶从善。所以,在恢复性司法理念中,更加注重给被害人与罪犯之间提供沟通机制,既能够减轻犯罪对被害人造成的伤害,同时也能帮助罪犯因为愈合破损的社会关系所做的努力,如赔偿被害人损失、向被害人赔礼道歉等而减轻处罚,获得新生。

2. 自愿悔罪是恢复性司法的核心。在刑法语境里,悔罪包括强制性悔罪与自愿性悔罪两类。所谓强制性悔罪,即在刑事诉讼领域,法院裁定或判决行为人赔礼道歉。根据《刑法》第 37 条规定,“对于犯罪情节轻微不需要判处刑罚的,可以责令赔礼道歉。”所谓自愿性悔罪,即罪犯在犯罪后或者服刑期间主动认罪悔过。

恢复性司法的核心就在于罪犯的自愿性悔罪。只有真诚悔罪,向被害人及社会表达诚挚的歉意,才有可能有效消除其自身与被害人及社会之间的隔阂,才有可能使罪犯看到自己的犯罪行为给社会造成的损害,给自己的家庭造成的耻辱,从而采取积极的措施弥补自己的行为过错,修补因自己犯罪行为导致的破损的社会关系。只有真诚悔罪,才可能获得被害人和社会对自己的宽容和谅解,从而积极为社会做有意义的事情,更好地回归原先的生活。只有真诚悔罪,才能减轻被害人与社会大众对犯罪人的痛恨情绪与恐惧感,恢复他们的情感与物质损失,才可以修复业已破损的社会关系,重建社会的和谐。

四、用实际行动真诚悔罪

一个人在悔罪时,动机是复杂的。他可能出自良心的动机而进行忏悔式悔罪,也可能出自利己动机而进行自我保护式悔罪。因此说,悔罪存在局限性。那么,如何克服这种道德局限呢?那就是保持悔罪的道德性,强调真诚的悔罪。一个真诚的悔罪不论采用书面还是口头形式,必须表达明确,毫不含糊;在表达内容上,要承认错误,表示后悔;在实际行动上,要实事求是,切实有效。否则,就不是真诚的悔罪。

(一)履行判决义务

1. 服从监狱管理。监狱管理涉及罪犯日常生活的各个方面。真诚悔罪就是要全面服从监狱的各项规章制度管理,不断增强服刑意识。

(1)真诚悔罪必须要服从监狱人民警察的管理。对罪犯执行刑罚,是通过监狱人民警察的工作来实现的。《监狱法》第 5 条明确规定:“监狱人民警察依法管理监狱、执行刑罚、对罪犯进行教育改造等活动,受法律保护。”从这一条款我们可以看到,党的政策、国家法律、监狱的各项监管制度,都是通过监狱人民警察作用到每一名罪犯身上。监狱人民警察是法律的执行者,是法律的化身,代表着国家法律。罪犯能否服从监狱人民警察的管理教育,意味着能否服从国家意志,能否服从法律。监狱人民警察要执法,罪犯必须要服法,这是国家法律严格规定的,每名罪犯都不得违反或怠慢。服从监狱人民警察的管理,是服从法律判决,接受刑罚制裁的起码要求。

(2)罪犯在服刑期间应该认真遵守监规。认真遵守监规主要要求罪犯在行刑期间严格遵守法律法规和监狱内的各种规章纪律,服从管教。遵守罪犯行为规范主要是指遵守《监狱服刑人员行为规范》。该规范从五个方面全面规定了罪犯服刑期间必须遵守的规则,其中包括基本规范、生活规范、学习规范、劳动规范、文明礼貌规范。还有互监组制度、违禁品违规品管理等各项监规纪律的要求。

2. 接受监狱改造。罪犯首先是认识到犯罪,然后是对犯罪的悔悟,再是诚意接受改造。如果没有正确的人生观和是非观,仅仅简单的认识到此次犯罪的性质和危害并不难,出于利害关系的考虑,后悔实施犯罪并接受改造也不难,但是其人身危险性中的再犯可能性并没有完全消除。所以我们所谈的"认罪",不仅仅指认识到此次犯罪的性质和危害,还包括认识到一切犯罪行为的罪恶和危害;"悔罪"也不仅仅是对此次违法的内心悔恨,更是对国家法律的尊重和遵守,积极参加改造。这是对具有悔罪表现的认罪服法的终极目标,即认识到此次犯罪的错误外决心不再实施其他犯罪行为,从而建立正确的人生观和是非观。只有这样的认罪服法才能认定为具有悔罪表现的认罪服法,被动的在监狱中生活和劳动不能体现罪犯的悔罪性,因此不能将之认定为严格意义上的悔罪。

3. 积极履行附加刑。我国《刑法? 当中有 200 多个罪名可以单独或者可以选择适用财产刑,财产刑和自由刑一样,都属于罪犯应当履行的刑罚。在 2016 年最新司法解释中,将生效裁判中财产性判项的履行情况作为可以减刑的综合考察因素之一。如果罪犯有能力履行而不履行，或者不全部履行，则应当从严适用减刑，甚至不予减刑和假释。增加规定法院交付执行时应一并移送罪犯财产性判项执行履行情况，增加规定罪犯对刑罚执行中自觉履行财产性判项情况向刑罚执行机关报告的义务，增加规定减刑、假释法院可以就财产性判项的执行履行情况向原执行法院进行核实，还增加负责办理减刑、假释法院，可以协助执行生效裁判中的财产性判项。

财产刑的执行作为罪犯减刑、假释的条件，体现了刑罚执行的严肃性和完整性，打消了罪犯财产刑执行不执行都一样可以减刑、假释的错误认识；防止罪犯在经济上“占便宜”，发挥了经济制裁和法律震慑双重作用，更有利于对罪犯的改造和管理。如果有执行能力的罪犯却没有认真履行罚金刑及民事赔偿责任，监狱及法院机关在日常管理以及减刑、假释的适用政策上，可以视为“不认罪”。真诚悔罪的罪犯，就应主动履行法院判决，承担法律义务，这也是呈报减刑的重要条件。

（二）表达悔罪决心

1. 告别过去、决裂旧我。一个人之所以走上犯罪道路，不是一时造成的，这与其长期形成的思维模式、主观意识有关，与其成长的环境、个性相连，所以要想真正成为一个守法公民，就要有勇气告别曾经的自己，坦然面对服刑的事实。真诚悔罪的过程就是与自己曾走过的犯罪道路诀别，修正自己的人生航向，走上遵纪守法的道路，改变以前的行为方式，远离曾经的朋友圈，根除好逸恶劳的恶习，用辛勤劳动获得合法报酬，做自食其力，对国家、对家庭有贡献的人。

2. 积极向被害人悔罪。向被害人悔罪是指犯罪发生后，罪犯主动向被害人真诚忏悔，坦白犯罪事实，希望取得被害人谅解，甚至达成和解，这种悔罪就是“恢复性司法”。这种悔罪方式使得罪犯与被害人有了一个解决纠纷的机会，能够对犯罪所造成的损失进行商谈以减少被害人的物质损失。同时，也为被害人提供了一个充分表达自己的想法和发泄痛苦的情绪的机会，使被害人的精神痛苦能够得到最为直接与最大程度的缓解。我们常说，认罪悔罪不能仅仅停留在一张“认罪悔过书”上，更重要的是要落实在行动上，而公开认罪、真诚道歉、给予赔偿等都是值得重视的形式。积极弥补受害人损失是真诚悔罪的具体表现。虽然现在处于服刑改造中，但也可以力所能及地对受害人予以补偿，如可委托自己的亲属代为赔偿。有的罪犯将自己的劳动报酬寄给受害人，以表示自己的悔罪赎罪之心，感动了受害人，取得了较好的社会效果。

(三)主动自首检举

自首和检举是认罪悔罪的具体表现，是关系到罪犯当前改造与将来回归的一件大事。它一方面有利于放下包袱踏实改造，有利于与过去的犯罪生活划清界限，清除隐患，斩断重新犯罪的祸根；另一方面有利于创造干净良好的改造氛围，惩治违法犯罪，进一步稳定社会秩序。

1. 放下思想包袱，纠正模糊认识。

(1)消除侥幸心理和蒙混过关的思想。司法实践中，难免有一些罪犯在审讯、起诉和审判阶段，没有如实地、彻底地交代罪行，司法机关也由于种种原因暂时没有查清，暂时没有做出相应的处理。这部分罪犯带着余罪来到监狱，心存侥幸，为自己蒙混过关沾沾自喜:我做的案子没人发现,只要我不说,谁也不知道。如果有人举报,算我倒霉,能瞒就瞒,瞒不过去再说。殊不知“法网恢恢,疏而不漏”,不论你有多聪明,不论你策划作案多周密,只要你做了案,注定要留下蛛丝马迹。强大的政治攻势,巨大的宣传力量,在全社会已经形成了同一切犯罪行为作斗争的氛围,一切犯罪分子在这种形势下已经无所遁形。另外高科技的刑侦技术,先进的防范措施,都可以根据犯罪现场留下的痕迹迅速找出犯罪线索。监狱每年都有一些罪犯因拒不交代余漏罪而在罪行暴露后被押回重审、加重处罚即是明证。即使是你一时隐瞒住了罪行,但沉重的思想负担,害怕暴露的心理压力,使你整天生活在高度紧张之中,每逢监狱人民警察找人谈话,司法机关来人调查,就心慌意乱,并出现担心、害怕、恐惧、敏感等症状,最后导致你的精神彻底崩溃。所以,罪犯应当及时坦白交代余罪、漏罪。这样做可以放下包袱,也能争取坦白从宽的机会,避免罪行暴露受到更严厉的惩罚。

(2)消除害怕加刑的思想。多数罪犯害怕坦白检举后被加刑。“坦白从宽,牢底坐穿;抗拒从严,回家过年”是很多犯罪分子和罪犯奉行的一句话。其实,这是对我国司法制度的不了解。我国的司法制度是严肃的,刑罚执行是公平正义的,罪犯只有主动坦白罪行,才能得到法律的宽恕。在铁的事实面前,任何抗拒行为都是无济于事的,到头来只能“搬起石头砸自己的脚”!

(3)消除对政策能否兑现表示怀疑的思想。有相当一部分罪犯对法律规定的,有自首检举情节依照法律可以减轻或者免除处罚的规定还不完全相信,总认为这是政府的宣传,是政策攻心不一定兑现。这是罪犯对法律、政策认识上的误区。大量的事实充分证明,自首可以赎罪,检举可以立功。

(4)消除检举后害怕被报复的思想。有的罪犯认为检举揭发了他人犯罪,自己在监狱服刑,别人奈何不得,但家里人会遭到打击报复,其实这种顾虑是完全没有必要的。对于罪犯揭发检举后的检举人及其亲属的安全问题,监狱和其他司法部门是非常重视的。其一,在接受和处理举报的程序上有着严格的保密制度,任何人都不得泄露有关涉及案件的情况,否则将会受到相应的处分,构成犯罪的将被依法追究刑事责任。其二,严格采取保密措施,保证举报人的身份不泄露,依法保护举报人的人身安全和合法利益。所以罪犯完全可以不必为此担心。

(5)消除害怕检举的线索不准,影响今后改造的思想。政府鼓励罪犯进行自首和检举,只要不无中生有,不捏造陷害,不故意伪造事实,即使查不出结果,也不会影响今后的改造,更不会加重刑罚。

2. 相信法律,主动自首检举。《刑法》第 67 条第二款规定:“被采取强制措施的犯罪嫌疑人、被告人和正在服刑的罪犯,如实供述司法机关还未掌握的本人其他罪行的,以自首论。”《刑法》第 68 条规定:“犯罪分子有揭发他人犯罪行为,查证属实的,或者提供重要线索,从而得以侦破其他案件等立功表现的,可以从轻或减轻处罚;有重大立功表现的,可以减轻或者免除处罚。犯罪后自首又有重大立功表现的,应当减轻或者免除处罚。”《刑法》第 78 条第一款规定:“被判处管制、拘役、有期徒刑、无期徒刑的犯罪分子,在执行期间,如果认真遵守监规,接受教育改造,确有悔改表现的,或者有立功表现的,可以减刑;有下列重大立功表现之一的,应当减刑:①

阻止他人重大犯罪活动的;②检举监狱内外重大犯罪活动,经查证属实的;③有发明创造或者重大技术革新的;④在日常生产、生活中舍己救人的;⑤在抗御自然灾害或者排除重大事故中,有突出表现的;⑥对国家和社会有其他重大贡献的。"

需要指出的是,《最高人民法院关于处理自首和立功具体应用法律若干问题的解释》中对自首和立功做了具体的规定,其中第五条对立功的情形加以分类,将立功具体分为五类,包括:①犯罪分子到案后有检举、揭发他人犯罪行为,包括共同犯罪案件中的犯罪分子,揭发同案共同犯罪以外的其他犯罪,经查证属实;②提供侦破其他案件的重要线索,经查证属实;③阻止他人犯罪活动;④协助司法机关抓捕其他犯罪嫌疑人(包括同案犯);⑤具有其他有利于国家和社会的突出表现,应当认定为有立功表现。

上述"重大犯罪","重大案件犯罪嫌疑人"的标准,一般是犯罪嫌疑人、被告人可能被判处无期徒刑以上刑罚或者案件在本省或者全国范围内有较大影响的情形。

《监狱法》第29条也有对罪犯在服刑期间有阻止他人重大犯罪活动和检举监狱内外重大犯罪活动,经查证属实的应当给予减刑的规定。

另外,监狱现行的各种考核、管理制度当中,也对罪犯在服刑期间坦白检举行为给予积极肯定,并视具体情节分别给予奖分、表扬、记功等行政奖励。

3. 把握重点,如实自首检举。

(1)需要重点自首检举的罪犯:①流窜犯、团伙犯、累惯犯;②涉黑犯、涉毒犯、涉枪犯;③集团犯罪的案犯;④重大经济犯罪、盗窃犯罪和其他重大犯罪的案犯;⑤假姓名、假地址、假简历的罪犯;⑥长期无正当职业、无正当收入、以犯罪为生的罪犯;⑦其他有余罪的罪犯。

(2)自首检举揭发的重点范围:①重大暴力案件。如杀人案件、抢劫案件、伤害案件、强奸案件、投毒案件及其他暴力案件;②重大经济案件。如贪污受贿案件、挪用公款案件、诈骗案件,走私案件等其他经济案件;③盗窃案件;④涉黑、涉毒、涉枪案件;⑤集团犯罪和带有黑社会性质的流氓恶势力犯罪案件;⑥其他影响大、性质恶劣、后果严重的案件。

(3)监狱内违法犯罪检举的重点。预谋杀人案件、预谋脱逃案件、狱内盗窃案件、狱内诈骗案件、狱内外勾结违法犯罪案件及其他违法犯罪案件。

正是因为真诚地认罪悔罪,罪犯才会对刑释之后的生活有着清醒的认识,才会合理地制定新生活的目标与计划,并认真努力地付诸实施。也正是在此过程中,重新犯罪已经不再可能,新的生活才能真正开始。

拓展阅读

罪犯杨某的悔罪书

"人无完人,孰能无过",但我这次犯的错太严重,太不可原谅。为此我后悔,我追悔,我懊悔。我不该无视国家公职人员的身份收受贿赂;我不该利用职务之便收受他人钱财;我不该存在攀比侥幸心理而受贿犯罪……我有太多的对不起,我对不起党和政府的培养和培育,我对不起组织和领导对我的关心和关爱,我对不起人民的拥护和拥戴，我对不起家人的关心和关注，我也对不起自己过去工作的艰辛与艰苦。世上没有后悔药，我只能将这所有的对不起转换成我服从管理、接受教育、积极劳动、认罪悔罪的强大动力和实际行动，深挖犯罪根源，矫治犯罪恶习，养成行为规范，增强身份意识，努力改造，积极改造，痛改前非，重新做人，以优良的成绩回报社会，争取早日回归家人身边。

■**思考题：**

1. 认罪服法的基本要求有哪些？

2. 请分别列举出务必消除"不认罪服法"的错误认识和必须打击的"不认罪服法"行为。

3. 联系自身犯罪实际，剖析犯罪原因。

4. 如何全面认清自己的犯罪危害？

5. 真诚悔罪的作用是什么？

6. 如何做到真诚悔罪？

◆**教学活动：**

1. 组织罪犯谈谈对认罪服法的认识体会，在此基础上写一份认罪悔罪改造承诺书。

2. 采用角色互换的方法，组织新入监罪犯以"假如我是受害人"为题谈谈自己的犯罪给国家、给社会、给家庭、给受害人造成的危害。

3. 组织新入监罪犯撰写"我是怎样走上犯罪道路的"认罪书、悔罪书，在分组忏悔发言交流的基础上选出的优秀选手进行忏悔演讲比赛。

第三章 政治为纲 坚定方向

2018 年 6 月召开的全国监狱工作会议上强调，监狱工作要提高政治站位，坚守安全底线，践行改造宗旨，统筹推进以政治改造为统领的五大改造新格局。这是关系着我国监狱工作理念、模式和方法的一场深刻变革，旗帜鲜明地指出了政治改造是监狱工作的第一位要求，具有统领、纲领性的作用。作为罪犯，自觉接受政治改造是服刑过程中应尽的责任和义务，正确认识、理解、拥护党的路线方针政策，坚定政治方向、明确政治立场、提升政治觉悟是罪犯改造路上的风向标，方向对了，回归社会的路才会越走越顺。

第一节 正确认识政治改造

一、什么是政治

自政治产生以来，人类社会就与政治相伴，须臾不可分离，现代社会每个人都生活在政治中，都需要与政治打交道并获得政治的帮助。那么，到底什么是政治呢？

（一）马克思恩格斯对政治的论述

根据辩证唯物主义和历史唯物主义的理论，在不同的时期、不同的场合，针对不同的问题，从不同的角度论述过政治的含义，从政治的阶级属性上看，马克思恩格斯指出“一切阶级斗争都是政治斗争”；从政治的基本内容上看，他们认为“政治就是参与国家事务，给国家定方向，确定国家活动的形式、任务和内容”①；从政治与经济的关系上看，他们认为“政治是经济的集中体现”②。这些论述构成了马克思主义的政治观。马克思主义政治观告诉我们，政治是建立在一定经济基础之上的上层建筑；政治的深刻根源是利益，政治是以经济利益为核心的各种利益的集中反映；政治的本质内容是社会的统治、管理体系的运转及其目的。

（二）毛泽东同志对政治的阐述

20 世纪 40 年代末，有一天，毛泽东问秘书田家英，什么是政治？这不是一个平常的问题，当时政治家和学者对政治各有各的定义，莫衷一是。田家英毕竟博览群书，一口气说出了许多有关政治的阐述，并做了评价。毛泽东摇了摇头，笑道：“政治也没有你说的那样复杂，我们的政治，就是怎么令敌人越来越少，令同志越来越多。朋友多的政府就是好的政府，敌人多的政府就是坏的政府。”毛泽东同志对政治的定义可谓简明扼要、通俗易懂，同时指明了在当时历史时期中国共产党夺取政权后主要的政治任务，是团结一切可以团结的力量，建立真正被人民拥护的政府。直到今天，这席话对我们仍有重大的指导意义。

---

①《列宁全集》第 31 卷，128 页。

②《列宁全集》第 32 卷，71 页。

（三）学术界对政治的解释

政治是建立在一定经济基础之上的社会统治、管理体系，是人们基于某种利益需要建立、维护、参与社会的统治、管理体系，以制定政策来规定和实现特定权利的关系与活动的总和。政治包涵两层含义："政"指的是正确的领导；"治"指的是正确的管理。"政"是方向和主体，"治"是手段和方法，"治"是围绕着"政"进行的。政治和经济一样，是人类社会主要的社会现象，是人类社会的主要活动之一，是社会价值的分配过程。现代社会每个人都生活在政治之中，它影响到人类生活的方方面面。

二、什么是政治改造

监狱作为是国家政治机关，是人民民主专政的工具，具有浓厚的政治属性，在监狱工作中突出政治改造的统领地位，是为了保证各项改造工作始终沿着正确方向发展。可见，政治改造模式是在特定的政治生态条件下产生的，它的制度基础和依据是人民民主专政的社会主义制度。那么，政治改造源起何处，经过了怎样的历史演变？

（一）政治改造的背景

1. 历史背景。政治改造模式在我国的首次运用是在新中国成立之初，当时刚刚组建起来的监狱管理部门面临着极其复杂的局面：一是旧中国遗留下数以百万计的罪犯，汉奸、特务、反动党团骨干、土匪恶霸层出不穷；二是敌对阶级肆意破坏，针对新生政权的政治犯罪日益突出；三是日本战犯、国民党战犯、伪满伪蒙战犯异常顽固;四是百废待兴的新中国监管设施严重不足。如何解决好这部分罪犯的改造是摆在新中国领导人面前的一个严肃话题。基于当时一切以阶级论的政治环境,为维护国家政权稳定,政治改造模式成了当时的最佳选择。1954 年 9 月 7 日公布的《中华人民共和国劳动改造条例》第 4 条中规定“应当贯彻惩罚与思想改造相结合,劳动生产与政治教育相结合的方针。”

随着我国政治形势的变化,尤其是到了 80 年代,阶级矛盾趋于缓和,社会形势趋于稳定,“政治改造”这种提法逐渐淡化和消失,逐渐演变为政治教育、思想教育、时事政治教育。如:1982 年 2 月 18 日,公安部印发的《监狱劳改队管教工作细则(试行)》规定:“监狱、劳改队应当结合劳动生产,对犯人实施政治思想教育和文化技术教育,把犯人改造成为拥护社会主义制度的守法公民和对社会主义建设的有用之材。”并规定:“政治思想教育主要包括坚持四项基本原则教育,法制和认罪教育,人生观教育,劳动教育,道德品质教育,形势教育,政策前途教育。”2003 年 6 月 13 日司法部以第 79 号令发布的《监狱教育改造工作规定》中规定,罪犯思想教育包括认罪悔罪教育、法律常识教育、公民道德教育、劳动常识教育和时事政治教育。2007 年 7 月 4 日司法部颁布的《教育改造罪犯纲要》中又将思想教育的内容整合为法律常识和认罪悔罪教育与公民道德和时事政治教育。政治改造模式也逐渐被多元化的改造模式所取代,监管改造、教育改造、劳动改造这三大改造手段被长期运用于监狱管理中。

2. 社会背景。当前,中国特色社会主义进入新时期,我国社会处于经济发展转型期、深化改革攻坚期、社会矛盾叠加期,主要矛盾发生历史性变化,监狱工作正面临新形势、新挑战和新任务。为进一步适应新形势、迎接新挑战和完成新任务,贯彻落实以政治安全为根本的总体国家安全观和“以改造人为宗旨”的党的监狱工作方针,司法部于2018年6月28日在全国监狱工作会议上提出以政治改造为统领、统筹推进“五大改造”新格局的新论断。新论断再次把政治改造放在了首要位置,这是基于当前国际、国内、监狱工作形势提出的。

(1)国际形势:西方反华势力、敌对势力渗透加剧,妄想颠覆我国政权,国际形势严峻,监狱领域反分裂、反渗透、反暴恐斗争更加复杂。

(2)国内形势:当前,中国特色社会主义进入新时期,国内社会的主要矛盾已经转化为人民日益增长的美好生活需要和不平衡不充分的发展之间的矛盾,人民群众的美好生活需要更为稳定的社会治安环境为支撑,把罪犯改造成为守法公民,监狱责无旁贷。

(3)监狱工作形势:监狱押犯增多,押犯构成日益复杂,重大刑事犯、涉黑犯、涉毒犯、涉恶犯、危安犯、判刑二次以上的罪犯持续上升,女犯数量不断增多,按照新时期监狱工作的新要求,政治改造的提出顺应了当前监狱工作的新形势,有利于监狱安全稳定。

(二)政治改造的内涵

五大改造新格局是在毛泽东同志提出的监管、教育、劳动三大改造手段的基础上,探索新中国几十年监狱工作的实际经验教训,形成了新时期监狱工作的最新理论成果,既传承了中国特色的劳动改造,坚持和发展了监管改造、教育改造,创造性提出了政治改造、文化改造的新理念,是习近平新时期中国特色社会主义思想在监狱工作中的体现。新格局最核心的就是坚持以政治改造为统领,把政治改造作为根本性改造。那么,当前政治改造的内涵又是什么呢?

政治改造就是以监狱人民警察作为教育主体,对罪犯开展的一种有目的、有计划、有组织的政治教育活动,具体而言是通过向罪犯讲解党的历史、党的理论、开展爱国主义、集体主义、民族团结教育、以宪法为重点的法治教育及时事政策教育,让罪犯从思想上、情感上认同中国共产党的领导、认同伟大祖国、认同中华民族、认同中华文化、认同中国特色社会主义道路(简称"五个认同"),正确树立历史观、民族观、国家观、文化观、宗教观(简称"五观"),并认识、理解、拥护党的路线方针政策。

(三)政治改造的目标

政治改造的目标不仅仅是把罪犯改造成为守法公民,更要求罪犯增强对党和国家认同感,实现"五个认同"为主体的政治思想改造,促使罪犯树立正确的"五观"和认识、理解、拥护党的路线方针政策,把罪犯改造成为建设中国特色社会主义事业的稳定因素、积极力量。

(四)政治改造的意义

1. 政治改造是打击西方敌对势力的需要。在政治思想领域,社会主义思想不去占领,资本主义思想必然会侵占。当前西方敌对势力正在加紧对中国实行和平演变的步伐,他们不惜花费巨额代价,或通过宣传舆论工具造谣煽动、或提供钱财物资培植和支持我国内部的敌对势力为其效劳,如长期以来,西方敌对势力不断利用宗教对我国进行西化、分化,他们不仅要当"世界警察",还要当

“世界牧师”，严重威胁着我国边疆地区的稳定和国家安全。新中国成立以来，我们不仅改造好了大批刑事罪犯和反革命分子，还成功地改造了日本战犯、伪满战犯和国民党战犯，积累了丰富的政治改造经验，在当前形势下，监狱系统要充分发挥人民民主专政的职能作用，提高政治站位、践行改造宗旨，完成新时期政治改造罪犯的历史使命，才能在思想领域筑起反和平演变的坚强防线，挫败西方敌对势力和平演变的图谋。

2. 政治改造是维护社会和谐稳定的需要。邓小平同志曾说过，“稳定压倒一切”，“没有稳定的环境，什么都搞不成”。习近平总书记在多次讲话中高度评价了这句经典概论。我们要全面建成小康社会，实现中华民族伟大复兴的中国梦，需要一个长期稳定的政治环境，当前社会治安形势严峻，各类刑事案件增加，特别是大案要案大幅度上升，严重威胁着社会治安稳定。监狱机关作为人民民主专政的工具之一，必须坚决贯彻“稳定压倒一切”的方针，发挥政治改造的统领作用，一方面，在确保监狱安全稳定的基础上，更好地保障国家安全、社会稳定；另一方面，不仅把罪犯改造成为守法公民，更要从增强其对党和国家政治认同、思想认同、情感认同的高度，把罪犯改造成为中国特色社会主义事业的稳定因素、积极力量。

3. 政治改造是新时期监狱工作的需要。监狱工作是社会主义事业的组成部分，我们必须把建设中国特色的监狱工作放在首位，高度重视、积极探索，走出一条中国式的监狱工作道路。新中国成立以来，我国改造了大批罪犯，刑释后的重新犯罪率是世界上最低的，国外人士称赞是“人间奇迹”。新时期，当党中央对监狱工作提出了新的要求:监狱作为惩罚和改造罪犯的重要场所,要不断提升治理能力和治理体系现代化水平,在维护自身安全稳定的前提下不断向社会输送更多的和谐因素,即“守法公民”。为达到这一目标,就需要监狱通过有组织有计划地运用以政治改造为统领的各种改造手段让罪犯认罪、悔罪、赎罪,改恶从善,“化腐朽为神奇”。

4. 政治改造是新时期改造罪犯的需要。罪犯这一特殊的群体普遍政治觉悟较低、政治信仰缺失,他们之所以会走上违法犯罪这条路,在于思想认识、价值追求、道德修养等方面出现了偏差和缺失,而政治改造能够为他们提供正确思想认识指引、道德修养取向和价值追求方向,让他们感受到自己没有被国家、被社会、被人民所抛弃,激发起内心深处的感恩之心及心底留存的善念,深刻认识到自己的罪行对国家、社会、他人和家庭的危害,从而真诚悔过、融入主流改造生活,快速回归社会的步伐。

第二节 政治改造的内容和方式

罪犯为什么犯罪,源于他们法治观念淡薄,对国家、对社会、对人民没有敬畏之心、没有感恩之情,这一特殊群体最缺失的是什么,他们最缺失就是政治觉悟和政治信仰。据全国范围内的最新调查统计显示,罪犯文化程度在初中以下的占了押犯总数的近70%,捕前无业和务农的罪犯占了近80%,他们中的大多数都不知道何谓“政治”,对政治的热衷度极低,对国际国内的政策时事更是漠不关心。因此，当务之急是要在原有思想教育的基础上，推进政治改造内容、载体、方法的丰富和创新，建立系统科学、全面覆盖的政治改造实施路径。

一、政治改造的主要内容

罪犯普遍政治觉悟低、法律意识淡薄、道德修养较差，严重缺乏领悟政治问题、明辨政治是非的能力和水平。因此，需要把党的历史、党的理论，特别是习近平新时期中国特色社会主义思想作为政治改造的核心内容，大力开展爱国主义、集体主义和民族团结教育，强化以宪法为重点的法治教育，及时开展时事政策教育，减少罪犯对党和政府的仇视、对立情绪，引领他们感激、感恩党和政府。其政治改造的内容主要包括以下几个方面。

（一）习近平新时期中国特色社会主义思想

伟大时代需要伟大理论的引领。习近平新时期中国特色社会主义思想是政治改造的核心内容，它紧紧围绕坚持和发展中国特色社会主义，提出了一系列具有开创性意义的新理念、新思想、新战略，涵盖经济建设、政治建设、文化建设、社会建设、生态文明建设和党的建设各个领域，涉及改革发展稳定、内政外交国防、治党治国治军等各个方面。

罪犯应该了解新时期中国特色社会主义思想的形成、主要内容（八个明确、十四个坚持）、重要意义等，用心领会习近平新时期中国特色社会主义思想的核心要义、丰富内涵、理论特色和历史贡献，让习近平新时期中国特色社会主义思想入脑入心，从而进一步强化思想认识，积极改造、早获新生，在决胜全面建成小康社会，开启全面建设社会主义现代化国家的新征程中贡献自己的力量。

（二）党的历史

学党史，方能知党恩、跟党走。学习党的历史，用党的伟大成就激励人，用党的优良传统教育人，用党的成功经验启迪人，用党的历史教训警示人，发挥党史以史鉴今、资政育人的作用，具有十分重要的历史和现实意义。

罪犯学习党的历史，要景仰党的历史、敬仰先进人物。纵观党的历史，没有那许许多多、前赴后继的革命先辈在革命的道路上抛头颅、洒热血，就没有新中国的成立，没有那一批批、活生生的典型楷模在建设的道路上摸爬滚打、夜以继日，就没有今天的新中国。学习党的历史，要学习党的优良作风、执政经验。从革命时期的“三大纪律、八项注意”到理论联系实际的工作作风，再到深刻开展批评与自我批评的勇气……党的历史中蕴含着勇气、智慧和力量是一笔尤为可贵的精神财富。学习党的历史，要感悟党的宗旨意识、为民情怀。纵观党史，党的发展壮大离不开人民群众的支持，党和群众的关系就是鱼水、血肉，就是种子和土地。

（三）党的理论

科学理论不仅能武装人，还能改造人的主观世界。党的理论是被实践证明了的关于中国革命和建设的正确的经验总结。新《中国共产党章程党章》中指明：“中国共产党以马克思列宁主义、毛泽东思想、邓小平理论、“三个代表”重要思想、科学发展观、习近平新时期中国特色社会主义思想作为自己的行动指南。”

1. 马克思列宁主义。马克思列宁主义是党的思想建设的理论基础。它科学地阐明了自然界、人类社会和思维发展的一般规律，揭露了资本主义的剥削本质，指明资本主义必然灭亡，社会主义必然胜利。

2. 毛泽东思想。毛泽东思想是马克思列宁主义同中国实际相结合的第一大的历史性飞跃。内容可以概括为三个基本方面，即创立了一条思想路线（实事求是的思想路线）；探索了三条道路（农村包围城市、武装夺取政权的中国式独特的革命道路；中国式的社会主义道路；中国式的社会主义建设道路）；形成了三套理论（新民主主义革命理论；中国式社会主义改造理论；中国式社会主义社会矛盾理论）。

3. 邓小平理论。四项基本原则（即坚持社会主义道路，坚持人民民主专政，坚持中国共产党的领导，坚持马克思列宁主义毛泽东思想）是邓小平对党的长期历史经验的科学概括。“什么是社会主义，怎样建设社会主义”是邓小平理论的主题。

4. “三个代表”重要思想。中国共产党作为执政党，始终代表中国先进生产力的发展要求，始终代表中国先进文化的前进方向，始终代表中国最广大人民的根本利益。“三个代表”重要思想创造性地回答了“建设什么样的党、怎样建设党”的问题。

5. 科学发展观。科学发展观的第一要义是发展，核心是以人为本，基本要求是全面协调可持续，根本方法是统筹兼顾。科学发展观创造性地回答了“实现什么样的发展、怎样发展”等问题。

6. 习近平新时期中国特色社会主义思想。习近平新时期中国特色社会主义思想是马克思主义中国化的最新理论成果。它继承和发展了马克思主义，传承和发扬了中华优秀传统文化，具有鲜明的向历史开放的品格。

（四）爱国主义教育

爱国主义是指对祖国的忠诚和热爱，它既是一项重要的政治原则，又是一项重要的规范。爱国主义教育主要是培养罪犯热爱祖国的思想感情和忠于祖国的坚定信念，以及为保卫祖国和维护祖国尊严而献身的教育活动。在进行爱国主义教育要注意与革命传统教育相结合，使罪犯铭记历史、缅怀先烈、珍爱和平，对党和国家心怀感激，充分激发爱党、爱国、爱家的热情。

（五）集体主义教育

集体主义教育是引导罪犯热爱集体、维护集体荣誉和集体利益的教育。集体主义原则的基本点包括以下三个方面：①从无产阶级和人民的根本利益出发，坚持集体利益高于个人利益；②在保证集体利益的前提下，把集体利益和个人利益结合起来，③在二者发生矛盾时，个人利益必须无条件服从集体利益。

罪犯身上往往不同程度地存在着拜金主义、享乐主义、个人主义、利己主义的思想，或是持强霸道、懒惰散漫、自私自利、斤斤计较的恶习。在服刑期间，通过集体主义教育，可以培养罪犯的集体主义情感，养成良好的集体生活习惯，自觉地遵守集体纪律、维护集体的荣誉，与同改相处时诚信友爱、谦让有礼、相互包容、和睦共处。

（六）民族团结教育

民族不团结，便会立刻遭到外来敌对势力的侵略，这是我们都要时刻谨记的历史教训。对罪犯进行民族团结教育的重点是宣传党和国家的民族政策法规、民族基本知识、民族团结先进典型；阐述民族团结的重要性；介绍我国灿烂的民族文化、党的民族政策以及中华人民共和国成立以来我国民族团结取得的成就。通过民族团结教育，使罪犯清楚认识到民族大团结是国家繁荣、人民幸福的重要保证，更加珍惜当前和谐稳定环境。

（七）法治教育

法治教育以司法部监狱管理局统一编印的《法律常识教育》为主，组织罪犯学习《刑法》《刑事诉讼法》《监狱法》等法律法规和最高人民法院关于减刑假释的相关司法解释等，要求罪犯熟读背诵《监狱服刑人员行为规范》，重点学习新修订《宪法》，使罪犯坚定"国家尊重和保障人权"的宪法精神，养成尊崇宪法、学习宪法、遵守宪法和运用宪法的自觉意识。

通过法治教育，让罪犯认识到犯罪必须受到惩罚，接受改造，感受到国家刑罚的严肃性和强制性，真正从思想上认罪悔罪，积极改造，形成遵纪守法的行为自觉，同时学会依法维护个人合法权益，促进安心改造。

（八）时事政策教育

罪犯在监狱接受服刑改造，生活在高墙电网之下，根本不知道外面的世界发生了什么，如果没有时事政策教育，有朝一日他们走出社会，将无法融入瞬息万变的社会。监狱应该将十九大精神、国际国内动态、服刑人员关心的社会政策作为重点，开展时事政策教育。罪犯通过学习时事政策，可以了解外面的世界正在发生什么，关注社会现实和形势发展的变化，做到"家事国家天下事，事事关心"，拉近自己与现实社会的距离，善于在纷繁复杂的信息中明辨是非、辨别真伪，保持正确的政治立场，为日后回归社会，做守法公民打下基础。

二、政治改造的主要方式

在罪犯的政治改造教育中，采用传统单一、简单粗暴、强制性灌输的教育方法，不仅无法起到良好的效果，还会加重罪犯的对立情绪。政治改造取得实效，要整体规划、系统推进，结合当前国际国内的社会形势变化和现阶段监狱工作的需要，采用灵活多样、生动有趣的教育方法，并在实际运用中创新和拓展政治改造方式方法。

（一）编写政治改造教材

罪犯入监时间先后不一、刑期轻重长短不一、文化结构层次不一、恶习深浅和认罪悔罪态度不一，因此，对罪犯的政治教学不能按正规学校的教育大纲和教材来套，必须制定一套适合罪犯的政治改造规划、政治改造教育大纲和教材。1992 年 1 月司法部劳改局制定了政治思想教育的专门文件《政治教育大纲》（试行稿）中，规定了政治教育的总体目标、主要内容、原则、途径等，2011 年司法部统编的教育读本《罪犯思想教育》《罪犯法律基础教育》《罪犯公民道德教育》都是经典实用的政治改造教材。现阶段，结合当前形势，组织力量制定政治教育教学大纲、编写政治改造教材、制定切实可行的政治改造实施规划，才能使罪犯的政治改造逐步走向正规化、制度化和系统化。

（二）推进政治改造课堂化教学

为什么课堂化教学如此重要？监狱本身就是一所特殊的学校，课堂又是学校最主要的教育载体，在监狱推进课堂化教学，将政治改造的内容融入规范化的课堂化教学中，是当前开展政治教育重要方法。许多罪犯认为投入监狱一辈子就此葬送，为了打破这个宿命论观点，需要监狱民警在课堂教学中给他们讲解党的政策以及社会形势，减轻他们对今后生活的恐惧感，通过课堂教学引导，增强罪犯自主分析问题和解决问题的能力，通过课堂教学展示，让罪犯正确认识中国共产党和社会主义祖国，以便日后更好地融入社会。

在课堂化教学中，罪犯要不断更新观念、转变思想；不断提高政策学习能力水平、丰富政治理论知识；不断探索、改进和优化自己的政治素养，自觉营造一个主动积极的政治学习氛围，只有这样才能充分体现罪犯的主体地位和真正提高课堂效率，乃至教学的有效性。

（三）搭建政治改造媒体教育平台

除课堂化教学外，要求罪犯课下也要做到“四个”必看：新闻联播必看；时政、法制电视节目和电教视频教学必看；报纸必看；思想政治书籍必看。

1. 收看新闻联播。《新闻联播》是中央电视台每日晚间播出的一档新闻节目，被称为“中国政坛的风向标”，节目宗旨为“宣传党和政府的声音，传播天下大事”。收看新闻联播是罪犯的必修课，通过这个平台，罪犯可以及时了解每天所发生的国内外要闻，特别是政治领域中的大事，长久下去，他们关心国家大事、关心世界发展态势的兴趣也会越来越浓。

2. 播放爱国主义影片。一部红色经典，一段风云岁月，激荡一腔爱国情怀。爱国主义影片以其独特的影音文化形式，展现着中华民族自古以来的民族气节和大义，不畏强权、坚定不移的民族信念。优秀的爱国主义影片生动、直观、感染力强,有着健康向上、催人进取的思想内涵,罪犯可以从中净化和洗涤心灵,滋生爱国主义情怀,焕发改造动力。

3. 订阅报刊、杂志。在互联网运用尚不普及的监狱,报纸、书刊等纸质媒介的作用不可忽视,读书看报仍然充实着罪犯的业务学习生活。积极推动人民日报、新华日报等纸质媒介进监区,及时宣传党的方针政策、法律法规;积极引导罪犯主动订阅弘扬民族精神、宣传主流文化的政治类期刊和杂志,都是不可缺少的政治改造方式。

4. 运用电化教学。电化教学作为一种现代化的教学手段,能直观、生动、形象的呈现出教学内容。监狱有专门的电化教学中心,罪犯可以通过收看和学习电教频道播放《法治在线》《今日说法》等政法类教育节目,学习忏悔录、举案说法等具体案例,不断警示自己知法、懂法、守法,用法。

(四)创新政治改造活动形式

1. 唱红歌。红歌即红色歌曲,是革命实践的真实写照,能唤起人们的红色记忆。用红色文化经典占据头脑、方能沁润心灵、洗涤罪恶、引人向善;用唱国歌、唱红歌的方式讴歌党和国家的丰功伟绩,可以增强罪犯的爱党爱国之情。这些赞扬、歌颂革命和祖国的歌曲,有一种催人奋进的力量,能够帮助罪犯树立爱国主义理想,提升精神风貌,扬起新生航帆。

2. 升国旗。当第一面五星红旗在天安门广场冉冉升起,中国历史开始了新纪元,中国人民从此站起来了。升国旗仪式活动,是爱国主义教育和集体主义教育的重要手段。在升国旗时应注意,无论手头上有什么事情,都要对国旗行注目礼(少先队员行队礼,军人行军礼）。每年一次的升国旗仪式，是强化政治改造，促使罪犯铭记历史、感恩祖国、认罪悔罪的关键环节。

3. 入监宣誓。罪犯在入监之前有着各种各样的社会身份。穿上囚服、挂上囚牌，意味着要和过去的自己说再见。入监后，举行第一次庄严而隆重的入监宣誓仪式非常重要，宣誓时每一个人要举起右手，大声背诵《入监誓词》，郑重宣誓。庄重的仪式，真挚的誓言，这种"仪式感"会让真诚改造、重新做人的信念在罪犯的心里生根发芽并不断成长。

4. 政治教育主题活动。政治改造应该贯穿于改造工作的各领域、全过程，政治教育主题活动可以以纪念日和民族传统节日为契机，在五一劳动节、国庆节、建军节等节日期间开展丰富多彩的监区文化活动，把政治改造贯穿、渗透于监狱文化教育活动中。同时，也可以积极组织各类政治教育活动，如"中华魂"读书活动、"宪法"主题教育活动等，寓政于教、寓教于乐。

5. 模范人物进监宣讲。模范人物，他们大都是我们身边非常熟悉的、从事普通工作的劳动者，他们来自普通群众，他们可信、可亲、可敬、可学，对罪犯能起到很好的政治引领、示范作用。经常性组织开展宣讲活动，主动邀请英雄模范、先进人物进监帮教，可以引导罪犯树立正确世界观、人生观、价值观。

（五）抒发政治改造感恩之情

如何确保政治改造活动入脑入心，这要求罪犯将心里的感悟、将内心深处的触动讲述出来、记录下来，呈现自我、勉励他人。

1. 讲好政治改造故事。开展"讲好我的改造故事"等系列活动，可以为罪犯提供讲述平台，鼓励罪犯用改造故事讲述感恩国家、感恩党、感恩监狱人民警察、感恩家人的点点滴滴。在平时的改造中，罪犯应注意素材的收集，可以是自己的，也可以是身边人的，将闪光点汇聚到改造故事中，给自己以感动，给他人以启迪，共同营造良好的改造环境。

2. 写好政治改造体会。改造体会的撰写不一定要有多么好的文笔，多么华丽的辞藻，关键在于积极向上的真情实感的抒发。罪犯要在改造体会的撰写中体现出对党、对祖国、对中华民族、对中华文化，对中国特色社会主义道路的深切认同，体现出与过去告别，与消极决裂的深刻改变。

第三节 增进“五个认同” 树立正确“五观”

思想是行动的先导。罪犯应该认识、理解、拥护党的路线方针政策，在思想上、情感上认同中国共产党的领导、认同伟大祖国、认同中华民族、认同中华文化、认同中国特色社会主义道路，树立正确的历史观、民族观、国家观、文化观、宗教观，自觉接受政治改造，加速成为守法公民。

一、认识、理解、拥护党的路线方针政策

（一）认识党的路线方针政策

党的路线就是在一定历史时期关于认识世界和改造世界的基

本准则和总的方针政策。党在社会主义初级阶段的基本路线：领导和团结全国各族人民，以经济建设为中心，坚持四项基本原则，坚持改革开放，自力更生，艰苦创业，为把我国建设成为富强、民主、文明、和谐的社会主义现代化国家而奋斗。另外，“解放思想，实事求是”的思想路线、“一切为了群众，一切依靠群众，从群众中来，到群众中去”的群众路线等都是党的路线。

党的方针是党在一定历史时期内为达到一定目标而确定的重要的指导原则。如政治上的“依法治国”；文化上的“百家争鸣，百花齐放，为人民服务，为社会主义服务”；科技上的“科教兴国”；对台问题上的“和平统一，一国两制”都是党的方针。

党的政策是一个集合概念，泛指党制定的所有政策。如人民当家做主、中国共产党领导的多党合作和政治协商、民族区域自治、独立自主的和平外交政策、可持续发展、宗教信仰自由等都是党的政策。

（二）理解党的路线方针政策

党的路线方针政策是党的理论、意志、主张在治党治国、执政理政上的具体体现。我们党是为人民服务的党，党的路线方针政策是在集中群众智慧的基础上产生的，代表着人民的利益。历史证明，党的路线方针政策正确与否，确实关系到党的生死存亡，关系到社会主义事业的兴衰，关系到亿万人民群众的甘苦祸福。现阶段，党的路线方针政策则直接关系到着党的事业的兴旺发达，关系到中国特色社会主义伟大事业的全面推进，关系到中华民族伟大复兴中国梦的顺利实现。在这个重大问题上，每一名罪犯必须有高度的政治觉悟、政治清醒、政治担当。

（三）拥护党的路线方针政策

拥护党的路线方针政策就是要从思想上、政治上、行动上坚决与党中央保持高度一致。党的路线方针政策作为全党行动的准则，是党的生命，也是全党的大局，必须以严肃认真的态度去坚决拥护，不能敷衍应付、评头品足；不能乱加指责、百般挑剔；更不能以局部或者个人利益来决定取舍，有利的就拥护，不利的就不拥护，这是党的纪律所不允许的。

二、增进“五个认同”

习近平总书记在中央第六次西藏工作座谈会上指出：“必须全面正确贯彻党的民族政策和宗教政策，加强民族团结，不断增进各族群众对伟大祖国、中华民族、中华文化、中国共产党、中国特色社会主义的认同。”①习总书记提出的这个“五个认同”是对马克思主义民族理论的继承和创新发展，是一个完整、科学的认同体系。自觉接受政治改造，就应该强化政治认知，丰富政治情感，从思想上、情感上增进“五个认同”，并最终付诸政治行为。

（一）增进对中国共产党的认同

“对中国共产党的认同”是“五个认同”的关键。中国共产党是中国工人阶级的先锋队，同时是中国人民和中华民族的先锋队，是中国特色社会主义事业的领导核心，代表中国先进生产力的发展要求，代表中国先进文化的前进方向，代表中国最广大人民的根本

①习近平：在中央第六次西藏工作座谈会上的讲话。新华网 http：//new. xinhuanet. com，2015－08－25

利益。[1] 对中国共产党的认同，就是要使罪犯深刻认识到，中国共产党是中华民族的大救星，中国共产党执政是我国各族人民的共同心愿。无数事实证明，中国共产党之所以成为中国现代化建设事业的领导核心，是中国人民经过长期探索而做出的选择，是各族人民在认同的基础上形成的结论。没有共产党的坚强领导就没有新中国，就没有中国特色社会主义道路，更没有中华民族的伟大复兴梦。罪犯应该热爱党、拥护党、服从党，在思想上充分信赖、政治上坚决维护、感情上深刻认同党的领导，对一切违背和危害党的领导、危害我国社会主义政权、危害国家制度和法治、损害广大人民利益的行为，必须旗帜鲜明地反对，这是不能动摇的政治底线。

（二）增进对伟大祖国的认同

"对伟大祖国的认同"是"五个认同"的核心。我们每个人都可以自豪地说："我有一个伟大的祖国。"可以说每个中国公民都是祖国的主人。我们通常把祖国比作母亲或祖先，祖国赋予我们每个人生命、生活、生产及生存环境条件。对祖国的认同，就是要使罪犯深刻认识到，自己所荣幸生活的这个伟大的祖国，中国自古以来就是一个统一的多民族国家，各民族共同缔造了伟大的祖国。各族人民共同捍卫了祖国的统一，维护祖国统一和社会稳定是各族人民的根本利益所在，祖国的利益高于一切。各族人民只有把自己的命运同祖国的命运紧密地联系在一起，祖国才能繁荣富强，个人才能得到全面的发展。罪犯虽然犯了法，入了狱，但只要有中国国籍的罪犯，就是中华人民共和国的公民，就应该强化自己的国民

①《中国共产党章程》第 1 页。

意识和公民意识,把维护祖国统一和加强民族团结作为自己的神圣职责,旗帜鲜明地维护国家利益和祖国尊严,捍卫国家的权利。

(三)增进对中华民族的认同

中华民族是指由我国56个民族组成的多元民族共同体的总称。马克思主义认为:"民族是人们在历史上形成的一个有共同语言、共同地域、共同经济生活以及表现于共同文化上的共同心理素质的稳定的共同体。"中华民族是一个具有很强凝聚力的伟大民族,中国人民是勤劳、智慧、勇敢的人民,正是由于各民族的团结一致和自强不息的奋斗精神,才使中华民族屹立于世界民族之林。对中华民族的认同,就是要使罪犯深刻认识到,中华民族是我国56个民族相互依存、共同发展凝聚而成的,每一个民族都是中华民族的组成部分,都是中华民族大家庭的一员,都和这个大家庭血肉相连,休戚与共。历史经验证明,"国破则家亡,国兴则家昌",只有中华民族繁荣昌盛,国家兴旺发达,各民族的权利、各民族的发展才能得到保证。罪犯要树立中华民族利益高于一切的思想,始终把中华民族的共同利益摆在首位,不断增强自身的民族责任感和自豪感,早日回归社会,为实现中华民族的伟大复兴而奋斗。

(四)增进对中华文化的认同

文化是民族的根,是国家的魂。中华文化,亦称华夏文化、汉文化,是指以春秋战国诸子百家为基础不断演化、发展而成的中国特有文化。其特征是以中华文化的诸子百家文化尤其是儒家文化与天朝思想为其骨干而发展。对中华文化的认同,就是要使罪犯深刻认识到,我们伟大的祖国是世界上历史悠久的文明古国,在历史发展的长河中,智慧、勤劳、勇敢的中华民族创造了千古流芳的中华文化,各民族都为创造和发展中华文化做出了应有的贡献。近年来,优质文化产品、文化作品层出不穷,创造力、传播力、影响力大幅提升,我国文化发展呈现出社会主义文化繁荣兴盛的生动景象。而文化认同是最深层次的认同,是民族团结之根、民族和睦之魂,只有实现了文化认同,才能谈得上其他的认同。所以,罪犯应该坚定文化自信,学习和认同社会主义文化,坚定不移走中国特色社会主义文化发展道路,用中华文化拓宽眼界、抚慰情绪、净化心灵,激发正能量,增添改造新动力。

(五)增进对中国特色社会主义道路的认同

道路关乎党的命脉,关乎国家前途、民族命运、人民幸福。中国特色社会主义道路,就是在中国共产党领导下,立足基本国情,以经济建设为中心,坚持四项基本原则,坚持改革开放,解放和发展社会生产力,巩固和完善社会主义制度,建设社会主义市场经济、社会主义民主政治、社会主义先进文化、社会主义和谐社会、社会主义生态文明,促进人的全面发展,逐步实现全体人民共同富裕,建设富强、民主、文明、和谐的社会主义现代化国家。对中国特色社会主义道路的认同,就是要使罪犯深刻认识到,中国走上社会主义道路是历史发展的必然趋势,也是我国各族人民的必然选择。只有社会主义才能救中国,只有中国特色社会主义才能发展中国,中国共产党几代领导人带领全国人民进行社会主义革命、建设和改革,取得了一个又一个胜利,人民生活水平大幅度提高,历史已经一次次证明了这一切。罪犯应该坚信中国特色社会主义道路的正确性,要清醒地认识到自己曾经的违法行为是对社会主义建设的一种破坏,要彻底悔悟、反省,倍加珍惜和保护中国特色社会主义建设取得的成果,珍惜目前的服刑改造机会,真诚认罪悔罪,走好改造回归路。

三、树立正确"五观"

归根结底,就是要告诉罪犯用马克思主义的历史观、民族观、国家观、文化观、宗教观武装头脑,充实改造生活,做到爱党、爱国、爱社会主义;感党恩、听党话、跟党走。

(一)敬畏史实,树立正确的历史观

2018年春节前,一段恶搞《黄河大合唱》的两分多钟视频在网络流传,恶搞历史经典作品背后所结合的历史观塑造问题,引起了社会的热议。社会大众普遍认为这种行为不仅亵渎了神圣的文化经典,更伤害了公众的民族感情,是对历史的不尊重,必须严厉打击。这也告诫每一个人,对历史要有敬畏之心,要尊重历史、贴近历史和还原历史。首先,要树立正确的历史认识观,历史是客观存在的,它不是任人打扮的小姑娘,既不能随意选择,也不能随意篡改;历史就是历史,它需要每个人的尊崇和敬畏,任何丑化历史、糟蹋历史和扭曲历史的做法就意味着对国家和民族的背叛。其次,要树立正确的历史学习观,"读史可以明智"。学习历史可以极大增强罪犯的民族自豪感和自信心,提升中华民族的向心力和凝聚力,诸如中国古代史、中国近现代史、中共党史、世界历史等都是值得全面学习和领悟的。最后,要树立正确的历史传承观。习近平总书记曾强调:"历史是从昨天走到今天再走向明天,历史的联系是不可能割断的,人们总是在继承前人的基础上向前发展的。"对于罪犯来说,既要直面过去,又要把握现在,还要面向未来;要勇于

承认自己所犯的罪行，真诚悔过，踏实改造，重塑新生。

（二）共筑家园，树立正确的民族观

中国有一个1962年定名的民族，这个民族有个风俗：在开镰收割前一定要杀掉一个大胡子的胖男人。20世纪50年代，毛泽东主席接见这个民族的头人。头人猜想毛泽东在谈话时，一定会提出开镰莫杀人的问题。头人也想好了对付毛泽东的计策。见面后不久，毛泽东果然问到了这个问题。头人说："主席一定是希望我们丰收的。我们只有杀掉大胡子的胖男人，才能保丰收。"毛泽东紧接着又说：那是不是说杀掉一个更胖的、胡子更多的，就能取得更大丰收呢？头人说："是这样。"并用怀疑的眼光盯着毛泽东："哪里找更胖的呢？"毛泽东说："我建议你们紥一个，或者塑造一个更胖的男人杀掉，不就能取得更大丰收了吗？"头人听了顿开茅塞，立即答应，从此以后就"紥呀么紥起来"了。

这个故事告诉我们：风俗习惯、价值观也是你中有我，我中有你。尽量全国各族人民在语言、文化、习俗等方面存在差异，但只要相互理解、相互包容、相互学习、相互交融，就能达成共识，形成"你中有我、我中有你"的精神家园。一定要牢记，56个民族，是老祖宗留给我们的最宝贵的历史遗产，必须树立"谁也离不开谁的多元一体"的民族观。

（三）热爱祖国，树立正确的国家观

"有国才有家，有家才有我"。中华人民共和国是工人阶级领导的、以工农联盟为基础的人民民族专政的社会主义国家。自伟大祖国成立以来，我们饱尝了不断发展中的国家给人民带来的美好，体味了站起来的中华民族真正矗立于民族之林的地位的自豪，每一个华夏子民都深深地感受到：只有国家昌盛富强，人民才能安居乐业，才能不受凌辱。然而近年来，云南暴恐案、新疆暴恐事件、钓鱼岛、南海岛礁等一系列主权问题不断出现，境外敌对势力不断挑战我国的主权和领土完整，散步恶意谣言，制造恐慌情绪，鼓吹西方民主，妄图颠覆我国政权。面对严峻的国内外形势，我们应该在思想上建立起牢固的防线，通过马克思主义国家观教育，增强罪犯对国家利益、国家主权、国家安全和国家观内涵的深刻理解，自觉抵制错误的国家观的侵蚀。

（四）重塑灵魂，树立正确的文化观

“文化是一个国家、一个民族的灵魂。”正确的文化观应是国民文化自信和文化自觉观念的建立。文化自信就是坚持对中华优秀传统文化、中国革命文化和社会主义先进文化的敬重和肯定，避免优秀传统文化被遗忘、被抛弃，避免西方文化价值观被盲目追捧，消除文化殖民心理和文化奴性意识。文化自觉就是要对中华民族文化有一定的自知之明，对民族文化的发展渊源及何去何从问题做出回答。文化自觉与文化自信相辅相成，密不可分。罪犯入监服刑改造，正处在文化观重造和再塑的关键时期，如何重塑他们的文化观呢，一方面，要增强罪犯的文化自信与文化自觉，引导其拓展文化视野，学会独立思考，理性看待事物，既要有文化自信，又不可妄自尊大；既有用文化自觉，又不可自轻自贬；另一方面，要铸造罪犯的文化品格，通过文化的熏陶，教育他们学会自尊自重、自爱自强，学会做人做事，成为有文化修养和社会责任感的人。

（五）抵制邪教，树立正确的宗教观

我国是一个多民族国家，也是一个多宗教国家。习近平同志说:“世界上有200多个国家和地区,2500多个民族和多种宗教。如果只有一种生活方式,只有一种语言,只有一种音乐,只有一种服饰,那是不可想象的。”可以看出,在促进世界文明多样性和互动性方面,习总书记对宗教给予了高度的肯定。

邪教不是宗教,邪教组织是冒用宗教、气功或者以其他的名义建立,神化、鼓吹首要分子,利用制造、散布迷信邪说等手段蛊惑、蒙骗他人,发展、控制成员,危害社会的非法组织。因此,在政治改造学习中,应该了解和懂得我国宗教的基本概况,正确认识我国宗教政策,拥护和执行党和国家的民族政策和宗教政策,增强维护各民族团结和国家统一的观念,并能够积极学习科学理论,认清宗教与邪教的本质区别,揭露邪教反政府、反社会、反人民的丑恶本质,自觉抵制和反对各种迷信,树立正确的宗教观。

改变,从“五个认同”开始,树立正确“五观”,方能成功起跑。作为罪犯,唯有坚定政治方向,感恩祖国,积极改造,早获新生,回馈社会,才对得起自己,对得起家人,对得起国家,对得起这伟大的新时期。

拓展阅读

中华上下五千年中,有多少爱国故事千古流颂。不论巾帼须眉,只为了心中那个伟大的祖国,他们抛头颅洒热血,不惧艰险,始终坚持自身理想。他们的一生都在吟唱着祖国,吟唱着身为中华儿女的骄傲!

爱国故事之一——岳飞“精忠报国”

岳飞应募参军,因战功累累不断升职,宋高宗亲手写了“精忠岳飞”四个字，制成旗后赐给他。又召他到寝阁，对他说：“中兴的大事，全部委托给你了。”金人攻打拱州、亳州，刘锜向朝廷告急，宋高宗命令岳飞火速增援，并在赐给岳飞的亲笔信中说：“设施之事，一以委卿，朕不遥度。”岳飞于是调兵遣将，分路出战，自己率领轻装骑兵驻扎在郾城，兵锋锐气十足。但是，之后高宗和秦桧决定与金议和，向金称臣纳贡。就在岳飞用心准备渡过黄河收复失地的时候，高宗和秦桧却连发 12 道金字牌班师诏，命令岳飞退兵。后岳飞被以“莫须有”的罪名毒死于临安风波亭，时年仅 39 岁。

分析：“国家有难，匹夫有责”。岳飞的忠勇故事千百年来激励了一代又一代中国人。每当外侮当前，人们总是以岳飞为榜样，坚决抵抗。

话题：“国难见忠心”“国家与个人”“忠君与爱国”

爱国故事之二——刘胡兰英勇就义

1946 年秋，国民党军大举进攻解放区，年仅 14 岁的女共产党员刘胡兰，在已成为敌区的家乡往来奔走，秘密发动群众，配合武工队打击敌人。1947 年 1 月 12 日，阎军突然袭击云周西村，刘胡兰因叛徒告密而被捕。刘胡兰在威逼利诱面前不为所动，被带到铡刀前眼见匪军连铡了几个人，怒问一声：“我咋个死法？”匪军喝叫“一个样”后，她自己坦然躺在刀座上。刘胡兰烈士牺牲时，尚未满 15 周岁。

分析：抗日战争时期，一批又一批的革命者们为捍卫祖国和民族的神圣尊严，不惜抛头颅洒热血，献出了自己宝贵的生命。

话题：“生的伟大，死的光荣”“巾帼不让须眉”

爱国故事之三——周恩来照镜自勉

周恩来同志，一生严于自律，品德高尚，为世人所景仰，这是他平生注重道德修养的结果。他在青年读书时代，就在家中大立镜旁边，贴着他手书的警句："面必净，发必理，衣必整，纽必结；头容正，肩容平，胸容宽，背容直；气象勿傲勿怠，颜色宜和宜静宜庄。"每一天早晚都走到大镜面前照一照。纵观周恩来同志的一生，他就是这样做的。

分析：提到"周恩来"这三个字，我们的敬意便油然而生，他的一生鞠躬尽瘁，为国为民舍生忘死，他的无私奉献的精神鼓舞了一代又一代中国人民。

话题："我敬爱的周总理""道德修养"

爱国故事之四——李宗仁的民族情

1955 年，李宗仁在美国公开提出反对"台湾托管"和"台湾独立"，主张国共再度和谈，由中国人自己解决中国的事情。1965 年 7 月，在周恩来总理亲自安排下，李宗仁冲破美国联邦调查局的干扰，摆脱国民党特务机关的暗杀，毅然回到祖国，他声明："期望追随我全国人民之后，参加社会主义建设，并欲对一切有关爱国反帝事业有所贡献。"他还期望留在台湾的国民党人，凛于民族大义，毅然回到祖国怀抱，为完成国家最后统一做出贡献。

分析：为了祖国的和平统一，李宗仁先生敢为天下先的精神和民族大义，将永远激励着为统一大业而奋斗的人们。

话题："心中的丰碑""祖国的呼唤"

爱国故事之五——华罗庚立志回国

著名数学家华罗庚早年在美国很受学术界器重。有人想和他签订合同，把他留在美国，给予优厚的待遇，但当他得知新中国成立的消息后，立即决定回国。途经香港时，他发表了一封给留美学生的公开信，满怀热情地呼吁他们："为了国家民族，我们应当回去！"

分析："富贵不能淫"，物质再丰厚也不能阻挡爱国者回归祖国的脚步。

话题："祖国的利益高于一切""人生价值"

（摘自：http://www.duanmeiwen.com/gushi/8393.html，部分内容重新编辑）

■**思考题：**

1. 结合你对政治和政治改造的认识，谈谈你心中的"政治观""改造观""中国梦"？

2. 政治改造的主要内容是什么？

3. 政治改造的主要方式是什么？

4. "五个认同""五观"指的是什么？

5. 罪犯应该怎样增进"五个认同"，树立正确"五观"？

◆**教学活动：**

1. 举行一次罪犯升国旗仪式暨宣誓活动。

2. 举行一次罪犯"颂祖国 感党恩"红歌比赛活动。

3. 结合拓展阅读中五个爱国故事的话题展开讨论，并写下心得体会。

第四章　遵规守纪　服从管理

《监狱法》第7条规定："罪犯必须严格遵守法律、法规和监规纪律，服从管理，接受教育，参加劳动。"罪犯在整个服刑期间的一言一行都要受监规纪律的约束，遵规守纪、服从管理不仅是罪犯必须履行的法定义务，而且也是罪犯评先争优、立功受奖的必备条件。

第一节　遵守监规纪律

罪犯从看守所分押到监狱后的第一天开始就会接触到监规纪律，改造生活的方方面面都是在监规纪律的规定中和监督下，因此，罪犯应当切实掌握监规纪律的含义、特征和作用，了解遵守监规纪律的重要性，为今后的改造打下坚实的基础。

一、监规纪律的内涵

（一）监规纪律的含义

监规纪律是指监狱机关依法制定的、罪犯在服刑改造中所必须遵守的行为规范,是改造罪犯的一种强制性行政措施。

一方面,监规纪律是监管法规在执行中的具体化,是监管法规对罪犯各项要求的直接体现。它所依据的有关法律法规和政策主要包括《宪法》《刑法》《刑事诉讼法》《监狱法》和行政法规、部门规章,如司法部制定的《监狱服刑人员行为规范》。此外,最高人民法院、最高检察院制定的司法解释和省级立法机关制定的地方性法规,以及中央主管部门联合和单独制定的有关监管改造工作的规定、决议、命令和批复等。另一方面,监规纪律的规定主体是各省市、自治区监狱管理局及其所属的监狱、监区、分监区。

(二)监规纪律的特征

由于监规纪律是根据国家法律法规制定用于规范罪犯从收押到刑满释放整个服刑改造过程的一系列监管制度,是法律法规的具体表现。因此,监规纪律从性质、内容到目的,都有着以下显著的特征。

1. 强制性。监规纪律作为刑罚执行过程中的刑事措施和罪犯服刑改造期间的言行准则,是对特定的对象在特定的场所、时间所实行的要求,具有法律法规的强制性。如《监狱法》是由全国人民代表大会常务委员会制定的法律;《监狱服刑人员行为规范》是由司法部制定,并以部长令的形式颁布的部门规章,毫无疑义具有法律的强制性。监规纪律虽由监狱机关制定,但它直接来源于有关的法律法规,是有关法律法规的具体化。同时,监规纪律在实施和执行过程中,有着国家专政机器的支持和保证,同样具有强制性。罪犯在服刑改造期间,无论其主观愿望、生活习惯、个人爱好如何,都必须在监禁和管制条件下无条件地服从监规纪律,没有讨价还价的余地。罪犯如果不懂得监规纪律的强制性,将监规纪律视作儿戏,随意违反,就必然受到相应处罚。

2. 约束性。惩罚犯罪是刑罚执行的必然,也是改造罪犯的前提。监规纪律正是对罪犯实施惩罚的直接体现。一方面,监规纪律剥夺和限制了罪犯的部分权利。例如公民享有广泛的政治权利,而依法被剥夺政治权利的罪犯就没有政治权利;没有被依法剥夺政治权利的,由于处在监禁条件下,也依照有关规定暂停行使部分权利。又如公民享有人身自由,而罪犯的人身自由受到严格的限制,只能在规定的范围内活动,只能与规定的人员接触,信件必须接受检查等。另一方面,监规纪律还严格约束着罪犯的言行。罪犯从入监之日起,其一言一行无时无刻不处于监规纪律的约束之下。从起床洗漱到熄灯就寝,从政治改造到劳动改造各个方面,都有严格的规定,不得违反。罪犯应当从接受刑罚和改造的角度去认识严格遵守监规纪律的重要性,不能心存侥幸,更不可心怀不满,因为这是监规纪律的必然要求。

3. 改造性。所有的法律、法规,都是为了保障正常的秩序而制定的,而监规纪律则是专门为惩罚和改造罪犯而制定的,其最终目的是在惩罚犯罪的前提下,通过约束罪犯的言行,矫治其恶习,促使其养成良好的行为习惯,同时为对罪犯实施政治改造、监管改造、教育改造、文化改造、劳动改造提供保证,从而最终将罪犯改造成为守法公民。罪犯要充分认识监规纪律的改造性特征,从而自觉地遵守监规纪律,加速自己的改造步伐。

二、监规纪律的作用

监狱是惩罚和改造罪犯的场所,必须要有严格的纪律作保证。否则,监狱就丧失了专政的职能。因此,每名罪犯要从监狱的性质、职能、任务中充分认识监规纪律的作用。

(一)监规纪律是刑罚执行的具体体现

国家对罪犯实施刑罚,其目的除了惩罚、强制罪犯遵守监规纪律,还在于教育改造罪犯。因此,刑罚执行的过程也就是转变罪犯的犯罪思想,矫治其恶习的过程。监规纪律正是通过其对罪犯的作用,实现着刑罚的目的。监规纪律依据罪犯对它不同的态度分别凸显不同的作用:当罪犯违反它时,突出强制性、惩罚性的作用,惩处、制裁违法违纪的罪犯,直至给予刑事处罚;当罪犯遵守它时,突出改造性、激励性的作用,教育、督导罪犯改造思想、消除恶习,形成良好品德、养成善行,为促其成为守法公民,适应社会需要打下良好的基础。

(二)监规纪律是改造罪犯的基本保证

我国监狱机关在改造罪犯的工作中逐渐形成了政治改造、监管改造、教育改造、文化改造和劳动改造五大改造罪犯的基本手段,将一批又一批罪犯改造成为守法公民。这些改造手段的运用,正是以监规纪律作为基本保证的。

监规纪律保证了监管改造效力的充分发挥。罪犯在服刑改造生活中,处于严格的监督和管制环境中,每一天的学习、劳动和生活都有监规纪律的强制性约束,每一阶段的改造表现都有考核与奖惩给予肯定或否定的评价，这就能促使罪犯的恶习逐渐弱化、消除，行为得到有效的矫治。

监规纪律保证了政治改造实施、教育改造作用、文化改造熏陶的有效实现以及劳动改造功能的具体体现。罪犯自入监之日起即被强制遵守监规纪律，必然由此亲身感受到法律的威严和刑罚的痛苦，进而萌生悔过之心，产生改恶意念。同时，罪犯在集体改造生活中，通过监规纪律的约束就能逐步认识到人与人、个人与集体、社会、国家之间的关系，逐步掌握正确处理这些关系的准则，从而树立起集体主义的思想，社会主义的道德品质和遵纪守法的观念。

（三）监规纪律是维护监管秩序稳定的重要保障

监规纪律保障了监狱人民警察正常的执法活动。监狱机关的职能是通过监狱人民警察依法管理监狱、管理罪犯和教育改造罪犯的一系列具体的执法活动来实现的。任何人不得妨害、阻碍监狱人民警察的执法活动。任何无视甚至公然抗拒监狱人民警察的执法活动，都是监规纪律不允许的，都将视情节轻重给予严肃处理，直至法律制裁。每个罪犯都必须明白这个道理，做到无条件地、自觉地服从监狱人民警察的管理和教育，切不可有任何对抗的言行。

监规纪律保障了罪犯正常的改造秩序。改造是罪犯服刑生活的主要内容。只有在正常稳定的环境中，罪犯才能得到有效的改造。但有少数罪犯违规违纪，肆意破坏监管秩序，甚至在狱内又进行犯罪活动，严重干扰了其他罪犯的改造。为使绝大多数愿意积极接受改造的罪犯能够顺利改造，监狱必须依靠监规纪律，严厉处理严重违规违纪的罪犯，严厉打击狱内重新犯罪活动，以保障监管场所的安全稳定，为罪犯改造创造良好的条件。

三、监规纪律的内容

监规纪律的内容大体上可分为以下几类。

1. 监狱服刑人员行为规范（司法部88号令）。《监狱服刑人员行为规范》是2004年3月2日司法部部务会议审议通过，自2004年5月1日起施行。1990年11月6日司法部第12号令《罪犯改造行为规范》同时废止。《监狱服刑人员行为规范》是所有罪犯必须严格遵守的是监规纪律，是罪犯接受改造必须遵守的言行准则，是考核罪犯改造表现的基本内容，是实施奖惩的重要依据。

2. 其他监规纪律

其他监规纪律是各省监狱管理局依据《中华人民共和国刑法》《监狱法》和司法部《监狱服刑人员行为规范》等法律法规规章制定的对罪犯普遍具有约束力的监规纪律，如《罪犯计分考核规定》《罪犯会见通信规定》等。

此外，监狱下属的监区、分监区，依据法律法规和监狱制定的监规纪律，结合本单位罪犯改造实际而制定的监规，也属于监规纪律的范畴，罪犯亦须遵照执行。

四、遵规守纪与罪犯重塑新我的内在联系

（一）遵规守纪的程度反映出罪犯的改造态度

罪犯只有通过踏实改造，矫正恶习，悔过自新，才能早日回归

社会，和家人团聚。罪犯是因为实施了法律所禁止的犯罪行为而受到刑罚处罚的，因而强制罪犯履行法律法规和监规纪律所规定的各项改造义务，必须成为刑罚执行的基本内容。而罪犯在改造中遵规守纪的程度，直接反映出罪犯的改造态度。那些遵规守纪意识不强，认为“纪律制度”是条条框框、“遵纪守法”是作茧自缚的罪犯，改造态度不可能端正，就会违规违纪不断，即使是刑满释放了，很有可能会重蹈覆辙，再次走上犯罪道路。

（二）遵规守纪有利于促进罪犯的思想政治改造

改造罪犯的思想，培养罪犯形成符合社会要求的品德、习惯和技能是一个渐进的、艰巨的过程。要完成这一过程，必须依靠监规纪律，强制罪犯认真接受教育改造，并保证教育改造活动正常开展。罪犯自入监之日起即被强制遵规守纪，必然由此亲身感受到法律的威严和刑罚的痛苦，进而萌生悔过之心，产生改恶之念。同时，罪犯在集体生活中，通过监规纪律的约束，就能逐步认识到人与人、个人与集体、社会、国家之间的关系，逐步掌握正确处理这些关系的准则，从而逐步树立起正确的思想、道德品质和遵纪守法的观念。

（三）遵规守纪有利于矫正罪犯的恶习

罪犯大多带着各种恶习进入监狱，如有的好逸恶劳、自由散漫，有的蛮横粗野、桀骜不驯等。监规纪律是为了管束和规范罪犯的言行而制定的，罪犯在服刑改造生活中，处于严格的监督和管制环境中，每一天的学习、劳动和生活都有监规纪律进行强制性约束，每一阶段的改造表现都有考核与奖励给予肯定或否定的评价，这就能促使罪犯的恶习逐渐弱化、消除，行为得到有效的纠正。

（四）遵规守纪有利于保护罪犯的合法权益

我国法律规定了罪犯服刑期间的应有权利，并从组织上、法律上、物质上和监督机制上予以充分的保障。依法保障罪犯合法权益，是维护社会主义法制和改造罪犯的需要，监狱机关以强有力的法律法规和监规纪律，强制罪犯认真履行义务，就能有效地避免罪犯相互间侵犯合法权益事件的发生，从而使罪犯的合法权益得到了有效的保护。

第二节　规范改造言行

罪犯在监狱服刑改造中最先知晓和一直遵守的是《监狱服刑人员行为规范》（以下简称《行为规范》）因此《行为规范》在罪犯服刑改造生活中有着不可替代的作用，罪犯只有熟悉和了解《行为规范》才能强化规范意识，规范改造言行。

一、《行为规范》的重要性

行为规范，是社会群体或个人在参与社会活动中所遵循的规则、准则的总称，是社会认可和人们普遍接受的具有一般约束力的行为标准。包括行为准则、道德规范、行政规章等。由于行为规范是建立在维护社会秩序理念基础之上的，因此对全体成员具有引导、规范和约束的作用。

《行为规范》是中华人民共和国司法部2004年3月2日以第88号令颁布实施的，作为罪犯在监狱这一特定环境条件下进行服刑改造应该遵守的准则和应该达到的标准，其重要性表现在以下几个方面。

（一）《行为规范》是罪犯接受服刑改造必须遵守的言行标准

《行为规范》是由司法部制定并颁布实施的，是用命令性规范和禁止性规范来规定罪犯的权利和义务，具有法律性质。同时，它是以国家强制力来保证实施的，适用对象是所有依法被判处刑罚的罪犯。它详细规定了罪犯在服刑期间从遵守监规到生活学习，从劳动改造到文明卫生的全部内容。因此，每名罪犯在改造期间，必须严格认真遵守行为规范，以严肃、认真、庄重、恭敬的态度对待监狱人民警察，服从监狱人民警察的管理和教育，这是罪犯取得良好改造成绩、矫治不良行为习惯、重塑健全人格、早日新生的现实需要。

（二）《行为规范》是考核罪犯服刑改造的基本内容

《行为规范》是罪犯改造的标准化要求，是针对所有罪犯全方位的要求。这种全方位的标准化要求，是为了将罪犯改造成为守法公民而制定的标准，要求很高、也很全面。一般罪犯刚开始会感到做起来比较困难，但是，只要能正确认识到这一点，就会去克服困难，严格要求自己，不断进步，早日新生。同时，这种标准化的要求是对全体罪犯改造要求的量化和细化，是考核评价罪犯改造表现的重要内容，是获取奖惩的重要依据，因此，任何罪犯都必须无条件地遵守和执行。

（三）《行为规范》是保证准确执行刑罚的重要措施

《行为规范》是监狱部门落实《宪法》《刑法》《刑事诉讼法》的具体实践和现实举措，是监狱监管改造罪犯的重要法规，具有法律效力性、强制性、约束性的特点。同时还是考核评价罪犯改造表现的重要内容，是获得行政、刑事奖惩的实践依据，是检验衡量罪犯在服刑过程中现实改造表现的“试金石”，是有效改造罪犯的重要标杆。因此，严格落实《行为规范》既是监狱人民警察代表国家认真履行法律职权、对罪犯准确执行刑罚的执法要求，又是强化罪犯政治改造、监管改造、教育改造、文化改造、劳动改造的必然要求和重要手段。

（四）《行为规范》是维护监管改造秩序的重要条件

监狱依法对罪犯实行集体关押、集中管理，是监狱管理、改造罪犯的需要。密集的人群、复杂的联系、各异的性情，使罪犯在劳动、学习、生活中难免会产生一定的矛盾和冲突，这可能会影响监狱的安全稳定，妨碍监管改造工作的顺利进行，所以强制罪犯学习并遵守《行为规范》，能够化解、缓和出现的矛盾冲突，减少或消除潜在的矛盾与对抗，从而保证监管改造秩序的稳定。

（五）《行为规范》是罪犯矫治恶习、养成法纪观念的必要条件

法律和道德是防止人们走向犯罪深渊的两道防线，是阻止个人欲望泛滥成灾的两道堤防。犯罪往往是置法律和道德于不顾、肆意妄为的结果。许多罪犯入监前荣辱不分，黑白颠倒，言谈举止粗野下流，蛮横霸道，缺乏文明与谦让，常为一点小事大动干戈，以身试法，受到处罚。而《行为规范》则给罪犯提供了一个行为准则，

认真落实《行为规范》就能预防和减少错误行为的发生，促使罪犯养成良好的行为习惯，增强荣辱、是非的判断能力。所以说遵守《行为规范》对于罪犯矫治恶习、养成法纪观念、培养良好品德具有重要的意义。

二、《行为规范》的作用

《行为规范》作为罪犯在监狱服刑改造所必须遵守的基本行为准则，在罪犯整个服刑改造中具有导向、矫治、养成、考评、桥梁等作用。

（一）导向作用

《行为规范》对罪犯的改造具有导向作用，即具有指点迷津、引导正确方向的作用。这是因为《行为规范》明确规定了罪犯的行为哪些是正当的，哪些是错误的。对正确的行为，予以保护和支持；对错误的行为，则予以惩罚和纠正。这样，正确的东西便被肯定下来并得以发扬，错误的东西便会被扬弃而逐渐消亡，从而保证了罪犯改造行为向正确的方向发展。同时，它还体现在具有目标性，即着力塑造守法公民的特点。有了这个目标的吸引力，就会激发罪犯的积极行为，促进罪犯改造。

（二）矫治作用

《行为规范》的矫治作用，就在于具有抑恶扬善的功能。对于不良的言行和丑陋的恶习，《行为规范》中严令禁止，对于优良的品质，良好的道德，《行为规范》中大力倡导和强制性地推行。如对于好逸恶劳的罪犯，劳动规范第 26 条规定："积极参加劳动。因故不参加劳动，须经警官批准。”对说话粗鲁的罪犯，文明礼貌规范要求必须言谈举止文明，不讲脏话、粗话。只要严格按照《行为规范》去做，持之以恒，就能使恶习得到纠正。

（三）养成作用

养成作用，指通过培养，使人们形成某种行为习惯。《行为规范》对罪犯的良好习惯的形成，就具有这种养成作用。一是可以培养罪犯行为规范意识，增强其遵规守纪的自觉性；二是通过反复的表扬与批评，奖励与处罚，使罪犯大脑中建立一种条件反射系统，使其自觉修正行为轨迹。三是通过《行为规范》的认真实施，在狱内形成一个抑恶扬善的氛围，使罪犯从耳濡目染中得到教育改造，从而使罪犯完成由量变到质变的行为转变过程。

（四）考评作用

监狱对罪犯在服刑改造期间，在思想改造、生活卫生、劳动、学习、文明礼貌以及其他各方面的表现情况，及时给予记载和考察。监狱人民警察对罪犯的改造表现，是否予以批评与表扬，惩罚与奖励，就是依照《行为规范》和罪犯改造表现的实际做出的，如罪犯在服刑期间，违反监纪监规，监狱人民警察就可以依据相应的条款，对罪犯实施处罚。反之，就可以对罪犯的改造行为做出较好的评价。

（五）桥梁作用

《行为规范》制定的目的，是要更好地改造罪犯，使他们成为自食其力的守法公民。因此，对罪犯来说，《行为规范》是走向新生的桥梁，是罪犯改恶从善、成为守法公民的一条必由之路。

三、《行为规范》的内容

《行为规范》共有5章38条,分别对基本规范、生活规范、学习规范、劳动规范和文明礼貌规范做了明确的规定。

(一)基本规范

基本规范共6条,其中前5条是对罪犯行为的总体要求,第六条则非常具体,主要规定罪犯在服刑改造期间的基本行为标准,是对罪犯改造行为要求的高度概括,它是行为规范的核心,是最基本、最主要的规范。

1. 总的基本规范。

"拥护宪法,遵守法律法规规章和监规纪律"这是对罪犯遵纪守法方面的总体要求。

"服从管理,接受教育,参加劳动,认罪悔罪"这是对罪犯接受管理、教育和改造方面的总体要求。

"爱祖国、爱人民、爱集体、爱学习、爱劳动"这是"五爱"教育方面的要求。

"明礼诚信,互助友善,勤俭自强"这是对罪犯在社会公德方面的总体要求。"依法行使权利,采用正当方式和程序维护个人合法权益"这是罪犯如何行使权利方面的总体要求。

2. 禁止性的规范。可以概括为"十不":①不超越警戒线和规定区域,脱离监管擅自行动;②不私藏现金、刃具等违禁品;③不私自与外界人员接触、索取、借用、交换、传递钱物;④不在会见时私传信件、现金等物品;⑤不擅自使用绝缘、攀缘、挖掘物品;⑥不偷窃、赌博;⑦不打架斗殴、自伤自残;⑧不拉帮结伙、欺压他人;⑨不传播犯罪手段,怂恿他人犯罪;⑩不习练、传播有害气功、邪教。

（二）生活规范

生活规范是监狱要求罪犯在日常衣、食、住、行、医疗、卫生等方面必须严格遵守的言行准则。它是考核罪犯在生活、卫生方面改造表现的基本内容。《行为规范》对生活规范概括规定了12条,涉及罪犯日常生活的方方面面。这些规定不仅是保障罪犯身心健康的需要,更是维护监狱的正常管理教育,促进罪犯改造的需要。

1. 起居。第7条规定:“按时起床,有秩序洗漱、如厕,衣被等个人物品摆放整齐。”第18条规定:“在指定铺位就寝,就寝时保持安静,不影响他人休息。”

2. 着装。第8条规定:“按要求穿着囚服,佩戴统一标识。”

3. 卫生。第9条规定:“按时清扫室内外卫生,保持环境整洁。第10条规定,保持个人卫生,按时洗澡、理发、剃须、剪指甲,衣服、被褥定期换洗。”

4. 就餐。第11条规定:“按规定时间、地点就餐,爱惜粮食,不乱倒剩余饭菜。第13条规定,不饮酒,不违反规定吸烟。”

5. 医疗。第14条规定:“患病时向警官报告,看病时遵守纪律,配合治疗,不私藏药品。”

6. 队列。第12条规定:“集体行进时,听从警官指挥,保持队形整齐。”

7. 报告和汇报。第15条规定:“需要进入警官办公室时,在门外报告,经允许后进入。”第16条规定:“在野外劳动现场需要向警官反映情况时,在3米外报告。”第17条规定:“遇到问题,主动向警官汇报,与警官交谈时,如实陈述、回答问题。"

(三)学习规范

学习规范规定了罪犯参加教育学习的目的、要求、方法、内容、纪律等标准。学习规范共7条,具体内容包括:

第19条规定:"接受法制、道德、形势、政策等思想教育,认清犯罪危害,矫治恶习。"

第20条规定:"接受心理健康教育,配合心理测试,养成健康心理。"

第21条规定:"尊重教师,遵守学习纪律,爱护教学设施、设备。"

第22条规定:"接受文化教育,上课认真听讲,按时完成作业,争取良好成绩。"

第23条规定:"接受技术教育,掌握实用技能,争当劳动能手,增强就业能力。"

第24条规定:"阅读健康有益书刊,按规定收听、收看广播电视。"

第25条规定:"参加文娱活动,增强体质,陶冶情操。"

(四)劳动规范

按照《监狱法》第69条规定:"有劳动能力的罪犯,必须参加劳动。"因此,参加劳动是罪犯必须履行的义务。劳动规范就是罪犯在履行劳动义务的过程中,必须遵循的行为准则。劳动规范共七条,内容主要有劳动纪律、技术质量和文明生产三个方面。

1. 劳动纪律。第26条规定:"积极参加劳动。因故不参加劳动,须经警官批准。"第27条规定:"遵守劳动纪律,坚守岗位,服从生产管理和技术指导。”第 31 条规定：“不将劳动工具和危险品、违禁品带进监舍。”

2. 技术质量。第 28 条规定：“严格遵守操作规程和安全生产规定，不违章作业。”第 32 条规定：“完成劳动任务，保证劳动质量，珍惜劳动成果。”

3. 文明生产。第 29 条规定：“爱护设备、工具。厉行节约，减少损耗，杜绝浪费。”第 30 条规定：“保持劳动现场卫生整洁，遵守定置管理规定，工具、材料、产品摆放整齐。”

（五）文明礼貌规范

文明礼貌规范是根据社会主义道德规范的要求，为使罪犯摆脱愚昧、野蛮和落后，而对罪犯在言行举止方面制定的一系列强制性的要求。

文明礼貌规范共 6 条，除第 33 条“爱护公共环境，不随地吐痰，不乱扔杂物，不损坏花草树木。”是对罪犯社会公德方面的规定外，其余五条均涉及罪犯之间在相互交往中的文明礼貌，如第 34 条规定：“言谈举止文明。不讲脏话、粗话。”第 36 条规定：“罪犯之间互称姓名，不起（叫）绰号。”还有涉及与监狱人民警察和其他人员交往的文明礼貌要求，第 35 条规定：“礼貌称谓他人。对人民警察称“警官”，对其他人员采用相应礼貌称谓。”第 37 条规定：“来宾、警官进入监舍时，除患病和按规定就寝外，起立致意。”第 38 条规定：“与来宾、警官相遇时，文明礼让。”

四、强化规范意识，规范改造言行

（一）什么是规范意识?

1.规范意识的含义。规范意识是特指罪犯对《行为规范》的严肃性、作用、意义等的认识和自觉接受管理教育、严格遵守《行为规范》的意识。

2.规范意识的作用。树立规范意识,可以使罪犯了解行为规范的法律地位,明确行为规范的严肃性和强制性,懂得犯了罪就要受到法律制裁,服刑改造就要接受管理;懂得作为一名罪犯应该怎样做,不应该怎样做,使自己的言行举止符合罪犯的身份,老老实实接受惩罚与改造,争取早日成为守法公民。

3.规范意识的形成。规范意识的形成过程,实质上是思想改造的过程。这个过程一般都要经过以下几个阶段:

第一阶段,强制灌输阶段。刚入监的罪犯,仍然保留着在社会上的许多恶习,对监狱严格全面的纪律约束很不适应,有的甚至会产生抵触情绪,自觉或不自觉的违规行为时有发生。在这一阶段,监狱人民警察要对罪犯进行监规纪律和规范教育,使罪犯对监狱的规章制度有所了解,掌握服刑期间应注意的事项,然后使罪犯了解规范的内容和具体要求,并予以执行。同时对故意违反《行为规范》的行为,按照国家法律和有关制度,坚决予以打击,对不是故意的违规违纪行为则给予一定惩罚和教育,要求罪犯按照《行为规范》去做。

第二阶段,半强制、半自觉阶段。罪犯在了解《行为规范》的内容和要求,吸取自己或他人违反规范、受到惩罚的教训的基础上,约束不符合规范要求的行为,尽可能减少违规行为的出现。这一阶段是罪犯由不适应规范要求向逐渐适应规范要求转变的关键阶段,监狱人民警察除了及时纠正罪犯的违规行为外,还要努力帮助罪犯树立规范意识,罪犯也要下功夫约束自己,不去做违反规范要求的事情。

第三阶段,规范意识的形成阶段,即罪犯自觉遵守《行为规范》阶段。在这个阶段,罪犯由于长时间接受行为规范的教育,加之自我学习和努力,思想已基本稳定,规范意识基本形成,一般能够按照规范的要求去做,尤其在处理罪犯之间的关系上,能够不冲动、不激化,正确解决纠纷;在劳动上能积极钻研生产技术,有一定的责任感,能按标准保证生产质量;在学习上能够刻苦学习,尊重教师,遵守课堂纪律;能对照规范严格要求自己,进行自我检查,自我监督,互相监督;能积极汇报各种异常情况,思想上真诚认罪悔改,力图重新做人。这样罪犯就从思想上、行动上与《行为规范》的要求相一致,也可以说是跨入了自觉改造、积极改造的行列之中。

(二)如何强化规范意识?

规范意识对罪犯的改造具有极其重要的意义。罪犯要想顺利地渡过刑期,早日成为一名合格的守法公民,就必须强化规范意识。同时,强化规范意识也是对罪犯改造的一种要求,每名罪犯都必须做到。

1. 掌握《行为规范》

是强化规范意识的前提。《行为规范》虽然章节条目不多,但其内涵丰富、要求很高,所以不能只知其然,而不知其所以然。只有对《行为规范》的全部内容达到熟记熟背和理解，才能更好地驾驭自己的改造、掌握是非的界限。那么，如何做到熟记熟背和理解，关键要从三个方面去努力：一是要端正对《行为规范》的学习态度，充分认识熟记背诵和理解《行为规范》是落实好改造的前提和基础，是一项带有强制性的改造任务，必须坚决完成；二是要熟悉《行为规范》的全部内容，在熟悉的基础上，达到熟背，直至理解并将全文内容铭刻在心；三是要时刻牢记《行为规范》，不论何时何地、要求与不要求的情况下，都要始终不忘《行为规范》的全部内容，始终用《行为规范》严格要求自己，不越雷池一步。

2. 实践《行为规范》

是强化规范意识的关键。《行为规范》的落实关键在于行动，而不是停留在口头上，应当将其全部内容落实到日常改造生活中去，做到言行一致、表里如一。首先，要养成自觉遵守《行为规范》的习惯，就必须从自身改造做起，从衣食住行、文明礼貌、劳动学习等方面严格要求自己，彻底改掉恶习、坏习惯，使个人的言行都符合《行为规范》的要求，这样才能保证自己养成自觉遵守规范的良好习惯。其次，要养成自觉遵守《行为规范》的习惯，就必须痛下决心，树立正确的改造态度，立下从现在做起的誓言，将《行为规范》的条款，逐条落实到自己的改造行动上，就会逐步规范个人的言行，养成良好的行为规范习惯。第三，要养成自觉遵守《行为规范》的习惯，就必须端正态度，提高对《行为规范》的认识，从小处着眼，从小事做起，注重从心理上、思想上、行为上矫治恶习，把个人身上自由散漫，懒、馋、贪、占的恶习逐步根除，养成自觉遵守规范的良好习惯。

3. 提升《行为规范》

是强化规范意识的落脚点。好的习惯是天长日久训练来的，好的品德是日积月累培养成的，不重视防微杜渐，做不到持之以恒，不仅纠正不了恶习，还会继续被恶习所驱使。因此，罪犯入监以后，就要在改造生活的每一个环节、每一个方面都要严格要求自己，无论是多么细小的事情，都要坚持。不利于改造的话不说，不符合监规的事情不做。要经常用《行为规范》来对照检查自己的思想和行为，找一找造成违规违纪的原因，并针对查出的问题，采取切实有效的措施加以改正。要经常扪心自问，自己改掉了多少原有的坏习惯，培养起了多少新的好习惯？如果还有坏习惯没改掉，又是什么原因，今后怎么办？罪犯身边有许多遵纪守法的典型，也有一些违规违纪甚至违法犯罪的反面事例，要注意从中吸取经验教训。只有这样才能形成一种行为定式，才能养成遵守《行为规范》的习惯和意识。

第三节　服从监狱管理

一、监狱管理的概念

（一）监狱管理的含义和特性

监狱管理就是监狱在依法对罪犯实施惩罚和改造过程中有关

执行刑罚和狱内行政管理等方面的监督、管制、组织、协调活动。

监狱管理贯穿惩罚改造罪犯工作的全过程，自始至终存在着执法与违法，管理与反管理，改造与反改造的斗争。准确理解监狱管理，要抓住它四个方面的特性。

1. 法定性。监狱管理的法定性表现在：监狱管理罪犯的各个方面都是由国家法律、法规所规定的。如不论是日常生活中的吃饭、穿衣、休息、娱乐等活动的管理，还是对罪犯学习、劳动、遵守纪律情况、实施考核、奖励等活动的管理，都是依照国家法律法规的规定依法进行的。法定性是监狱管理的一个明显特征。

2. 惩罚性。在监狱里接受惩罚与改造，这是罪犯实施犯罪行为的必然后果。服刑就意味着受到惩罚。监狱的各项管理都是围绕着惩罚与改造的任务实施的，管理的目标是指向罪犯的思想和日常行为的，所以监狱的管理本身也是具有惩罚性的。

3. 强制性。监狱担负着惩罚和改造罪犯的任务。要使罪犯的恶习在狱内逐步得到矫治，就离不开强制手段。只有以强制力作保证，才能营造一个正常的稳定的改造秩序。所以监狱管理具有强制性。

4. 预防性。监狱管理的预防性主要表现在两方面：一是特殊性预防。监狱通过执行刑罚把罪犯关押起来进行管理，实施教育改造、劳动改造，使他们失去继续犯罪的条件和可能。二是一般性预防。通过对罪犯执行刑罚，警戒社会上那些想犯罪还没有犯罪，可能走上犯罪道路的人，而不敢犯罪。

（二）监狱管理的作用

监狱管理是一项特殊的管理，是体现监狱专政职能的主要手段,是具有特殊教育功能的改造措施,对于罪犯服刑改造具有极为重要的作用。

1.惩戒作用。监狱管理贯穿于罪犯服刑的全过程,以其强制力作用于罪犯,使罪犯通过切身感受,体验到法律的严肃与刑罚的严厉,从心灵深处受到震慑,不仅从一般道理上而且从惩戒中认识犯罪的危害,进而深刻反省,感受到犯罪对受害人的危害、对家庭的牵连和对个人的影响、对社会的破坏,从而产生强烈的罪责感,激发改恶从善的强烈欲望和动力。

2.约束作用。监狱管理针对关押对象,从惩罚管制入手,运用一系列行为准则和纪律措施的手段,有目的、有重点地破除罪犯重犯罪错的机会和条件,隔离与犯罪的联系,切断犯罪诱因的刺激。这种严格的约束,给罪犯一个明确的行为价值判断,什么是能做的,什么是不能做的,从而使之限制不良行为,逐渐淡化犯罪意识,从强制约束逐渐引导到自觉约束,建立全新的守法意识,积极接受改造。

3.矫治作用。监狱针对不同犯罪类型罪犯的特征,制定了一系列相应的监规、制度、措施,形成一股合力,强制作用于罪犯的心理。随着时间的推移,旧的恶习逐步得到矫治,新的行为习惯逐步形成。同时,每一项措施的实施,不是简单地让罪犯机械地服从,不仅要求如何做,而且告诉他为什么要这样做,严格的管理伴随着细致的教育,积少成多,寓教于管,管教结合,发挥着教育矫治的作用。

4.养成作用。管理的实施过程,自始至终以强制的手段,营造良好的改造环境予以熏陶,执行严格的行为规范予以匡正,开展长期的养成训练予以强化,进行理论教育予以引导,使其在服刑期间始终处于管理军事化、行为规范化、生活制度化、劳动集体化、举止文明化的环境之中，对其生活、起居、举止、交往、作风、内务等方面都要求按设定的模式一丝不苟地完成，通过较长时间的实践，逐步养成良好的习惯，达到知行统一，为刑满回归适应社会生活打下比较坚实的基础。

5. 引导作用。各项措施的落实，尤其是通过考核，把改造表现同处遇兑现、奖罚挂钩，为罪犯的改造树立了好的样板和坏的典型，从理论和实践上说明了哪些应当做，哪些不能做，改造道路上航标明亮，对罪犯产生着强烈的全程引导作用。服刑过程一方面是强制执行刑罚的过程；另一方面也为罪犯改造提供了发挥主观能动性的机会，被动地接受刑罚和主动的改造自已有机结合，引导罪犯逐步由“他律”过渡到自律，由强制改造过渡到自觉改造。

6. 激励作用。在监狱管理的过程中，监狱运用政策、处遇、教育、考核、奖惩等手段，在一定程度上满足罪犯改造生活中合理的生理、心理需求，培养良好的行为习惯和健全的心智，引导激励其走向自我改造的境界。比如考核，因其结果是实施奖惩的重要依据，也就成为罪犯直接追求的目标，促使罪犯产生不断上进的期望。随着计分考核的分值量化、结果公示，使罪犯之间改造表现的可比关系突出出来，推动了罪犯之间的改造竞争，这种竞争也就大大激发了罪犯遵纪守法、接受改造的积极性。

二、监狱管理的主要内容

监狱管理，涉及罪犯日常生活的各个方面，如刑罚执行事务管理、狱内行政事务管理、罪犯政治改造管理、教育改造管理、文化改造管理、劳动改造管理、生活卫生管理等。由于政治改造、监管改造、教育改造、文化改造、劳动改造、生活卫生和考核奖惩事务等方面的制度和管理,有专门章节阐述,此处只重点讲述刑罚执行事务管理和狱内行政事务管理两方面的内容。

(一)刑罚执行事务管理

保证刑罚合法、有效执行是监狱管理的中心任务。监狱把法院交付执行的已发生效力的刑事判决和裁定所确定的内容付诸实施,并处理由此发生的有关法律问题。其内容主要有:

1. 依法收监。监狱根据法院发生法律效力的判决和裁定,依照法定程序将罪犯收入监狱关押并开始执行刑罚。判处死刑缓期执行、无期徒刑和有期徒刑(余刑不满3个月除外)的罪犯,应该交付监狱执行。收监时应做好以下工作:一是认真查验法律文书;二是严格检查罪犯人身和所携带的物品;三是严格进行身体检查,并建立医疗档案;四是进行入监教育;五是发出《罪犯入监通知书》;六是其他具体事务。法律文书不全或有错误的,应由交付执行的机关予以纠正和补充。凡属非生活必需品,由监狱代管或交与家属,违禁物品予以没收。《罪犯入监通知书》应在5个工作日内向罪犯家属发出,告知罪犯的服刑场所,以及会见探亲的有关要求。

2. 处理罪犯提出的申诉、控告、检举。监狱对罪犯合理申诉以及对违法犯罪行为的控告检举,应及时传递,不得扣压;对写给监狱上级机关、司法机关及其领导人的申诉、控告、检举,不受检查。

3. 依法依规办理减刑、假释案件。

4. 暂予监外执行。监狱发现在狱内服刑的有期徒刑罪犯患有严重疾病需要保外就医的、怀孕或正在哺乳自己婴儿的妇女和生活不能自理的，依照法定程序，经过专门的医疗鉴定后，予以暂予监外执行。在此期间，罪犯身份不变，刑期不变，只是暂时由狱内监禁改为回居住地接受社区矫治。

5. 释放。释放是指监狱对狱内关押、执行刑罚的罪犯，依法解除监禁，恢复其人身自由和相应法律地位的行为。罪犯刑满释放时，监狱发给《释放证明书》，《释放证明书》是具有法律效力的司法文书，公安机关凭此证明书办理居民身份的相应登记。刑满释放后，依法享有与其他公民平等的权利。此外，罪犯保外就医暂予监外执行的情形没有消失，而罪犯又刑期届满的，监狱依法发给《释放证明书》。假释的罪犯在考验期内，原判决附加剥夺政治权利的罪犯在附加执行期间，其权利仍要受到一定的限制。

(二)狱内行政事务管理

1. 分级处遇。分级处遇是根据每个罪犯的服刑时间和改造表现，结合考虑主观恶习程度，分别评定不同的级别，实行宽严程度不同的管理，给予相应的处遇，体现区别对待的政策。现阶段，监狱实行从宽、普通、从严、严格等不同的管理等级。对各级别罪犯在看押警戒、活动范围、通信、会见、收受物品、生活待遇、文体活动等方面给予不同的待遇，并佩戴不同颜色的胸牌标志。如宽管级罪犯在狱内活动范围可适当放宽，通信会见次数可适当增加、时间可适当延长，文体活动时间可适当增多，还可以改善生活、放宽购物等。对严管的罪犯，则严格限制活动范围，严禁单独行动，通信、会见均限于直系亲属，严格控制，严格检查，必要时适当限制其文体活动时间等等。对各个级别的罪犯，通过计分考核定期评比，根据改造的动态表现，实行升降级，一般按顺序升降，特别突出的也可越级升降。

2. 监规纪律。监规纪律是约束罪犯的具体规则，监狱必须在罪犯中贯彻执行，每个罪犯都有遵守监规纪律的义务。司法部88号令《行为规范》，是全国监狱对罪犯改造行为的统一要求，对罪犯基本行为以及生活、生产劳动、学习和文明礼貌做了具体规定。此外，各省监狱管理局和各监狱根据实际情况，还制订了一些单项监规纪律、言行准则，所有罪犯都必须严格遵守，付诸实施。

3. 警戒安全。根据《监狱法》的规定，监狱配备警戒设施，设立警戒隔离带、划定警戒线，由人民武装警察部队实施外围警戒。警戒线内，由监狱实施看守管理。法律还规定，监狱人民警察为了依法有效地执行公务，制止犯罪行为，保护人民群众和采取正当防卫时，可以使用武器和警戒具等。监狱实施严密的警戒，这一事实明确表明监狱是国家机器，代表国家强制力的存在，体现了不可侵犯的国家意志。同时造成一种庄严、肃穆的气氛，形成严肃、严格、封闭、隔离的执法环境，对罪犯实施严密的控管，确保对罪犯的惩罚与改造顺利实施。同时也明确警示所有罪犯，监狱对任何坚持反动立场、称王称霸、蔑视法纪、破坏监规、拉帮结伙、滋事生非的行为都是不允许的；对任何违反法律、法规和监规纪律的行为，特别是越狱、杀人、脱逃等又犯罪活动，都要毫不留情地坚决打击，直至武力镇压。

4. 会见、通信。为了保障罪犯合法权益，提高罪犯改造质量，罪犯在服刑期间，依照规定可以会见亲属、监护人，与亲属、监护人通话，收寄信件。一般情况下，罪犯每月可以会见一次，每次会见人数不能超过3人(不含14岁以下未成年亲属),会见时间不超过30分钟,现在有的监狱还设有远程视频会见,具体规定和要求可以咨询本监狱;罪犯每月可以通电话一次,每次只能一个号码,通话时间不能超过10分钟。一般情况下,罪犯可以与他人通信。但应由监狱人民警察检查登记。除写给监狱的上级机关和司法机关的信件外,其他通信均应经过监狱检查,发现超出规定通信范围的,私自收发的,内容隐晦、含义不清,或者语句反动、曲意攻击党和政府的,泄露机密以及串通案情,串通进行犯罪活动等有碍罪犯改造内容的信件,要予以扣留,并分别视情节做出处理。会见、通信有严格的规定和程序,罪犯和亲属、监护人必须严格遵守,不得违反。

5. 互监制度。互监制度是监狱管理的一项基本制度,罪犯在改造中都要编入互监组,一般的互监组为3~5人,罪犯的生活、学习、劳动等活动均按互监组为基本单位进行。互监组设有互监组长,互监组成员之间有相互监督的义务。

6. 考核奖惩。考核,即监狱依照一定的标准和程序,对罪犯在一定时期内改造表现进行综合考查和评定。监狱根据监狱法规定,建立罪犯的日常考核制度,考核的结果作为对罪犯奖励和处罚的依据。

计分考核与行政奖励、分级处遇直接挂钩,根据一定时间段的分值多少,分别给予表扬、授予改造积极分子称号或者物质奖励以及离监探亲、处遇升级的奖励;依据扣分的多少,给予警告、记过、禁闭或者处遇降级的处分。在计分考核的基础上,按照罪犯的综合改造表现,择优依法提请减刑或假释。

7. 狱内案件侦查。罪犯在服刑期间(包括狱内关押执行期间、暂予监外执行期间、获准离监探亲期间）故意犯罪的，根据《监狱法》第59条规定，依法从重处罚。罪犯在监狱内犯罪的案件，由监狱依法立案侦查，并写出起诉意见书连同案卷材料、证据一并移送当地检察院。

8. 狱务公开制度。狱务公开，是将监狱执法活动的主要依据、程序、结果，通过适当的方式，向罪犯及其亲属和社会进行公布并接受监督的一种执法活动。狱务公开的主要内容包括：①监狱的性质、任务和宗旨；②罪犯的法定权利和义务；③罪犯收监的规定；④罪犯考核、分级处遇的条件和程序；⑤罪犯通信、会见的规定；⑥罪犯行政奖励的条件、程序和结果；⑦罪犯行政处罚的条件、程序和结果；⑧罪犯减刑、假释或又犯罪处理的条件、程序和结果；⑨罪犯暂予监外执行的条件和程序；⑩罪犯离监探亲的条件和程序；⑪罪犯申诉、控告、检举的处理；⑫罪犯生活卫生的管理；⑬罪犯的教育改造；⑭监狱人民警察的法定权利、义务和纪律。

狱务公开的方式主要有：①在狱内公开。通过设立狱务公开专栏等形式，将对罪犯狱务公开的主要内容，统一安排，分层次、有秩序、有针对性地在监舍、罪犯活动室等公共活动场所进行公开的方式和方法。②向社会公开。一是通过建立自己的门户网站，或者借助专门法律网站建立特色网页和电子邮箱，向社会公开狱务，并定期刷新，及时接受罪犯亲属、社会各界人士咨询、举报或投诉。二是实行监狱开放日制度。邀请执法监督员、罪犯亲属、社区帮教志愿者及社会各界人士、电视台、报社等新闻媒体人士进监，参观考察检查。三是实行监狱领导接待日制度。四是编印狱务公开手册。五是设置狱务公开咨询、举报电话。六是发挥会见室、接待室、咨询室、广告牌、公告栏、宣传栏等公开狱务的窗口作用。逐步建立狱务公开多媒体播放系统和查询系统，将狱务公开的主要内容及各类动态执法信息及时输入系统，保证罪犯亲属会见时能正常开启和使用、查询。③聘请执法监督员。④建立监督反馈制度。依法接受人大、政协和检察院的监督，接受舆论和公众的监督。

三、服从监狱管理，接受服刑改造

（一）端正态度，不断增强服刑意识

监狱管理活动贯穿于罪犯服刑的全过程。罪犯只有不断增强服刑意识，依法、自觉服从监狱管理，才能确保监管秩序稳定、和谐。

1. 什么是服刑意识？

服刑意识就是罪犯对自己在监狱服刑身份的清醒认识。每一名罪犯都须正视服刑这个客观存在，在此基础上指导、支配自己在服刑期间的所作所为、一言一行。增强服刑意识，就是说罪犯在服刑期间要明确身份、明确地位、明确目的、明确任务、明确规范，老老实实接受刑罚的惩罚与改造，规规矩矩改造自己。

2. 为什么要强化服刑意识？

(1)法律的要求。《监狱法》第 3 条规定："监狱对罪犯实行惩罚和改造相结合，教育和劳动相结合的原则，将罪犯改造成为守法公民。"这就是说，监狱依法执行刑罚与罪犯依法服刑，监狱对罪犯实施监管和教育与罪犯服从管理、接受教育，是对立统一的辩证关系，缺一不可。要依照法律完成执行刑罚的任务，仅有执法的监狱

人民警察一方面的积极性是不完全的,还必须有服刑的罪犯这一方面的积极性,才能有效地达到惩治犯罪、改造罪犯的目的。

(2)罪犯自身改造的需要。罪犯服刑期间,如果淡忘了自己的罪犯身份,淡忘了自己改造的任务,必然导致越轨行为的发生。就是说,如果身份意识淡化、服刑意识淡化,就会对服刑生活不适应,就会忘记改造讲享受,就会不择手段"谋"吃喝,就会抛弃监规要"自由",就会忘乎所以称王称霸、拉帮结伙,就会无视法纪,失去"自控"重蹈覆辙。从某种意义讲,牢记罪犯身份,增强服刑意识,也是一种"自律"、自我约束、自我改造的表现。

(3)建立良好改造群体的需要。罪犯在监狱里,不仅以个体状态生活,也形成有组织的群体状态。我国监狱对罪犯实行集中的军事化管理,将罪犯编入监管改造的组织之中,从入监至出监,在服刑全过程中,罪犯都生活在这些组织之中,群体改造氛围的好坏,对每个罪犯都有着直接的重要的影响。这就要求每个罪犯都必须牢记身份,增强服刑意识,约束言行,共同建立这个集体的良好秩序,形成互相帮助,互相监督的风气,营造和谐的改造氛围,不发生斗殴、伤害、帮派团伙、牢头狱霸等有损于这个改造集体的行为,保证每个罪犯平安顺利地渡过服刑生活全过程。

3. 怎样强化服刑意识?

(1)思想上高度重视,提高认知水平。服刑意识的树立和增强是以认罪意识为基础的,在深刻反省、忏悔中,增强罪责感,认识自己是由于犯罪受到法律的制裁,处于被监禁、服刑的地位,只有认罪服判、老实改造、重新做人才有前途。这就为形成良好的服刑意识创造了前提条件,这样在服刑中才能不忘记自己的法律地位和罪犯身份,才能对监狱生活有正确的认识和充分的思想承受力,才能正确理解和服从民警的各项管理教育活动,才能妥善处理好犯群中的各种矛盾和问题。

(2)行为上严格要求,矫治犯罪恶习。罪犯从入监之日起,就应当自觉接受管理和教育,认真学习和领会有关法律、法令、行为规范和监规纪律并以此规范和约束自己的所作所为。用法律规定的将罪犯改造成为守法公民的要求和标准,对自己反复地反省考察,正确评价自己的心理品质,用文明的标准升华、补偿有缺陷的心理品质,并经常检验自己言行的优劣,进行自我监督和约束,从而树立坚定的改造信心,达到矫治的目的。

(3)加强监督意识,相互共同进步。罪犯之间,同队、同组、同监舍居住,还可能有同乡、同学,难免有些事情,需要互相帮助,互相照顾,但决不可超越一般关系,不论关系多好,干什么事情,都要想一想是否符合法律的规范,是否符合监规纪律的要求,是否符合罪犯的身份,不符合的事万万不能去做。不仅自己不能参与,还要劝说制止他人,并要向监狱人民警察反映,防止有碍于改造的事件发生。

(二)提高认识,自觉服从监管

1. 遵规守纪是服从监狱管理的主要内容。大千世界,凡有人群的地方,都需要进行管理,都要制定一系列的制度、纪律以及规定、准则,用以规范、约束人们的行为。监狱对罪犯的改造行为,包括学习、劳动、生活、通信、会见、奖惩等方面,也必须提出具体要求,规定什么是倡导的,什么是反对的;什么是允许的,什么是禁止的,以此来约束并引导罪犯的行为。因此,无论何时、何处,在什么情况下，都必须把自己的一切言行纳入法纪许可的范围之内，以行为规范作尺度，经常检查自己的改造表现，及时纠正各种错误言行，使自己沿着制度和规范的轨道，矫治恶习，不断前进。

2. 遵从监狱人民警察管理是服从监狱管理的重要标志。监狱对罪犯的管理，既体现在各项制度上，又体现在监狱人民警察对罪犯的具体管理工作之中。监狱人民警察依法代表国家对罪犯进行管理，监狱的各项管理制度、措施都要通过监狱人民警察来贯彻实施。因此，罪犯在严格遵守各项管理制度的同时，还必须服从监狱人民警察的直接管理，不得顶撞和抗拒。在改造中，绝大多数罪犯能够自觉地服从管理。但确有极少数罪犯利用所谓"合法权利"抗拒改造，如有的借口罪犯人身不受刑讯、体罚和虐待，在错误面前狡猾抵赖、负隅顽抗，甚至对监狱人民警察故意挑衅、侮辱、诽谤；有的借行使控告权，无中生有，对监狱人民警察进行诬告陷害；还有的目无法纪，抗拒劳动，消极怠工，顶撞管教，不服从管理，不接受教育。这些行为都是不服从管理的表现，也是反改造的表现，是改造中所不允许的，有些还是应予打击的。因此，服从管理，是罪犯接受改造的前提，只有当罪犯由强制服从到自觉服从时，才有了改恶从善、悔过自新、重新做人的可能。

3. 自省、自控、自律是服从监狱管理的自觉行为。古人云，"见不贤而自省"，"吾日三省吾身"。就是说，在现实生活中，特别是在狱内改造场所，不知有多少"不贤"的坏事，有的人同流合污，有的随声应和，有的熟视无睹。有一种人却不同，"见不贤而自省"，从别人违犯监规、不服从管教的事例中，省察自我，警惕自我，引为教训，警诫自己。即使自己犯了错误，也能及时反省、认识，尽快地摆脱错误,纠正错误。而“吾日三省吾身”,更要求一个人时时、处处、事事都能主动、自觉地检审自身的言行,从而及时发现并纠正自身错误。我们也可以理解为:矫治恶习、培养良好行为习惯首先要从培养良好的自省习惯开始。这对于正处于改造过程中的罪犯而言,尤为重要。

改造生活中,不可能一帆风顺,往往会遇到不愉快的事。比如受到批评时,或者与他人发生争执时,或者自己利益受到损害时,或者出现某种诱惑时,都会引起人的情绪变化,这就需要冷静思考,用理智控制自己的情感,以规范约束自己的言行,使自己的行为始终纳入法纪的轨道,不超越监狱管理所允许的范围。

监狱管理相对罪犯来说是一种被动的“他律”行为,罪犯自觉遵守,接受管理则是一种主动的“自律”行为。只有当遇事者都要达到“严于律己”的时候,接受改造的自觉性就开始形成习惯了。要达到这种程度,要付出艰辛的努力。“千里之行,始于足下”,“千里大堤,溃于蚁穴”。古人说,“勿以恶小而为之,勿以善小而不为。”接受改造要从点滴做起,一天一天地积累,最终形成良好的习惯。毛泽东曾经说过,一个人做一件好事并不难,难的是一辈子做好事。不做坏事、接受改造也是如此,不是一时一事,而是在改造全过程中都要自觉地坚持下去。

(三)积极改造,主动维护监管秩序

优美的改造环境,良好的改造秩序和积极向上的改造氛围,无疑对罪犯的改造起到良好的促进作用。反之,势必会影响多数罪犯的改造情绪,使监狱的改造功能难以得到正常发挥。因此,积极维护监管秩序,促进监狱的安全稳定,是监规纪律对每一名罪犯的要求。一切愿意积极接受改造的罪犯,都应当积极维护监管秩序,勇于同一切违规违纪行为做斗争,为创造良好的改造环境履行自己应尽的义务。

1. 遵规守纪、服从管理是维护监管秩序的基本要求。按照马克思主义实践“知与行”统一的观点,罪犯遵守监规纪律、服从管理,就必须在日常改造生活中做到知与行的统一,以知引导行,以行巩固知,在自觉上花气力,在自律上下功夫,进而朝着成为守法公民的目标加速改造步伐。

2. 互相监督、互相帮助是维护监管秩序的必要手段。罪犯在监狱里的自主管理主要是发挥罪犯之间的相互监督、相互帮助和自律方式来实施的。在罪犯中经常开展互帮、互学、相互监督的活动,充分调动罪犯改造的积极性,监督帮助消极改造罪犯,去除消极改造心理,正确引导罪犯之间的交往和言论,防止非正式群体和错误言论的产生,共同创造改造正能量。开展监督和互相帮助,是每个罪犯的义务,也是维护监管秩序、接受改造的一种表现,应予以肯定、鼓励。罪犯中的小组长、监督岗、改造积极分子对维护监狱秩序负有不可推卸的责任,应当认真完成好这一任务。

3. 克服“四种思想”,坚定维护监管改造秩序的决心。罪犯按照监规纪律的要求,与破坏监管秩序的行为做斗争,是罪犯遵守监规纪律的一种实际表现,是考核一个罪犯是否真正靠拢政府、积极接受改造的一项重要内容。

坚定维护监管改造秩序的决心,要注意克服以下四种思想:一是克服不敢坚持原则的思想。同违反规范行为做斗争,要敢于坚持原则,严格按照原则办事。敢于坚持原则,就是要求无论是面对与自己素不相识的人,还是面对自己的熟人、同乡、知心朋友,都要坚持原则;敢于坚持原则,就是要求在违规人员面前不卑不亢,用《行为规范》和监规纪律来要求对方。在违规行为面前,缄默不言、漠然置之的态度是不足取的。二是克服自由主义思想。自由主义主张把个人利益放在第一位,事不关己,高高挂起,明哲保身,搞无原则的和平。这种思想的存在,是罪犯缺乏同违反规范现象做斗争勇气的主要原因。敢于同违规行为做斗争,首先要克服自由主义思想,这就要求每一名罪犯增强规范意识,充分认识到遵守行为规范对维护正常的监狱改造秩序的重要性。不仅自己要遵守好,而且要本着对国家对社会,同时也是对违反规范的罪犯负责任的态度,挺身而出,坚决地同一切违反规范的行为做斗争。克服事不关己、高高挂起的自由主义思想,动之以情,晓之以理,帮助违规人员认识错误,改正错误。三是克服怕受打击报复的思想。常常有这样一种情况,在违反规范的行为面前,很多人因为存在怕受打击报复的思想而缺乏足够的勇气,往往欲步又止,畏缩不前,不敢同违规行为做斗争。产生这种情况的原因有二,即:被违规者的嚣张气焰所吓倒;没有意识到自己背后有《行为规范》等法规和监狱人民警察的支持。罪犯务必克服这种错误的思想。面对违规行为,必须首先意识到这种行为违犯了《行为规范》,直接破坏了监狱正常的改造秩序,危害了其他罪犯的利益,其嚣张气焰只是一种表面现象,没有什么可怕的,最终会受到惩罚。四是克服包庇袒护的思想。同违规行为做斗争,要冲破各种习惯势力及个人感情的束缚,不要因为事情涉及自己的朋友、老乡而产生种种顾虑,甚至包庇袒护。包庇袒护不利于他们认识错误、改正错误,而且会姑息养奸,助长他们继续犯错误，致使他们在歧途上越走越远。如果是自己的亲友、老乡违反了规范，就应该晓之以理，动之以情，进行批评和帮助。如果对方态度强硬，就应随时准备以坚定的立场来制止他们的违规行为，这是对自己和对违规者负责任的表现。

4. 坚决与违规、违纪行为和反改造行为做斗争，大胆维护监管秩序。只要是破坏监管改造秩序的行为，不管是现在的还是过去的，不管涉及什么人，知情的罪犯都要毫不犹豫地向监狱人民警察检举揭发，尤其是对于预谋、隐蔽的破坏监管秩序的行为，不论是亲眼看见的还是耳听传闻的，都要及时向监狱人民警察汇报。对于正在破坏监管秩序的罪犯，在场的罪犯都要立即进行劝阻和制止，并及时报告监狱人民警察处理。我国监狱机关始终坚持奖惩分明的原则，对检举揭发有功的，将依法给予行政或法律奖励。对主动坦白交代的，将坚持依法从宽处理。对继续隐瞒、拒不交代的，或继续进行破坏监管改造秩序活动的，将依法从重惩处。对知情不举、不愿作证、包庇怂恿，甚至一拍即合，追随其后，与之抱成团伙、狼狈为奸、兴风作浪的，一经查证属实，必将给予严肃处理。对于那些蓄意破坏监管改造秩序的罪犯，如散布流言蜚语，进行挑拨、煽动、引诱、拉拢、胁迫、滋事以及对检举揭发者实施打击报复的，必将依法给予严厉的惩罚。只有大胆检举揭发，才能维护监管改造秩序的稳定，罪犯个人也才能有光明的改造前途。

拓展阅读

苏格拉底宁死不越狱

苏格拉底是古希腊思想界的开拓者、哲学家，一生述而不著，其思想之精髓均辑于弟子柏拉图的《苏格拉底言行回忆录》。马克思对他的哲学思想曾给予了极高的评价："它们还继续供给我们以艺术的享受，在某些方面还作为一种标准和一种不可企及的规范。"尤其是在遵守法律方面，苏格拉底更是堪称千古楷模。

作为口头"专栏作家"的苏格拉底，尽管"鼻梁塌陷，衣着邋遢，其貌不扬"(房龙语)，但他聪颖异常，机智善辩，非常喜欢运用"辩证法"在公共场合讥讽当时雅典社会的贵族。苏氏"辩证法"与现在的辩证法截然不同，它分为"讥讽术"与"助产术"两部分。严格地讲，这是一种很阴损也很伤人的辩论技巧。具体而言，首先是"讥讽"，辩论者向对方请教学问，好像自己什么都不懂，有点冒傻气的意思；然后通过层层设问，步步陷阱的手法，使对方在洋洋自得中逐渐暴露自己观点中的前后矛盾，以达到发问者讥讽的目的；最后，辩论者顺势回马一枪，直截了当地告诉对方："其实，你对这些问题也不懂，还是让我来解释刚才所讨教的学问是什么。这个学问虽说在你心里，可你想不起来，还是让我来帮助你回忆，就像帮助你生孩子一样。"于是，开始"助产"。苏格拉底这一招，叫人防不胜防，也让当时许多地位显赫的贵族下不来台，因此得罪了不少人。

公元前399年，古希腊雅典的检察官墨勒图斯等人指控：苏格拉底亵渎雅典城邦所信奉的诸神；蛊惑青年并使之误入歧途，罪该处死。经过一番周折，墨勒图斯等人引用当时雅典荒诞不经的法律说服了法官和雅典公民，将苏氏送进监狱并判其死刑。

按照当时雅典法律的规定，在去戴洛斯岛朝拜阿波罗太阳神的圣船未归来之前，不能对苏格拉底执行死刑。因此，苏格拉底至少有1个月的缓刑期。在此期间，苏格拉底的许多学生和朋友们络绎前来看望他，大家都认为当时的雅典法律荒谬不公，据此判处苏氏死刑更是有悖天理，因此遵守这样的法律简直是迂腐透顶。

特别是他的学生兼好友克里同更是愤愤不平，他告诉苏格拉底，朋友们决定帮助他越狱，而且一切均已安排妥当。只要老师同意，立马可以远走高飞。可是，苏格拉底断然拒绝了克里同等人的请求。他虽然与克里同一样认为当时雅典的法律有很多荒诞可笑之处，但他决不赞同朋友们提出不公正的法律就可以不遵守的观点。

苏格拉底指出，雅典的法官依据不公正的法律对他做出的有罪判决显然是不公正的，但是，自己通过越狱的方式来逃避法律的制裁难道就正当了？如果大家都以法律不公正为由从而拒绝服从法官的裁判，岂不天下大乱？因此苏格拉底坦然决定绝不越狱。

此外，按照当时的雅典法律规定，所有被判有罪的人都可以请求宽恕，或者请求选择缴纳罚金，或者请求选择被放逐的方式以替代其他更严厉的处罚。但前提必须是被告人自愿认罪。对此苏格拉底同样不能接受，他认为自己的行为并不构成犯罪，所以不存在请求宽恕的问题。

最终，苏格拉底服从判决，从容地选择了饮毒自尽。

苏格拉底的行为告诉人们，即使你认为某些法律是极其不公正的，但在“不公正的法律”被废止或修改之前，我们都必须无条件地遵守。否则，一千个人就可能提出一千条理由来说明“法律的不公正”，从而使自己的违法行为不受法律追究。这样，法律将形同虚设，人们也无法预期自己的行为，社会必将陷于混乱与暴力。

■思考题：

1. 如何理解监规纪律的特征？

2. 遵规守纪与罪犯重塑自我有哪些内在联系？

3.《监狱服刑人员行为规范》的重要性有哪些？

4. 结合实际，谈谈怎样强化规范意识。

5. 监狱管理有什么作用？

6. 罪犯如何服从监狱管理？

◆教学活动：

1. 组织罪犯开展一次《监狱服刑人员行为规范》背诵竞赛。

2. 组织上一次辅助课《坚决同脱逃犯罪做斗争》。

第五章 接受教育 提升素质

监狱教育改造工作是刑罚执行活动的重要组成部分,是改造罪犯的基本手段之一,是监狱工作法制化、科学化、社会化的重要体现,贯穿于监狱工作的全过程。监狱对罪犯进行教育改造,是将罪犯改造成为守法公民的重要举措。罪犯接受教育改造,既是罪犯的权利,也是罪犯的义务,罪犯只有通过自身的不断努力,主动接受教育改造,才能真正完成由罪犯角色向守法公民角色的转换,才能真正将自己改造成为合格的守法公民。

第一节 正确认识教育改造

一、什么是教育改造

(一)教育改造的含义

所谓教育改造,是指刑罚执行机关为实现行刑目的,在执行刑罚的过程中,依法对罪犯以转变世界观、矫正恶习和学习文化科学知识、培养生产技能为内容,所强制实施的一种有组织、有计划、有目的的特殊性教育活动。惩罚与改造罪犯，把罪犯改造成为守法公民，是法律赋予监狱的重要职责。监狱紧紧围绕“惩罚与改造相结合，以改造人为宗旨”的工作方针，充分发挥教育改造在矫治犯罪思想、传授知识等方面的作用；充分发挥劳动改造在矫正罪犯恶习、培养劳动习惯、培训力度技能等方面的作用；充分发挥心理咨询、心理矫治在罪犯改造工作中的作用。让罪犯在服刑期间增强法律意识和道德观念，掌握文化知识和劳动技能，从而顺利地回归社会，减少重新违法犯罪。

（二）教育改造的特征

1. 法定性。对罪犯进行教育改造，是法律赋予我国刑罚执行机关的一项重要职能，是在法律规定的范围内实施的。《监狱法》在有关法律法规基础上对教育改造的内容做了更加明确、具体的规定。在总则中突出强调了监狱应当对罪犯进行思想教育，而且，还设立专章对罪犯的教育改造的原则、方法、内容、要求等做出详尽规定。

教育改造的法定性，表明监狱人民警察对罪犯进行教育改造是一种依法进行的执法活动，罪犯服从监狱人民警察的教育改造是罪犯认罪服法、遵规守纪的要求。因此，一方面要求刑罚执行机关对罪犯的教育改造按照国家法律规定来进行，必须严格遵守法律和规定，以法律规定的方法、手段和措施，达到教育改造罪犯的目的。另一方面也要求罪犯必须依法接受监狱进行的各项教育，取得良好的学习成绩。

2. 强制性。强制性是监狱的性质和职能所决定的。罪犯的改造是在强制下进行的，没有强制，改造就失去前提，也就没有了刑罚执行的意义。教育改造,对罪犯而言,既是罪犯的权利,也是罪犯应尽的义务。很多罪犯在服刑改造期间,自觉学习职业技能,积极参加全国高等教育自学考试,监狱部门大力支持,且提供相应保障措施,让罪犯接受教育的权利得以充分保障。同时,罪犯接受教育改造是法定的,其实施也必然具有强制性的特点,不是罪犯可接受可不接受的。因此,教育改造是具有强制性的。强制是促使罪犯转变思想、矫正恶习的必要前提。

为了实现教育改造的目的,教育改造的强制性,还必须同罪犯的自觉性紧密结合起来。罪犯只有在强制的基础上逐渐达到自觉的状态,才能取得应有的改造效果。

3. 矫治性。对罪犯执行刑罚不是为惩罚而惩罚,而是在惩罚的前提下,达到将罪犯改造成为守法公民的目的,从而预防和减少犯罪,维护社会稳定。所以,将罪犯改造成为“守法公民”才是监狱的最终目的。我国的教育改造具有明显的矫治性,它不是空洞的说教,而是结合每个罪犯的思想实际,“实行因人施教、分类教育、以理服人的原则,采取集体教育与个别教育相结合、狱内教育与社会教育相结合的方法。”从而使罪犯认清犯罪危害,彻底转变犯罪思想。同时,“监狱根据罪犯的个人情况,合理组织劳动,使其矫正恶习,养成劳动习惯,学会生产技能,并为释放后就业创造条件”。可见,教育改造不仅要转变罪犯的犯罪思想,还要使罪犯增加知识、提高技能,使罪犯出狱后成为一个能够明辨是非、自食其力的守法公民。

(三)教育改造与普通教育的联系和区别

1. 教育改造与普通教育的联系。教育改造是一种特殊教育。

它与社会上所进行的普通教育有共同特点，表现在：一是在阶级社会中，教育都是统治阶级意志的体现，统治阶级用自己的世界观向受教育者进行思想教育；二是为社会培养人才；三是教育是为经济基础服务的上层建筑；四是传播知识和技能；五是在教学过程中必须遵循教育学的原理、原则和方法。

2. 教育改造与普通教育的区别。教育改造与社会上的普通教育又有明显的区别，其区别在于：一是教育的目的不同。社会上普通教育的目的是培养学生的创新精神和实践能力，造就有理想、有道德、有文化、有纪律的德、智、体、美等全面发展的社会主义事业的建设者和接班人；而教育改造的目的就是为了化消极因素为积极因素，以“既改造人，又教育人”，把罪犯教育成为守法公民为目的，其目标明确，指向性强。二是教育对象不同。普通教育的对象，一般都是青少年学生，都有学习的主动性和自觉性，能够积极愉快地参加各类教育；教育改造的对象则是正在服刑改造的罪犯，其对教育改造的态度有个发展转变过程。三是教育内容的重点不同。普通教育主要是在德、智、体、美、技全面发展的前提下，以主要的时间和精力进行知识和技能教育；教育改造主要进行以法治、文化、职业技术、心理健康教育等内容为主的教育。四是教学的过程不同。普通教育的教学过程，是教师的教与学生的学所组成的双向活动过程；而教育改造，也是教与学的双向活动过程，但是这个过程是个在刑罚执行过程中、严格监管的条件下，紧密结合罪犯思想、进行有计划性、有针对性的矫正和挽救过程，是将消极因素逐步缩小、积极因素逐步增长的过程，整个过程无不体现出对受教育者的强制性和再教育性。五是实施机关不同。普通教育的实施机关是国家教育部门和社会上各类学校;教育改造的实施机关则是监狱。

二、教育改造的目的

(一)教育矫正在世界行刑制度的发展中越来越受重视

受行刑理念发展的影响,人类行刑制度经历了生命刑、肉体刑到自由刑的变化。如报应主义片面强调对罪犯的惩罚作用,忽视对罪犯的教育矫正。意大利刑事古典学派代表人物贝卡利亚指出:“刑罚的目的不是要使人受到折磨,也不是要使人已实施的犯罪行为不存在,行刑的目的只是阻止有罪人再使社会遭受危害并制止其他人实施同样的行为。”

随着社会的发展和对犯罪行为、犯罪人认识的深入,矫正教育模式越来越受到人们的关注,罪犯教育以人为本、人道、民主的理念也鲜明地反映在国际机构的相关文件上。1955 年联合国《囚犯最低限度标准》第 66 条第一款规定:“应该照顾到犯人社会背景和犯罪经过、身心、能力和习性、个人脾气、刑期长短、出狱后的展望,而按照每一个囚犯的个人需要,使用一切恰当办法,其中包括教育、职业指导和训练、社会个案调查、就业指导、体能训练和道德性格的加强,在可能进行宗教照顾的国家也可包括这种照顾。”

在当今国际社会,刑罚执行不再是惩治罪犯的一元目的,而是多元目的的共存。

（二）以“培养身心健康、重新适应社会的守法公民”为目的

新中国成立后，我国监狱工作在毛泽东“人是可以改造的”、“我们的监狱是学校”等理念指导下，于1954年《中华人民共和国劳动改造条例》第一款明确提出“为了惩罚一切反革命犯和其他刑事犯，并强迫他们在劳动中改造自己，成为新人”的监狱改造目的。在1982年公安部颁发的《监狱劳改队管教工作细则》第96条中进一步规定：“把犯人改造成为拥护社会主义制度的守法公民和对社会主义建设的有用之才。”1994年《监狱法》第3条规定：“监狱对罪犯实施惩罚和改造相结合、教育和劳动相结合的原则，将罪犯改造成为守法公民。”再一次结合社会发展变化的要求，明确监狱教育的目的是将罪犯改造成为守法公民。具体表现为转化罪犯消极错误的观念和犯罪的恶习，提高文化程度和认知能力，培养相应的职业技能，使罪犯回归社会后，真正成为合格的守法公民。

随着人类社会的发展，监狱教育改造的科学化、专业化、社会化日益凸显，监狱教育改造目标注重以罪犯为中心，培养身心健康、适应社会的守法公民，已成为必然要求。

三、教育改造的作用

（一）有利于调整罪犯的认知结构

在改造罪犯过程中，监狱始终坚持“惩罚与改造相结合，以改造人为宗旨”的方针，实行宽严相济的刑事政策和给出路的政策，

充分保障罪犯的合法权益。同时,监狱人民警察在对罪犯进行思想教育的过程中,通过语言、心灵和情感的交流,能够切实理解和接纳,从而转化成罪犯的内在驱动力,逐步消除原有的一些不健康、错误的思想,使罪犯的思维模式、为人处世的方式方法,符合社会要求。

(二)有利于培养罪犯的健康心理

健康的心理是一个正常人应当具备的基本心理素质。罪犯之所以犯罪,不排除其他因素的影响和诱惑。但犯罪行为的发生,也是心理不正常的表现。在教育改造中,通过系统的法治、道德、形势、政策、前途教育,尤其是近几年普遍开展的心理健康教育,可以帮助罪犯明晰真、善、美的含义,培养健康的心理,同时,教育改造中的心理咨询和心理矫治工作,也将会进一步帮助罪犯矫治不良心理,调整心态,排除精神障碍,培养健全的人格。

(三)有利于帮助罪犯矫正恶习

教育改造是改造罪犯诸多手段中最积极、最活跃、最具有目的性的手段之一,它通过对罪犯的正面灌输、思想引导、说服教育、言传身教,改变罪犯错误的人生观、世界观、价值观、道德观、荣辱观等,给其思想以深刻影响。罪犯在走上犯罪道路之前,罪犯的犯罪行为是受其犯罪的思想和意识所支配的,而且或多或少的存在着这样那样的恶习,比如贪图享受、损人利己、好逸恶劳、目无法纪等。罪犯的犯罪意识和恶习不仅支配着罪犯走上犯罪道路,也是影响他们积极改造的思想障碍。监狱通过耐心、细致的教育改造工作,在转化罪犯思想的同时,矫正其恶习。通过对罪犯进行必要的法制、道德、规范、形势、政策、前途和思想教育,使罪犯明白真善美、假丑恶，明辨是非，促使罪犯自觉用法律、道德规范约束自己，下决心与不道德、不文明的行为决裂，养成遵纪守法、遵守道德规范的良好行为习惯。

（四）有利于稳定监管改造秩序

改造、生产、生活秩序的稳定，是保证刑罚有效执行和罪犯改造顺利进行的基本前提，也是创造良好的改造环境，促使罪犯加速改造的重要条件。良好秩序的建立离不开依法、严格、科学、文明管理，但是仅依靠这种外力的管束作用是不够的，还必须发挥教育改造这一攻心治本的重要手段。罪犯来自不同地区、不同民族、不同的生活环境，人员结构、性格、文化、年龄、身体状况、认知能力、犯罪恶习等等差异较大。对其要加强教育和引导，及时解决罪犯中出现的种种思想问题，以思想上的稳定促进和推动良好秩序的建立和发展。如监狱开展的个别教育、社会帮教、法律援助等活动，不仅为罪犯创造了良好的改造环境，而且帮助罪犯解决了一定的思想包袱，确保了监狱的安全稳定。

（五）有利于增长罪犯的知识和技能

监狱在对罪犯进行思想教育，以转变思想、矫正恶习的同时，还用大量的时间与精力对罪犯进行文化教育和技术教育。监狱通过对罪犯进行初等教育和初级中等教育等不同层次的文化教育，改变罪犯由于缺乏文化、知识浅薄、认识能力低下，而造成是非不分、良莠不辨、善恶颠倒的状况，提高罪犯的认识能力和文明程度，促使其更好地适应纷繁复杂的社会生活。同时，监狱结合劳动生产和罪犯刑满就业需要，开展生产技术和职业技能培训，教育罪犯学会一技之长，为罪犯刑满释放后就业谋生打下基础。

(六)有利于全面提高改造质量

教育改造工作,围绕矫正罪犯的犯罪思想,培养健康心理、健康人格,使罪犯认识到犯罪给国家、社会、个人家庭带来的危害,树立其正确的人生观、世界观。罪犯经过系统的、多种形式和多种内容的教育,达到矫正不良心理,消除犯罪思想,培养辨别判断是非、对错、美丑、善恶的能力,培养、建立符合社会道德规范的人生观、世界观,以及价值取向,从而提高改造质量。

四、 教育改造的原则

司法部颁布的《教育改造罪犯纲要》,规定了教育改造罪犯的基本原则。

(一)以人为本,重在改造

教育改造罪犯,要充分了解和掌握罪犯的思想动态,充分考虑罪犯的自身情况,着眼于罪犯顺利回归社会,采取有针对性的改造措施。

(二)标本兼治,注重实效

教育改造罪犯,要把规范罪犯行为与矫正罪犯犯罪意识有机地结合起来,增强各种改造手段和措施的实际效果。

(三)因人施教,突出重点

教育改造罪犯,要根据不同类型、不同罪犯的实际情况,实施分类教育和个别教育,尤其对重点类型、重点罪犯,要重点采取教育改造措施,实现教育改造效果的最大化。

(四)循序渐进,以理服人

教育改造罪犯,应当按照罪犯的思想转化规律,制订工作计划，分阶段、有步骤地实施；要坚持摆事实、讲道理，对罪犯开展耐心细致的说服教育工作。

第二节　教育改造的主要内容和方法

一、教育改造的主要内容

司法部第79号令《监狱教育改造工作规定》第5条，规定了“监狱教育改造工作主要包括：入监教育，个别教育，思想、文化、技术教育，监区文化建设，社会帮教，心理矫治，评选罪犯改造积极分子，出监教育等。”随着社会的进步与发展、押犯结构的变化，以及教育改造过程中出现的新情况、新问题，教育改造的主要内容也在不断完善。新时期，新征程，面对新任务，监狱需要突出加强罪犯的文化、法治和职业技术教育和心理健康教育。

（一）文化教育

文化教育是对罪犯进行的文化知识教育。其内容的选择，本着有利于教学、有利于罪犯对知识的掌握、有利于罪犯改造的原则进行。

结合罪犯刑期、年龄、原有文化程度等情况，监狱组织开展扫盲教育、小学教育、初中教育。而且，将罪犯文化教育纳入监狱所在地教育规划。没有完成国家规定的九年制义务教育，年龄不满

45 周岁，能够坚持正常学习的罪犯，应当接受监狱组织的小学、初中教育，并做到上课认真听讲，按时完成作业，遵守学习纪律，争取良好成绩。一些有条件的监狱，还可以适当开展高中（中专）教育。对于在社会上已经完成义务教育或者年龄在 45 周岁以下的罪犯，监狱鼓励参加其他文化学习，比如参加高等教育自学考试等，一般情况下，监狱都会为罪犯参加学习和考试提供必要的条件。

开展文化教育有利于罪犯接受思想教育。罪犯中许多人文化程度很低，由于缺乏文化知识，不能很好地理解党的方针政策、国家的法律法规、监狱的监规纪律的规定和要求，因而思想愚昧、头脑简单、目光短浅、心胸狭窄、行为粗野。在罪犯中开展文化知识教育，使绝大多数罪犯的文化程度有一定的提高，知识面有一定的扩展，增强理解接受能力，自学能力和认识能力，从而为对罪犯的思想教育创造有利的基础条件。

有利于罪犯接受技术教育。人的技能的形成，要以知识的领会为前提。由于大多数罪犯文化程度不高，缺乏学习技术所需的基础知识，因此，要教育罪犯学习生产知识，掌握劳动技能，就要首先教罪犯学文化，有了文化，才能阅读技术书刊，理解技术用语，看懂图纸，学会计算数据，熟悉操作规程。有利于罪犯成人、成才。监管改造罪犯的根本目的是改造人和造就人。文化知识教育既是思想教育的条件，又是生产技术教育的基础。同时，随着文化程度的提高，摆脱愚昧状态，改变粗野陋习，这本身就是一种改造。因此，开展文化教育是监狱矫正罪犯恶习，转变罪犯思想，增长罪犯知识和技能的必不可少的重要环节。

（二）法治教育

法治教育主要解决罪犯知法、守法、服法的问题。内容主要包括:法的基本知识教育、社会主义法治常识教育、现行主要法律教育、监管改造法规和监规纪律教育、认罪服法教育等。

许多罪犯之所以走上犯罪道路,是因为不知法、不懂法、不守法,甚至在被判刑后,还不知道自己为何入狱服刑,思想上的迷惑直接制约了改造积极性的激发,影响了接受教育改造的效果。对罪犯进行法治教育有利于罪犯认罪服法,服从管理,接受改造。罪犯能否承认自己所犯的罪行,是其能不能接受改造的先决条件。罪犯大多是因法制观念淡薄而走上犯罪道路的,投入监狱以后,有些罪犯仍因不知法、不懂法、不信法,面对法律的判决产生种种表面的看法,埋怨司法人员执法不公;有的编造和散布种种不认罪服法言论;有的苦恼、烦躁、产生自卑心理,消极对待改造;更有少数罪犯由于对判决的不满、不服,发展到抗拒改造,甚至铤而走险,又重新走上犯罪道路。

开展法治教育,能使罪犯更好地了解和掌握法的性质、内容、地位、作用、定罪量刑的原则要求,从而促使罪犯承认犯罪事实,认识犯罪危害,深挖犯罪根源,加速悔过自新。具体地说,在罪犯中开展法治教育,首先,是有利于增强罪犯法治观念和自我保护意识,罪犯的犯罪行为在危害社会,危害他人的同时,也害了自己,开展法治教育,可以使罪犯明白法律保护什么、禁止什么,提倡什么、反对什么,什么是合法行为、什么是违法行为,逐步养成自觉守法的良好习惯。这样,也就可以避免因不知法、不懂法、不信法、糊里糊涂地做出损害国家、社会和他人利益的行为;同时当自己的合法权益受到他人侵害时,也懂得用法律的武器保护自己。其次,有利于罪犯矫正恶习,培养良好品德,把自己改造成为守法公民,罪犯已经形成的犯罪思想、意识、恶习，不会因被逮捕、判刑而立即消除，在进入监狱以后，相当长的一段时间内仍会以种种形式表现出来。开展法治教育，通过法律知识的灌输去动摇罪犯不良企图和反改造的动机，抑制其不良行为的发生，充分发挥法律教育的矫正作用，使罪犯逐步消除各种支配其犯罪的意识，改变其在犯罪生涯中形成的种种不良习惯，学会正确处理个人与个人之间，个人与集体之间以及个人与国家之间的关系，从而做到正确行使公民的基本权利和履行公民应尽的义务，这样，才能使罪犯刑满以后，做一个知法、守法和自觉维护法律的公民。

法治教育是罪犯转变思想，矫正恶习，改过自新的强大武器。每一名罪犯通过学习，要深刻认识法的阶级性、强制性，切实把握法治教育的本质、特点；要全面了解现行《宪法》《刑法》《刑事诉讼法》《中哈人民共和国民法》（以下简称《民法》）等法律的具体规定，正确理解法律，做到认罪服法；要熟记《监狱法》、《监狱服刑人员行为规范》等法律法规的条文，自觉用法律法规和监规纪律约束自己的行为；要联系犯罪和改造实际，认清犯罪危害，深挖犯罪根源，以实际行动重新做人。

（三）职业技术教育

对罪犯的职业技术教育是监狱根据罪犯在狱内劳动的岗位技能要求及罪犯刑满就业需要开展的以提高罪犯劳动技能为目的的教育活动，它主要包括对罪犯的岗位技术培训（包括岗前、在岗培训）和职业技能考试，罪犯年龄不满50周岁，没有一技之长，能够坚持正常学习的，都应当参加技术教育；有一技之长的，可以按照监狱的安排，选择学习其他技能。

对罪犯开展职业技术教育，并将职业技能培训纳入国家职业技能培训总体规划，是我国监狱的一大特色。岗位技术培训主要是根据监狱劳动改造罪犯的岗位需要，对罪犯进行“应知”、“应会”培训和必需的安全教育培训活动。罪犯在参加培训时，要认真学习劳动技能，懂得工艺操作规程和安全生产常识，钻研生产技术，争当劳动能手。职业技能教育主要是为罪犯回归社会后就业的需要而开展的实用性较强的教育。当前社会竞争非常激烈，监狱会充分考虑社会的需求，由监狱自己组织或与社会上的职业培训机构联合办班。罪犯可根据自己的实际情况，选择参加培训学习，经考试考核合格的，可获得国家承认的职业资格等级证书，增强回归社会后的就业能力。

（四）心理健康教育

对罪犯开展心理健康教育，是我国罪犯改造工作的一项重要举措，是监狱教育改造工作迈向科学化、专业化、社会化的重要标志之一。

心理健康教育是监狱系统运用心理科学的知识、方法和技术，在心理评估的基础上，运用罪犯寻求改变的心理，通过心理卫生与心理健康教育，心理咨询与治疗，心理预测等措施，帮助其调节不良情绪，改变不良的认知方式，改善或消除异常心理，达到完善其人格（个性）的一种教育活动。罪犯接受心理健康教育对排解罪犯的心理压力，使罪犯学会心理问题的自我调节、自我矫治，能够起到积极的作用。罪犯由于社会经历等原因，往往存在扭曲的心理以及某些变态心理、精神障碍，如畸形的需求欲望、易激怒的情绪情感、意志薄弱、承受挫折能力低等。这些往往是罪犯犯罪的引发因素,也是影响改造质量的重要原因,所以,罪犯应当自觉接受心理健康教育。如果因为以前存在的心理健康方面的原因影响了自己的改造或者在服刑生活中遇到心理方面的问题,要勇于承认这个事实,并及时向心理咨询工作人员反映,主动接受心理健康教育和心理咨询,学会自我调节、自我矫治,解决心理问题。有心理疾病的罪犯还应当积极配合心理医生进行治疗,改变和消除引起犯罪行为的变态心理和不适应社会的人格障碍,以更好地适应社会生活。

心理健康教育作为一种新型、独特的改造手段,正在被监狱教育改造工作大力运用,如监狱成立的服刑指导中心,其主要职能就是为服刑人员心理健康教育和心理咨询、矫治提供指导和服务。

二、教育改造的方法

根据教育改造的对象和内容,采用相应的教育形式和方法,是做好教育改造工作的关键。司法部第79号令《监狱教育改造工作规定》第6条规定了教育改造的方法:"监狱教育改造工作,应当坚持集体教育与个别教育相结合,课堂教育与辅助教育相结合,常规教育与专题教育相结合,狱内教育与社会教育相结合。"

(一)集体教育和个别教育相结合

集体教育,是对全体罪犯进行的一种共性教育,是以解决罪犯中带有普遍性的问题为目的的思想疏导,知识传播和行为训练活动。

集体教育集中解决罪犯中带有普遍的共同性问题,有利于增强罪犯的集体主义观念、组织观念和纪律观念，使罪犯养成听从命令、服从指挥和遵守纪律的好习惯。同时，由于集体教育这种形式教育面广，有利于罪犯共同提高思想认识，便于罪犯相互学习，相互帮助，共同提高和纠正错误思想。集体教育通常采用上大课、作报告、举办讲座、讨论等形式。

个别教育是监狱人民警察针对每个罪犯的不同情况和特点，对其单独进行思想转化工作的一种教育形式，是因人施教的主要形式，它对罪犯的改造具有特殊的作用。首先，个别教育可以针对每个罪犯不同的个性问题，耐心、细致地做工作，慢慢地开导启发，解决集体教育、分类教育所解决不了的问题，促使罪犯思想转化。其次，个别教育同其他形式的教育相比，在时间、地点、空间、对象和方法上都有很大的灵活性，并能及时有效地解决罪犯在改造过程中可能出现的各种问题。此外，个别教育一般都较耐心、细致，内容逐步深入，这样更有利于罪犯转化思想。因而，罪犯接受的教育比较扎实、稳固。

个别教育不仅是监狱人民警察常用的教育罪犯的形式，而且也是罪犯乐于接受的教育形式。为使这种教育形式更好地为罪犯改造服务，罪犯要注意消除对监狱人民警察的畏惧心理，克服监狱人民警察找谈话就是“找麻烦”的错误想法，不仅在监狱人民警察找谈话时要积极配合，而且在有问题有想法时，也要积极主动请求与监狱人民警察预约谈话（又称“点警约谈”）。

集体教育和个别教育共同服务于改造罪犯的目的，各有所长，密切配合，可以更好地发挥着教育改造罪犯的作用。

（二）课堂教育与辅助教育相结合

课堂教育，是指集中罪犯利用课堂进行有计划、有步骤的教育。教育中有明确的主题内容,有完整的形式,有较强的针对性,有科学的计划性。这种正规化的课堂教育是教育改造的基本方法。同时还要有效运用监区文化建设中的报纸、广播、宣传栏、墙报、黑板报、电视、艺术团演出等形式进行形象化的辅助教育,使服刑人员进一步掌握知识和强化技能,于课堂教育之外,在业余生活中也能够接受教育。

(三)常规教育和专题教育相结合

对罪犯的教育改造工作,是一个系统工程,其教育贯穿于改造的全过程。常规教育指经常性教育,内容包括日常行为养成教育、监规纪律教育、完成劳动任务、参加学习教育等等。专题教育,是指每年由监狱或上级安排的,相对集中时间,针对某一主题开展的教育。如普法教育、节约教育、警示教育、反脱逃教育、安全生产教育、扫黑除恶教育等等。常规教育与专题教育相结合,是为了保持教育改造工作的连续性,二者各有其特点,又互为补充。

(四)狱内教育和社会教育相结合

狱内教育是指监狱运用自身的力量对罪犯进行教育的一种形式。监狱是对罪犯进行教育改造的专责机关,它有一整套严密的组织机构、完善的教学设施、专门的师资队伍、完整的教育制度。依靠监狱自身力量进行的狱内教育,根据不同的目的、任务,具有不同的教育形式,除前面所讲的集体教育、个别教育、分类教育形式外,还包括狱内辅助性教育、罪犯的自我教育等。狱内教育作为监狱执行刑罚的一个重要内容,在教育改造罪犯过程中起着重要作用。首先,狱内教育有利于罪犯思想转化。监狱通过组织罪犯进行系统的法制、道德等教育,帮助罪犯增强法制观念和道德观念，树立正确的世界观、人生观、消除原有的犯罪思想、意识，促使其思想转化。其次，狱内教育有利于罪犯矫正恶习。通过各种形式的狱内教育，帮助罪犯明辨是非、真假、美丑，改变支配罪犯的恶劣行为、不良习惯的思想基础，从而进一步促使罪犯矫正恶习。第三，狱内教育还有利于罪犯学会一技之长。监狱通过组织各种形式的岗位培训，开办各种着眼于生产和罪犯将来就业的技术培训，帮助罪犯学会一技之长，为其刑满后就业创造条件。此外，监狱通过开展入监、出监教育，还有利于罪犯更好地适应狱内改造生活和狱外社会生活。

社会教育即运用社会资源进行的教育。这种教育方式是指广泛动员政府机关、社会团体、企事业单位、社会热心社会公益事业、关心监狱工作的各类人群以及罪犯亲属等对罪犯进行教育。实践证明，利用社会各种力量，多渠道、多层次对罪犯进行教育，拓宽了教育的途径，有利于罪犯从不同角度更好地认清国家的形势，加深对党的路线、方针、政策的理解，体验到社会的温暖和人民的期盼，看清自己的改造前途，克服悲观情绪，解除思想顾虑，增强改造信心。

狱内教育和社会教育相结合，是专责机关与群众路线相结合的具体体现。在加强狱内教育的同时，充分发挥社会力量，开展社会教育，有利于两种教育形成合力，更好地改造罪犯。

第三节　学有所成　提高素质

一个人的犯罪行为,那是过去的事情,现在投入监狱服刑改造,就得翻开新的一页,在监狱人民警察的指导下,开始新的生活,为今后的人生拟定新的目标,与过去的犯罪行为彻底决裂,以积极的心态接受教育,对自己的思想观念、价值标准进行全面改造,通过学习和改造,实现人生涅槃,并学有所成。

一、端正态度,主动接受教育

(一)消除对学习的种种错误认识

罪犯对接受教育和参加学习的错误认识,归纳起来大致有以下几个方面。

1. 学习目的不明确,态度不端正。这部分罪犯错误地认为学习花费时间,花费精力,总认为"学而无用",抵触学习思想根深蒂固,宁愿玩,不愿学。

2. 参加学习是无奈之举。有的罪犯认为参加学习是没有办法的事,不去不行,就只好去跟着上课,做做样子。这样学习,流于形式,当然是一无所获。

3. 急功近利,学习效果不佳。有的罪犯参加学习就是为了挣个分,获点奖,有利于减刑、假释。此类罪犯学习较用心,但因功利思想严重,从而影响了自觉改造思想,影响了学习效果。

4. 学习怕吃苦,有畏难情绪。有的罪犯在学生时代,由于没有养成爱好学习的习惯,入监后仍然是提起学习颇感头疼,普遍存在畏难和厌学情绪,提不起精神,精力不集中。

5. 对学习没兴趣。有的罪犯认为学习要记、要背,费脑力和时间,自己早就过了学习的年龄,并认为每天劳动改造任务又那么重,没有时间和精力去学习。

6. 文化知识、技术没什么用。有的罪犯认为读书学习无用,在监狱只要懂钻营、能劳动、就行,有没有文化知识和技术都一样。将来出狱后,再想其他的方法。

7. 学习不能坚持,缺乏恒心。有的罪犯,知道学习的意义,也愿意去学,但却不能够坚持,总是"提起来千斤,放下来四两",学习也就成了"三天打鱼,两天晒网"。

以上种种错误认识导致了罪犯对学习积极性不高,不能正常接受监狱的教育,这对罪犯的改造极为不利。罪犯必须端正态度,调整心态,纠正这些错误的认识和看法,明确学习目的,以饱满的热情,积极自觉参加各项教育活动,不断提高自己的文化素质和知识水平。

(二)培养学习的兴趣

俗话说:兴趣是最好的老师。作为罪犯首先应该清晰地认识到不学无术,不知法、不懂法是不少罪犯过去走上歧途的重要原因之一,同时,人总是要回到社会的,要适应社会,就必须要有过硬的生存本领,这些能力靠什么得来呢?就是靠学习学习再学习。监狱花大力气对罪犯进行各个方面的教育并作为一项有效的改造手段，目的就在于帮助罪犯学法、知法、懂法，同时学会生活、学会适应、学会生存。

伴随着中华民族伟大复兴的中国梦，新时期新征程，当今社会科技日新月异，各种高科技产品已融入日常生活中的衣食住行，互联网的时代维系着你我他。同时，随着中华传统文化重要性的进一步提升，人与人之间的交流对于个人文化素质的要求越来越高。每一个人在社会上没有文化，就寸步难行。在发展社会主义市场经济的今天，知识、人才竞争日趋激烈，没有一技之长就会就业无路，谋生无门，所以，每一名罪犯要有学习的紧迫感，不断增强学习自觉性。

二、明确目标，强化学习的内驱力

（一）确立一个可行的学习目标

目标是人们前行的灯塔，目标是人们进步的内驱力。罗曼·罗兰曾经说："一个人活着而没有目标，他就会彷徨、苦闷和不安。为自己建立一个正确的目标，朝着这个目标去努力追求，生活自然就会充实而有意义。"有了目标，才会有努力的方向，才不会走弯路。新生活是从选定目标和方向开始的，因此首先要确立一个明确的学习目标。作为罪犯要将学习的目标锁定在"学会生存、学会学习、学会做事、学会做人"的"四会"上来，早日新生，成为自食其力的守法公民。在改造过程中，时常警醒自己，是否按照这一目标在学习、在思考、在改造，还要注意不断纠偏，确保自己始终在朝这一目标前行。

（二）制订一个务实的学习计划

有了学习目标，还要制订一个切实可行的学习计划。人总是有惰性的，往往在不经意中，会忘乎所以，一旦制订了短期、中期、长期的学习计划，就会不断督促、鞭策自己按照计划实施，才能确保学习效果。在制订学习计划时，一定要讲究计划的可行性，要切合实际，切忌好高骛远。

（三）养成一个良好的学习习惯

养成良好的学习习惯是罪犯养成教育的需要，也是实现目标、真正成才的必由之路。有的罪犯在社会上放荡不羁，入监以后，不良行为在严格约束下虽有所收敛，但由于习以为常，一时难有大的转变。所以，必须下大决心、花大力气将这些恶劣行为硬“扭”过来。开始接受教育，让罪犯养成良好的学习习惯，是使其“脱胎换骨”的重要途径之一。

三、学有所成，不断提升自身素质

（一）接受文化教育，提升文化素养

一个人没有文化知识就会导致认知水平低下，没有文化知识就会造成精神空虚，没有文化知识就会造成无知和愚昧，没有文化知识，回归社会后将举步维艰，没有文化知识，甚至是导致罪犯刑满释放后再犯罪的重要原因之一。只有通过文化知识学习，才能填补精神空虚，消除思想愚昧，才能掌握一技之长，才能适应回归社会后竞争激烈的社会生活。有的罪犯经过监狱初等教育和中等教育，积极参加高等教育自学考试，在高墙内圆了自己的“大学梦”，获得教育部

门颁发的学历证书;有的积极参加职业技术和技能教育,拿到了由劳动和社会保障部门颁发的技术或技能等级证书。

正确人生观的形成,与一个人的文化素质直接相关联。对于罪犯而言,文化素质的培养,具有深远的现实意义。罪犯接受文化教育,能提高文化水准,扩展知识视野,增强理解能力和认识能力,从而提高罪犯正确分析问题、解决问题的能力。所以,罪犯在改造生活中,最重要的是要通过文化教育,提高文化素质,彻底改造犯罪思想,改变自己错误的认知结构,从而改变自己对法院判决所持有的错误认识和错误态度,才能树立正确的世界观、人生观和价值观。

(二)接受法治教育,增强法治意识

经过调查发现,在监狱服刑的罪犯,大多数之所以最终走上违法犯罪道路,就是因为不懂法所致。因此,对罪犯进行法治教育显得尤为重要。监狱对罪犯进行法治教育,通过组织罪犯学习《宪法》《民法》《刑法》《刑事诉讼法》等相关法律,目的就是为了增强罪犯的法治意识,预防或减少重新犯罪。

法治教育是罪犯转变思想、矫治恶习、改过自新的强大武器。从前面不认罪言论可以看出,一些罪犯之所以不认罪,是因为他们不懂法或者说知之不深,要知法懂法,就得认真学法,就必须接受法治教育。

例如罪犯赵某,一天夜里拿着麻袋到果园去偷苹果,正好与护果员碰面,在逃脱时打伤了护果员,法院以抢劫罪判他 6 年有期徒刑。赵犯认为自己是“盗窃,不是抢劫”,多次申诉,被驳回后仍不死心,直到监狱组织学习法律常识,才解开了他思想上的疙瘩。《刑法》第 269 条规定:“犯盗窃、诈骗、抢夺罪,为窝藏赃物、抗拒抓

捕或者毁灭罪证而当场使用暴力或者以暴力相威胁的，依照本法第263条的规定定罪处罚。”而《刑法》第263条是抢劫罪的定义。法院定性准确，量刑适当，判决是公正的。由此可见，罪犯通过学习法律知识，可以知道什么是犯罪，弄清罪与非罪的界限，不断提升自己的法律素质，时时刻刻以法律法规为准绳，来检查自己的表现，约束自己的言行，凡事“三思而后行”，从而有助于认罪服判，知罪悔罪。

党的十九大报告中指出，加大全面普法力度，建设社会主义法治文化，树立宪法法律至上，法律面前人人平等，各级党组织和全体党员要带头尊法学法守法用法，任何组织和个人都不得有超越宪法法律的特权，绝不允许以言代法、以权压法、逐利违法、徇私枉法。因此在任何时候都要用法治思维模式处理自己的事务。

（三）接受职业技术教育，提高就业谋生本领

罪犯因为触犯法律，在监狱服刑少则几年，多则上十年，在服刑改造期间，不仅没有资金积累，相反，消耗了家里的财物，刑满释放时，又没有掌握一定的劳动技能，真可谓一无所有。这样的刑满释放人员，就只能走上重新犯罪的道路。我国已经进入了特色社会主义新时期，社会建设需要大量技术人才。因此，罪犯在服刑改造期间，要通过自身努力，切实掌握一项过硬的技术技能，这才是刑满释放后融入社会的唯一资本。

监狱根据罪犯在狱内劳动的岗位技能要求和刑满释放后就业的需要，每年都会组织罪犯开展岗位技术培训和职业技能教育，促使罪犯掌握一技之长，为刑满就业培养谋生技能。因此，罪犯在服刑改造期间，要主动接受职业技术教育，提高刑满释放后的生存能

力。近年来,很多过去在服刑改造期间,通过自身努力,熟练掌握了某些加工项目技术的人员,在刑满释放前,就有单位到监狱来签订用人合同。刑满释放人员张某某,在监狱服刑了八年,服刑期间,一直从事缝纫车间的裁床岗位,在裁床岗位上,不断学习和实践,从最初什么都不懂,到后来,一看服装图纸,就知道怎么下刀,娴熟掌握了裁床技术。刑满释放的当天,年龄已经 49 岁的张某,被一家服装公司老板高薪聘请。因此,罪犯不要担心刑满释放后找不到工作,关键是要在改造期间切实掌握一技之长。

(四)接受心理健康教育,培养健全人格

罪犯犯罪的原因是多方面的,其中不健康的心理也是犯罪的重要因素。社会学统计表明,很多暴力型罪犯在生活或心理上的困境,在其学生时代就有所显露。

一个人的犯罪入狱,是人生的一个重大事件,从他违法犯罪的那一刻开始,到后来公安机关侦查、审讯、看守所关押、检察机关起诉、法院判决等这一系列过程的每一个环节,都使得罪犯情感剧烈波动,甚至持续卷入情境,使短暂的情绪变成持久的煎熬。投入监狱改造后,也会因为与家人的隔离、对监管环境的不适应、各种打击和挫折,都会引发罪犯各种心理问题,因此,在服刑期间,要主动接受心理健康教育,不断提高心理素质,积极培养健全人格。

监狱机关设立了服刑指导中心,服刑指导中心的民警,都是经过了系统培训的人员,他们理论知识雄厚,实践经验丰富。罪犯要主动接受心理健康教育,在服刑指导中心民警的指导下,学会运用心理学原理,加强情绪管理,不断调适心理,减缓压力,健全人格。

拓展阅读

湖北3493名“特殊考生”的考场瞬间……

高等教育自学考试的日子

湖北省3493名“特殊的考生”走进“高墙考场”

只为圆他们心中的“大学梦”

据了解，湖北省共设置了22个“高墙考场”，26所监狱3493名服刑人员报名参加了法律、汉语言文学、计算机及应用、市场营销、旅游管理等专业7578个科次考试。

沙洋监狱管理局

10月20日，来自沙洋监狱管理局8所押犯监狱的489名服刑人员，在陈家山监狱、汉津监狱、长林监狱、广华监狱4个考点参加了湖北省高等教育自学考试。这次考试报考人数比上半年增加了213人，参考科目增加了287个科次。

湖北省未成年人管教所

湖北省未成年人管教所是湖北较早开展“高自考”的监狱，今年共有232人参考，其中26人为未成年服刑人员，涉及18个专业。从2007年至今，已有23人通过高自考拿到大专毕业证。

武汉女子监狱

武汉女子监狱考点共设7个考场，245名服刑人员参加了汉语言文学、行政管理、法律、市场营销、学前教育等23个专业共630个科次的考试。

汉阳监狱

汉阳监狱今年共有71名服刑人员参加考试。近年来,汉阳监狱积极创造条件,让服刑人员能够有针对性地接受文化教育,除了进行计分奖励外,还出台减免报名费、亲情帮教等措施,引导服刑人员参加高自考。

汉口监狱

汉口监狱是江汉区唯一一个"高自考"考点,共有85名服刑人员参考。为了做好此次考试,江汉区自考办专门派人现场指导。"自从能够参加高等教育自学考试后,服刑人员在寝室里看书的时间多了,学习氛围很浓厚。"汉口监狱政委、党委副书记蒋春说。

琴断口监狱

琴断口监狱在监狱高墙内设置9个考场,384名服刑人员在2天时间内分别参加4个专业699科次的高自考。

孝感监狱

孝感监狱共计288名服刑人员报名参考,考试科次1021个,考试人数与报考科次居今年全省监狱之首。为了组织好考试,孝感监狱统一宣传发动、统一报名考试、统一学习时间、统一集中辅导。

汉江监狱

汉江监狱考点共有63名服刑人员参加考试,报考专业全部为法律学。汉江监狱提前3个多月为服刑人员购买了自考教材和参考书籍,还专门抽调法律本科专业毕业的监狱警察为服刑人员进行考前辅导。

考生故事

所有赶考的考生中,陈进(化名)是唯一一个不着囚服的。怎么回事？

原来，陈进曾经也是一名服刑人员，他原打算在监狱里考完法律专业的所有课程出狱的。在学习法律过程中，他加快了新生的步伐，3 次减刑共 25 个月，今年 9 月 19 日减余刑提前回家。第二天他到网上报考高自考最后两门，不巧的是个人报名端口，刚刚过了最后时限。

监狱得知这一情况，经多方协调，陈进来参加了此次考试。

“以前不懂法，才会因抢劫获刑 9 年。”陈进说，“参加这次考试是学法守法的过程。心中有法律，心中有敬畏，脚下路才正！”

目前，陈进正在从事建筑设计方面工作。考完这两门课程，如果顺利拿到大专文凭，他打算报考建筑师。

新闻多一点

2018 年，司法部将文化改造列入“五大改造”之一，为监狱“以文化人”指明了新的前进方向。湖北省监狱管理局进一步加强罪犯参加“高自考”工作的组织领导，全省罪犯参加“高自考”成为监狱内文化改造的重要组成部分。

15 年来，全省监狱有近 5 万人次的服刑罪犯参加了各种科目的国家高等教育自学考试。

（摘自司法部公众号 2018 年 10 月 24 日）

■**思考题：**

1. 什么是教育改造？教育改造的目的有哪些？

2. 结合教育改造的作用，谈谈罪犯为什么必须接受教育改造？

3. 教育改造的主要内容是哪些？

4. 教育改造有哪些主要方法?

5. 查找出你身边存在的对学习的种种错误认识。

6. 结合自身实际,谈谈如何在狱中学有所成。

◆教学活动:

开展一次法律知识竞赛活动。

第六章　以文化人　重塑灵魂

一个人的犯罪与其在社会化过程中的思维模式、价值取向以及所接受的文化熏陶等直接相关联，也就是说，一个人的犯罪，都可以从文化层面检讨出犯罪的根本原因。因此，作为新入监罪犯，要树立以文塑人、以文育人的理念，要坚定中国特色社会主义的文化自信，以文化人，重塑灵魂，真正将自己改造成守法公民。

第一节　正确认识文化改造

文化对每一个人而言，就是自我生存的根，自我生存的魂，一个没有良好文化素养的人，做人、做事，乃至生存就会四处碰壁。因此，每一名罪犯必须加强文化的自我改造，通过文化的渗透和熏陶，实现人生涅槃，灵魂重塑。

一、什么是文化

（一）文化的概念

文化的本质含义，简单地说就是“人化”和“化人”，即人类改造客观世界，将自然状态加以“人化”，然后，再用经验和成果“化人”，提升自己。

1982 年，第二届世界文化大会上，联合国教科文组织成员国给文化的定义这样描述：“文化是一个社会和社会集体的精神和物质、知识和情感的所有与众不同显著特色的集合总体，包括艺术和文学，还包括生活方式、人权、价值体系、传统以及信仰。”因为“文化不是精英的特权，它应当是普及的、大众的，涉及我们社会生活的方方面面，文化不仅是静态的，同样更是动态的，文化不仅是结果，同样更是过程，文化不仅是社会生活的产物，同样更是社会生活何去何从的一个决定性因素”。

（二）文化的特征

1. 多层次性。由下至上分别为物态文化、制度文化、行为文化和心态文化。物态文化是人类物质生产活动方式及其产品的总和，它构成了整个文化创造的基础。制度文化由人类在社会实践中组建的各种社会行为规范构成。行为文化是由人类在社会实践，尤其是在人际交往中约定俗成的习惯性定势构成的。心态文化是由人类在社会实践和意识活动中经过长期孕育而形成的价值观念、审美情趣、思维方式等主观因素构成的。

2. 民族性。文化的民族性是指一个民族所创造和享用的文化，具有与其他民族文化相区别的特色和个性，并因它的长期存在而形成传统和民族精神，如中华优秀传统文化，是中华民族历史沉淀下来的文化，具有中华民族的特性。

二、什么是文化改造

（一）文化改造的内涵

“改造”一词当代语境基本释义有两个：一是修改或变更原事物，使适合需要；二是从根本上改变旧的，建立新的，使改造适合新的形势和需要。罪犯改造是国家司法机关监狱在执行刑罚过程中，为转化罪犯思想，矫正罪犯恶习，使之成为守法公民而进行的活动。具有两层含义：一指被改造者接受外部强制力量的压力和规范要求，接受劳动和教育，重新社会化；二指被改造者内心自省，产生自我改造意识，自觉地接受行刑机关的劳动、教育和管理，积极主动地劳动、学习，自我改造。

文化改造指用先进文化特别是以意识形态形式存在的先进价值体系来改变、重建和提升罪犯价值认知、道德水平、情感体验、生活方式，促进罪犯朝着再社会化的方向良性发展，最终成为守法公民。这表明，罪犯只要主动接受文化改造，就可以从中获得营养，提升自身素养。

（二）文化改造的基本特征

文化改造为政治改造服务，以政治改造为统领。文化改造对罪犯的人生感悟、价值观念、精神追求能起到潜移默化、润物无声的教化作用。文化改造最根本的实现途径就在于慢慢地浸入，逐渐内化成为一种精神特质，然后自然外化于行，发生人格和行为方式的转变，影响一个人的精神境界和文化气质，塑造良好的思想品格。由此可见，文化改造具有以下特征。

1. 先进性与政治性。我国监狱是中国特色社会主义的重要组成部分，是构建和谐社会的重要稳定力量和法治保障。坚持马克思主义中国化最新成果理论，坚持邓小平理论，全面贯彻落实科学发展观，积极倡导中国共产党的先进性和政治性，将罪犯改造成为守法的社会公民，改造成为社会主义的劳动者，这就是中国特色的社会主义行刑文化的灵魂所在。

2. 广泛性与独特性。目前，我国监狱对罪犯的改造方法由单一性向多元化递进。凸显出各学科知识文化改造的广泛性。而且这种文化改造，在力量的运用和功能的发挥上，相互间既具有通融性，又具有独特的系统性。

3. 互动性与渗透性。文化改造的实施主体是监狱机关及监狱人民警察，通过监狱人民警察的不断教化和罪犯的主动接受，才能有效完成，具有明显的互动性的特点。没有互动性，文化改造的渗透力与影响力就会减弱，甚至会受到心理抵制，也就产生不了文化改造所期待的积极效应。

（三）文化改造的意义

文化改造，重点在于内化。对法律的敬畏之心，不在于法律严肃性的强调和惨痛事实的列举，而是在罪犯内心埋下法治素养的因子。行为方式的文明理性，源于精神的指引，爱心和善良才是抵制犯罪与恶行的内在机制与强大力量。

1. 文化改造有利于提高罪犯的“审美”观。有效的改造离不开罪犯的积极参与，相对于灌输和生硬说教，契合人的本性、兴趣的方式方法才容易受欢迎，容易被接受，乐于接受。监狱通过开展一系列的监区文化活动，如书法绘画、歌咏音乐等，激发罪犯自然兴趣,从而促其形成稳定的从事方式,在不知不觉中接受熏陶,潜移默化,逐渐引发感悟,加以引导启迪促进罪犯审美观,分辨什么是真善美,什么是假丑恶。

2. 文化改造有利于罪犯渐进式吸收正能量。文化改造是一种渗透,只要罪犯持之以恒,主动接受,久而久之,一些优秀的品质就会内化成为一种精神特质,然后自然地外化于行,发生人格和行为方式的转变。水为天下至柔,水滴石穿,克天下之至坚。文化一点一滴涓滴不弃的内化方式,持之以恒,就会影响一个人的精神境界和文化气质,塑造良好的思想品格。

3. 文化改造有利于促进罪犯的认同感。在参与、接受文化熏陶的过程中,感受到爱和善良的光辉,认识到文明与理性的价值。文化增进知识,提升认识,同时也建树认同,从朴素的亲情观念,生命观念,爱的观念认同,到价值观的认同,以及做人、做事的认同,守法的认同,人生价值和意义的认同,这就架构了文化改造的基石。

第二节 文化改造的主要内容

弘扬新时期中国特色社会主义先进文化,推进社会主义核心价值观入脑入心,传承优秀传统文化,使罪犯懂义利、明是非、敬法度、尚道德、讲诚信,大力弘扬公平正义法治文化,让罪犯在公正文明的执法中感受公平正义,开展书画、音乐等艺术活动,培养罪犯自信自尊,理性平和心态;组织开展丰富多彩的监区文化活动,让罪犯在活动中陶冶道德情操,充分发挥文化改造的规范、自律、熏陶、导向作用,是监狱文化改造罪犯的主旋律。

一、新时期中国特色社会主义先进文化

先进文化是以马克思列宁主义、毛泽东思想、邓小平理论和“三个代表”重要思想为指导,以科学发展观为统领,牢牢把握社会主义先进文化的前进方向,紧紧围绕实现全面建设小康社会宏伟目标和构建社会主义和谐社会的要求,弘扬以爱国主义为核心的民族精神和以改革创新为核心的时代精神,是民族的科学的大众的社会主义文化。社会主义核心价值观就是具有代表性的先进文化。

(一)社会主义核心价值观基本内容

党的十八大明确提出了培育和践行社会核心价值观的根本任务,强调要倡导富强、民主、文明、和谐,倡导自由 、平等、公正、法治,倡导爱国、敬业、诚信、友善。这十二个范畴凝练概括了国家价值目标,社会的价值取向和公民个人层面的价值准则,是社会主义核心价值观的基本内容。

社会核心价值观把涉及国家、社会、公民的价值要求融为一体,体现了社会主义本质要求,继承了中华优秀传统文化,吸收了世界文明有益成果,体现了时代精神,是对新时期建设什么样的国家、建设什么样的社会、培育什么样的公民等重大问题的深刻解答。

1. 富强、民主、文明、和谐是国家层面的价值目标。“富强、民主、文明、和谐”是我国社会主义现代化国家的建设目标，在社会主义核心价值观中居于最高层次，对其他层次的价值理念具有统领作用。富强即国富民强，是社会主义现代化国家经济建设的应然状态，是中华民族梦寐以求的美好夙愿，也是国家繁荣昌盛、人民幸福安康的物质基础。民主是人类社会的美好诉求。我们追求的民主是人民民主，其实质和核心是人民当家做主。它是社会主义的生命，也是创造人民美好幸福生活的政治保障。文明是社会进步的重要标志，也是社会主义现代化国家的重要特征。它是社会主义现代化国家文化建设的应有状态，是实现中华民族伟大复兴的重要支撑。和谐是中国传统文化的基本理念，集中体现了学有所教、劳有所得、病有所医、老有所养、住有所居的生动局面。它是社会主义现代化国家在社会建设领域的价值诉求，是经济社会和谐稳定、持续健康发展的重要保证。

2. 自由、平等、公正、法治是社会层面的价值要求。“自由、平等、公正、法治”是对美好社会的生动表述，也是从社会层面对社会主义核心价值观基本理念的凝练。它反映了中国特色社会主义的基本属性，是我们党矢志不渝、长期实践的核心价值理念。自由是指人的意志自由、存在和发展的自由，是人类社会的美好向往，也是马克思主义追求的社会价值目标。平等指的是公民在法律面前的一律平等，其价值取向是不断实现实质平等。它要求尊重和保障人权，人人依法享有平等参与、平等发展的权利。公正即社会公平和正义，它以人的解放、人的自由平等权利的获得为前提，是国家、社会必然的根本价值理念。法治是治国理政的基本方式，依法治国是社会主义民主政治的基本要求。它通过法制建设来维护和保障公民的根本利益,是实现自由平等、公平正义的制度保证。

3. 爱国、敬业、诚信、友善是公民层面的价值准则。

“爱国、敬业、诚信、友善”是公民基本道德规范,是从个人行为层面对社会主义核心价值观基本理念的凝练。它覆盖社会道德生活的各个领域,是公民必须恪守的基本道德准则,也是评价公民道德行为选择的基本价值标准。爱国是基于个人对自己祖国依赖关系的深厚情感,也是调节个人与祖国关系的行为准则。它同社会主义紧密结合在一起,要求人们以振兴中华为己任,促进民族团结、维护祖国统一、自觉报效祖国。敬业是对公民职业行为准则的价值评价,要求公民忠于职守,克己奉公,服务人民,服务社会,充分体现了社会主义职业精神。诚信即诚实守信,是人类社会千百年传承下来的道德传统,也是社会主义道德建设的重点内容,它强调诚实劳动、信守承诺、诚恳待人。友善强调公民之间应互相尊重、互相关心、互相帮助,和睦友好,努力形成社会主义的新型人际关系。

(二)社会主义核心价值观的特征

1. 具有科学性和实践性的特征。社会主义核心价值观是人类社会文明进步的结晶,是能够顺应社会发展规律,揭示社会未来发展方向,为社会文明进步提供强有力的思想保证、精神动力和智力支持的文化。社会主义核心价值观具有严格的科学精神、科学内涵、科学方法,都能经得起历史的沉淀和实践的检验,能高屋建瓴地站在时代的前沿阵地,指导和统帅人类历史的前进。

2. 具有鲜明时代性和前瞻性。社会主义核心价值观不受外来消极因素的影响,以宏大的气魄,把人们引向光辉灿烂的未来。它是现代文化，与时俱进的文化，注入了时代的精神、时代的活力、时代的内容，时代的审美要求和审美情趣，有鲜明的时代特征。同时，具有较强的前瞻性、导向性和方向性。反映了人民群众的理想愿望和审美要求，代表着人民群众的根本利益，满足广大人民群众的不断增长的精神生活需求，对人民群众有陶冶、教育和愉悦作用。与广大人民群众利益紧密联系，是凝聚和鼓励各族人民的重要力量，是综合国力的重要标志。

3. 有博大的胸怀。社会主义核心价值观是一种海纳百川、博采古今中外、广集世间百家的文化。它植根于中国特色社会主义实践，反映了我国社会主义经济和政治的基本特征，又对经济和政治的发展起巨大促进作用。

培育和践行社会主义核心价值观是一项人心工程、灵魂工程。所有罪犯在接受监狱教育过程中要准确把握其基本内容、精神实质、重大意义和实践要求，增强价值判断力，增进情感认同，自觉用中华优秀传统文化滋养心灵，矫正恶习，树立正确的人生观，从身边的小事做起，从一点一滴做起，真正把社会主义核心价值观内化于心，外化于行。

二、优秀中华传统文化

优秀中华传统文化源远流长，博大精深，是罪犯接受思想道德、文化教育不可或缺的重要内容和根据。罪犯要不断学习中华传统文化，在核心价值的取向方面做到明礼诚信、敬业守法、勤俭自强。

（一）明礼诚信

明礼作为罪犯道德规范，就是讲究起码的礼节、礼仪和礼貌，无论是在狱内改造，还是在回归社会后工作和生活中，行为举止都要得体、适宜。

诚信是中华民族的传统美德。中华传统文化历来强调诚信的重要性，正所谓“人无信不立，家无信不旺，业无信不兴，国无信不强。”

罪犯要深刻认识明礼诚信的重大意义，明礼是建立和谐人际关系的基石。懂得礼节礼貌，在服刑期间，就不可能与人发生争执，树立对立面，就可以最大限度减少避免各种矛盾的发生。诚信是一个人的立身之本、生命之源。有很多罪犯就是因为做人不讲诚信，而走上了犯罪道路。

（二）敬业守法

多数犯罪与好逸恶劳和追求享乐、缺乏必要的敬业精神和守法意识有关。他们犯罪最根本原因在于损人利己、损公肥私、危害社会等，以非法手段追求个人物质和精神的满足。在这种扭曲心态的支配下，很多人形成了腐朽的人生价值观，养成了贪婪、自私、冷酷、凶残的个性人格，因而走上了犯罪道路。所以，罪犯从现在开始，就要培养敬业精神和养成守法意识，这是罪犯回归社会后自食其力、安身立命的根本。

敬业是一个公民的基本处事原则。敬业是指在职业工作中，忠于职守，专心致志地从事自己的本职工作。这不仅是一种对职业的情感，也是一种人生的信念。爱岗是敬业的前提，敬业是爱岗情感的进一步升华，是对职业责任、职业荣誉的进一步深刻理解和认识。一个不爱岗的人很难做到敬业，一个不敬业的人很难说是真正的爱岗。新入监的罪犯，在入监教育结束后，都要被分配到监区服刑改造，不管你被分配到哪个岗位，都要热爱自己的岗位，只有爱岗，熟悉掌握岗位技能，才能在岗位上有所进步，在改造中才能有获得感，才能取得较好的改造成绩。

守法是一个现代化国家对公民的起码要求。守法，就是遵守法纪。一个现代化国家必然是法治国家，我们强调依法治国，不仅要立好法、执好法，更重要的是守好法。罪犯过去违犯了法律，受到了法律制裁，服刑后就要认真补课，学好法律，真正做一个守法的人，回归社会后就不至于再次违法，重新犯罪。

（三）勤俭自强

勤俭是中华民族的优良传统，现代文明的内在诉求。勤俭，更应该是罪犯的一种品行，多数罪犯之所以走上犯罪道路，贪图享乐的思想起了很大的诱发作用。“国以俭得之，以奢失之”，勤俭不仅事关一个国家的生死存亡大事，而且与个人得失也休戚相关。“俭可以成家，俭则可以立身”这句话就是这个道理。

自强就是努力向上、奋发进取，就是对美好未来的无限憧憬和不懈追求。《周易》中说：“天行健，君子以自强不息；地势坤，君子以厚德载物。”表达了中华民族的民族精神和道德追求。自强必须要有坚定的意志和坚强的信念。“有志者事竟成”这句话说明了意志和决心对于成功的决定作用。人生的过程就是不断克服困难，解决问题的过程。罪犯只有在服刑改造生活中坚定改造的意志，树立重新做人的坚强改造信念，自强不息，才能真正走向成功！

罪犯只有吸纳传承了优秀的中华传统文化，培育了明礼诚信、敬业守法、勤俭自强的良好品质，才能将自己真正改造成为一个懂义利、明是非、敬法度、尚道德、讲诚信的人。

三、公平正义的法治文化

法治是指在某一社会中,任何人都必需遵守法律,包括制订者和执行者本身。政府的行为必须是法律许可的,而这些法律本身是经过某一特定程序产生的。即,法律是社会最高的规则,没有任何人或机构可以凌驾法律。由此而产生的文化现象,即为法治文化。在罪犯中,强化以宪法为重点的法治教育,使罪犯敬畏法律,崇尚法律,培养罪犯法治思维、法治方法,正是法治文化改造的内核。

监狱人民警察执法公平、公开、公正,为罪犯改造提供了良好的法治环境。罪犯在法治文化的影响下,应该如何适应呢?一是要学法懂法守法。要在监狱人民警察的引导下,加强法律知识的学习,提升法治素养,减少和预防重新犯罪。二是要学会运用法治思维和法治方法。法治思维就是将法治的各种要求运用于认识、分析、处理问题的思维方式,是一种以法律规范为基准的逻辑化的理性思考方式 。罪犯在服刑改造期间,往往会因为生活琐事、甚至不经意的一句玩笑,与人产生矛盾,互不相让,导致矛盾升级,发生冲突,而违反监规纪律,有的甚至狱内又犯罪。罪犯首先要坚持依法行事,无论是生活、与人交往,还是解决矛盾都要不断审视自己行为的目的、内容、手段是否合法。其次要自觉守法、坚决护法,维护法律和制度的严肃性,维护他人的合法权利。在涉及自身利益时,做到自律自省、遵章守纪,维护法律尊严,维护社会公平正义。第三,既要有权利意识,又要有自觉遵守法律的义务观念,只有这样，才能实现脱胎换骨，人生跨越。

四、健康向上的监狱文化

随着社会的发展，监狱的不断改革创新，监狱物质文化、制度文化和精神文化等得到了长效发展。监区作为监狱教育改造罪犯的最基本单位，极力打造监区文化软环境，拓展文化改造载体，建立文化宣传阵地，开展丰富多彩的文化活动，让罪犯在文化活动中，陶冶道德情操，净化思想。

当前，各监狱都开设有自己监狱的狱内广播站，定时宣传监狱动态、讲身边改造典型故事，有的监狱还开启了监狱电视台和罪犯教育专网，多数监狱结合自身实际，每年举办监区文化节，这一切，为罪犯接受监狱文化熏陶，陶冶情操提供了良好载体。罪犯只要积极参与，就会受益。罪犯平时要积极主动参与监区组织开展的升国旗、集体背诵训词、集体宣誓、唱改造歌曲等活动，在活动中，受到震撼和启迪。

第三节　文化改造的基本路径

一、文化改造的理论和实践依据

随着社会科学技术的进步与发展，依法治监的不断推进，文化改造成为监狱改造的基本手段,这是监狱工作的内在需要与规律。

(一)改造手段的实践与拓展

在新中国监狱工作发展史上,监管改造、教育改造和劳动改造等改造手段,为刑罚的有效执行和对罪犯的有效改造起到了积极的作用。监狱根据罪犯实际,积极探索新的改造手段。过去的三大改造手段在改革与探索中已被不断充实新的内容,被赋予新的内涵与要求,文化改造便运用而生,且为监狱工作带来了又好又快发展的新格局。

(二)监狱文化的发展与繁荣

文化改造是监狱文化建设的产物,更是监狱文化发展的必然趋势,从实践来看,我国对监狱文化的认识,从最初对监区文化的认识,逐步发展到对监狱文化建设的认识,又发展到对环境文化的构成与作用的认识,对监狱法律文化的认识等,这个过程是对文化改造功能认识的不断突破和创新,从整体上推进了监狱文化改造的理论基础,也为监狱文化建设的发展与繁荣夯实了思想基础。

二、文化改造的基本路径

"以文化人"这一罪犯矫正文化,是监狱文化的有机组成部分。通过以文立人、以文增智、以文导行等基本路径,发挥文化的规范、教化等功能,使绝大多数罪犯学会立足社会、适应社会的本领,回归后能顺利地融入社会。

(一)以文立人

以文化人的目标是"立人"。所谓立人,就是通过文化因素影响罪犯的思想行为、生活方式、价值追求等，将罪犯改造成为有谋生本领、珍爱生命、关爱社会、富有人文精神的人。罪犯处在监狱这个特定的环境里，环境文化的影响作用非常明显。当前，各监狱的软硬环境，都得到了全面改善，只要罪犯立志立人，就能完成灵魂的蜕变。

监狱是所特殊学校，文化阵地是以文立人的重要载体。各监狱都已具备了优化、美化的硬件环境，为罪犯潜心愉悦改造提供了良好物质基础，监狱将文化阵地作为以文化人的重要场所，罪犯只要积极主动参入监区文化活动中，就会大有收获，大有提高。同时，监狱品牌文化，拓展了以文立人的形式，罪犯参与建设品牌文化，不仅具有文化意义，也是实施教育改造的重要形式。传统文化，丰富了以文立人内容，节庆文化以文润心，传承中华传统弘扬爱国精神，罪犯在节庆文化的洗礼中，感知中华文化厚重的同时，激发改造热情，增强爱党爱国情结。

（二）以文增智

以文增智是改造罪犯的治本之策。以文化人的要求是“增智”。所谓“增智”，就是要将文化技术教育作为罪犯增长文化知识、增强生活技能的重要手段，作为罪犯回归社会的立身之本、生活追求和生存方式，最大度地降低和减少重新犯罪，最大限度的提高改造质量。

学会做人，以公民道德规范为依据，从思想层面上根除其恶习，端正“三观”，树立正确的认识、诚实的态度和自食其力的习惯，关注未来可持续发展。学会做事，积极主动参加监狱开展的职业技术技能培训及劳动岗位培训，熟练掌握劳动技术技能和工艺流程，学会一技之长，为回归社会打好基础。

（三）以文导行

以文导行，是改造境界的提升，更是改造效果的检验。以文化人的方式是“导行”。所谓“导行”，就是以建设良好的行为文化为目标，加强罪犯道德修养指导和行为习惯养成，促使服刑人员养成良好的道德品质、行为习惯和守法意识，并成为回归后的一种长久坚持和持续发展的品行。

民事赔偿补偿活动，保护受害人的合法权益。让罪犯在“知罪、认罪、悔罪、赎罪”民事赔偿活动中，以实际行动兑现承诺。缴纳刑事罚金行动，维护法律尊严。法治社会，正义要通过司法审判才能得到切实的实现。但是，如果司法判决的结果却得不到有效地实现，法律的尊严得不到维护，就不是“实质正义”。主动缴纳罚金，是开展恢复性司法活动中的具体形式之一。进行忏悔道歉，重塑社会和谐。罪犯主动向受害人或亲属道歉，表达悔改自新的决心，受害人从犯罪人真诚的道歉中得到心理平衡，实现有效的沟通和交流，重新建立和谐的社会关系，这是恢复性司法的根本价值。

罪犯在服刑改造期间，要切实坚定文化自信，广泛吸收先进文化的精髓，在传统文化的感召下，在法治文化的引领下，主动参与并接受监区文化的熏陶，珍视环境，把握当下，将厚重文化内化于心，外化于行，切实健全人格，重塑灵魂。

拓展阅读

经典成语解读

中华传统文化底蕴丰厚，博大精深，尤其孝文化世代相传，源远流长，很多德孝故事，如“二十四孝”、孝感动天、弃官寻母等可谓家喻户晓，妇孺皆知，就不一一列举，这里就一句经典成语推介给大家，希望从中受到启发，激发改造正能量。

树欲静而风不止，子欲养而亲不待。

一、含义：

1. 表示客观事物是不以人的主观意识为转移，或比喻形势与自己的愿望相违背。

2. 用于感叹子女希望尽孝时，父母却已经亡故。以此来比喻痛失双亲的无奈，反映出百善孝为先的重孝观念。后人便以“风树之悲”来借喻丧亲之痛。

二、出处

《孔子家语卷二 ·致思第八》“与友厚而小绝之，失之三也！树欲静而风不止，子欲养而亲不待也。”

三、赏析

这是丘吾子说给孔子的话，旨在宣扬儒家的孝道。此话是从反面来告诫孝子们，说明行孝道要及时，要趁着父母健在的时候，而不要等到父母去世的那一天。后来用“树欲静而风不止”比喻不以人的主观愿望为转移的客观规律。也有用来比喻一方想停止做某事，而另一方却不让其停止，这里所指的做某事，一般指的是不正义的事.

四、原文

孔子行，闻哭声甚悲。曰：“驱！驱！前有贤者。”至则皋鱼也。被褐拥镰，哭于道旁。孔子辟车与之言曰：“子非有丧，何哭之悲也？”皋鱼曰：“吾失之三矣：少而学，游诸侯，以后吾亲，失之一也；

高尚吾志，间吾事君，失之二也；与友厚而小绝之，失之三也！树欲静而风不止，子欲养而亲不待也。往而不可追者，年也；去而不可得见者，亲也。吾请从此辞矣！”立槁而死。孔子曰：“弟子诫之，足以识矣。”于是门人辞归而养亲者十有三人。

五、译文

孔子出行，听到有人哭得十分悲伤。孔子说：“快，快，前面有贤人。”走近一看是皋鱼。身披粗布抱着镰刀，在道旁哭泣。孔子下车对皋鱼说：“先生家是不是有丧事？为什么哭得如此悲伤？”

皋鱼回答说：“我有三个过失：年少时出去求学，周游诸侯国，没有照顾到亲人，这是过失之一；自视清高，不愿为君主效力，没有成就，这是过失之二；朋友交情深厚，可很早就断绝了联系，这是过失之三。树想静下来可风却不停吹动它，子女想要好好孝敬的时候老人却已经不在了！过去了不能追回的，是岁月；逝去后想见而见不到的，是亲人。就让我从此离别人世吧。”说完就辞世了。孔子对弟子们说：“大家要引以为戒，这件事足以让我们明白其中的道理！”于是，有许多弟子辞行回家赡养双亲。

六、启迪

罪犯因为触犯国家法律，被依法收押在监狱服刑改造，在此期间，罪犯的活动范围、罪犯的自由等都受到严格限制，这是监狱的强制性特征所决定的，是不以人的意志为转移的，更不因某些抵触、反抗或不适应而改变。人都是父母所生所养，孝敬父母人皆有之。但作为服刑的罪犯，因为常年远离父母，思亲恋家情结尤甚，可以理解，尤其，父母有个伤风咳嗽，甚至生老病死，更是悔恨交加，伤心欲绝。正所谓“子欲养而亲不待”，严重的会直接威胁到监管安全。因而，罪犯一定要正确对待。

一是要常思己过。自己有老不能养，有亲难尽孝，都是自己违法犯罪所导致。要经常反思自己过去所作所为，因为自己过去不听父母再三劝阻，走上犯罪道路，身陷囹圄，要从内心感到自责忏悔，将自责、思念化作加速改造的动力，争取早日回到亲人身边，尽责尽孝。二是要常怀感恩。趁父母有生之年，经常汇报自己改造成绩，给父母以希望，要诚实改造，勤俭节约，在父母生日或重大节日期间，寄上自己的问候或将劳动报酬寄给父母，表达拳拳之心。三是要常存责任。为人子(女)、为人父(母)，都要有责任和担当。要对亲人负责、对家庭负责、对社会负责，做一个有责任敢于担当的人，要善待身边的每一个人，要有包容之心，要培养“老吾老以及人之老，幼吾幼以及人之幼”的良好情操，为回归社会做守法公民奠定良好思想基础。

■**思考题：**

1. 什么是文化改造？
2. 文化改造的意义有哪些方面？
3. 文化改造的内容主要有哪些方面？
4. 社会主义核心价值观的内容包括哪些方面？
5. 文化改造有哪些基本途径？
6. 结合实际谈谈如何接受文化改造。

◆**教学活动：**

举办一次集体朗诵训词、誓词、唱队歌活动。

第七章　诚实劳动　掌握技能

劳动，是人类社会赖以生存和发展的首要条件和基础，是人类的一种最基本的实践活动。马克思认为，劳动创造了世界，也创造了人类本身。人类的历史就是人类通过劳动改造自然、改造社会的历史。劳动是人们改造主观世界和客观世界的主要途径，尤其是在个人的成长中，起着决定性的作用。劳动改造是我国监狱改造罪犯的法定手段，是经过长期实践证明行之有效的改造方法，具有鲜明的中国特色。劳动改造有利于矫正罪犯好逸恶劳的恶习，有利于培养劳动技能，促进罪犯刑满释放后顺利回归社会和谋生就业。通过劳动改造，从根本上改造和转变罪犯的世界观、人生观、价值观，把他们改造成为自食其力的守法公民。这不仅是构筑以政治改造为统领的“五大改造”新格局、推进劳动改造功能回归的基本要求，也是我国监狱服务社会主义和谐社会建设，化消极因素为积极因素的重要实践。

第一节　正确认识劳动改造

一、劳动改造概述

（一）劳动改造的含义

劳动是指有劳动能力和劳动经验的人，在生产过程中有目的的活动。简单地说，劳动就是人类为了获得自身生存所必需的物质资料（包括衣、食、住、行等生活资料和各种生产资料）以及为满足人们精神生活需要而进行的活动过程。如农民种田、工人做工、教师上课、科学家搞科研等都是劳动。

劳动改造是指依照国家法律的规定，由刑罚执行机关对有劳动能力的罪犯强制实施的具有教育、矫治功能，并且与生产实践紧密结合的一种改造活动。

（二）劳动改造的依据

1. 法律依据。我国《宪法》第 24 条第二款规定："国家倡导社会主义核心价值观，提倡爱祖国、爱人民、爱劳动、爱科学、爱社会主义的公德。"第 28 条规定："国家维护社会秩序，镇压叛国和其他危害国家安全的犯罪活动，制裁危害社会治安、破坏社会主义经济和其他犯罪的活动，惩办和改造犯罪分子。"这两项规定，一方面表明国家对劳动的态度，另一方面也提出对犯罪分子既要惩处，更要改造。《刑法》第 46 条规定："被判处有期徒刑、无期徒刑的犯罪分子，在监狱或者其他执行场所执行；凡有劳动能力的，都应当参加劳动，接受教育和改造。”这一规定，更是明确了罪犯劳动改造的强制性，使劳动改造成为我国刑法体系的重要组成部分。《监狱法》对罪犯劳动改造规定得更加细致明确。《监狱法》共78条，其中有15条21处涉及罪犯的劳动改造。《监狱法》明确规定了组织罪犯劳动的目的、劳动时间、劳动报酬、劳动保护、劳动保险，并在实践中投入一定的生产资料，为罪犯的劳动提供必要的条件和保障。《监狱法》还明确把劳动改造纳入教育改造体系之中，充分说明国家组织罪犯进行劳动是教育改造工作的重要组成部分，是教育罪犯改过自新的有效手段之一。

2. 实践依据。新中国成立伊始，国家就制定了对犯罪分子实行劳动改造的政策。新中国临时宪章《共同纲领》规定：“对一般反动分子、封建地主、官僚资本家，给以生活出路，并强迫他们在劳动中改造自己，成为新人。”1951年5月，根据毛泽东同志关于“为了改造罪犯、为了解决监狱困难、为了不让犯罪分子坐吃闲饭，必须立即着手组织劳动改造工作”的重要指示，监狱大规模地组织罪犯参加劳动改造。

随着我国改造犯罪分子这一伟大实践的不断发展，党和政府不断总结劳动改造的经验，对劳动改造的认识更加丰富、更加科学，对劳动改造的规律把握更加准确，劳动改造的实践也更加理性。新中国成立以来，监狱通过监管、教育、劳动改造三大手段，在监狱发展的各个时期不断赋予其新的内涵，成功地改造了数以万计的罪犯，其中包括伪满皇帝、日本战犯、国民党战犯和大批刑事罪犯。无数的事实证明，监狱通过“三大手段”，有效地转变了罪犯的剥削阶级思想和反动的世界观。在统筹推进“五大改造”新格局的今天,劳动改造仍然是被实践证明行之有效的法定改造手段。通过劳动改造,大批罪犯重塑自我,成为拥护社会主义、遵纪守法、自食其力的守法公民,使我国成为世界上为数不多的重新犯罪率较低的国家之一。

二、劳动改造的特征

罪犯劳动与一般的社会劳动既有联系又有区别。一般意义上的社会劳动,是指人类运用智慧和体能创造物质和精神财富的活动。罪犯劳动是人类社会劳动的一个组成部分,但是与一般的社会劳动又有着本质的区别。2018 年 6 月全国监狱工作会议指出,要切实推进劳动改造的功能回归,坚持社会效益和经济效益相统一,以社会效益为先;着力提升罪犯劳动素养,把职业技能培训贯穿于劳动改造全过程;积极开展刑释前就业指导,为罪犯刑释后顺利融入社会打好基础。

由此可以看出,罪犯劳动改造具有以下 3 个基本特征。

(一)法定性

对罪犯实施劳动改造,是国家法律赋予监狱的权力和职责。我国《宪法》《刑法》《监狱法》在有关条款中均有不同的表述。从这些法律规定中可以看出,组织罪犯劳动改造是监狱代表国家对罪犯执行刑罚的法律行为,它所追求的主要是社会效益,经济效益则是劳动生产过程中派生出来的产物。从罪犯角度看,参加劳动是服刑生活的重要内容,接受劳动改造是罪犯应尽的法定义务。

一个罪犯以怎样的态度和表现参加劳动生产,能否顺利完成改造任务,对罪犯本身意味着是否切实履行了改造义务。

（二）强制性

罪犯劳动改造的“强制性”特征是由“法定性”特征派生而来的。《监狱法》第 69 条规定:“有劳动能力的罪犯,必须参加劳动。”这里所说的“必须”,就是罪犯劳动具有刑罚执行的强制性。对罪犯进行劳动改造不以罪犯个人的好恶和意愿为转移,而是由监狱严格依法强制组织实施的。这种强制性表现在罪犯的劳动是在特定的环境里,在严格管理下进行的;罪犯必须服从统一安排,不能自行选择劳动场所和劳动工种。虽然监狱在安排劳动时会考虑罪犯的技能、特长和体质等情况,但不意味着罪犯可以不服从分工而自由选择。罪犯劳动还受到严格的监狱纪律和制度的约束,必须按照严格的规定和劳动纪律去从事生产劳动。《监狱法》第 58 条列举了破坏监管秩序的八种情形,其中“有劳动能力拒不参加劳动或者消极怠工、经教育不改的;以自伤、自残手段逃避劳动的;在生产劳动中故意违反操作规程,或者有意损坏生产工具的”,监狱可以给予警告、记过或者禁闭。

（三）矫治性

罪犯接受劳动改造,其根本目的是要通过劳动改造转变思想,矫治恶习。《监狱法》第 70 条规定:“监狱根据罪犯的个人情况,合理组织劳动,使其矫正恶习,养成劳动习惯,学会生产技能,并为释放后就业创造条件。”监狱从对罪犯进行思想、文化和技术教育出发,把劳动改造与教育改造紧密结合起来,不搞单纯的惩罚,力求通过劳动改造使罪犯树立正确的劳动观,端正劳动态度,消除轻视劳动的错误思想，矫治贪图享乐、惧怕劳动的恶习，养成劳动习惯，积极投入劳动改造。《监狱法》还对罪犯劳动报酬、劳动保护予以规定，让罪犯通过诚实劳动，体验劳动的成功感、获得感，感受劳动的快乐、劳动的幸福。

三、劳动改造的意义

长期以来，我国监狱始终把劳动改造作为改造罪犯的一项基本途径和手段，贯穿于罪犯改造的全过程。劳动改造在我国监狱工作中占有十分重要的位置，对罪犯改造有着非常重要的意义。

（一）有利于养成劳动习惯，矫正罪犯恶习

树立正确的劳动观是罪犯过好"劳动关"，养成劳动习惯的基础。罪犯只有从思想上深刻认识劳动的意义，懂得"劳动光荣，不劳而获可耻"的道理，才能深挖犯罪根源，彻底抛弃好逸恶劳的恶习，逐渐养成良好的劳动习惯。无数改造事例说明，罪犯是否树立了正确的劳动观，与改造效果的好坏，甚至重新做人的关系都十分密切。从对刑满释放人员的调查情况来看，在重新犯罪的人员中，大多数是因为没有树立正确的劳动观，没有过好"劳动关"。这从一个侧面证明了树立正确的劳动观，对罪犯改造使其成为自食其力的守法公民，有着重要的意义。监狱对罪犯实施劳动改造，在劳动过程中实行定岗定责、操作规程化、质量标准化等横向的管理控制，与生产流程中实行的连续性、均衡性的纵向管理控制构成纵横交错的管理网络。罪犯在强制性的劳动改造过程中，通过长时间接受这些纵横交错的管理，可以从知觉、行为、作风、思维定式等不

同方面矫治其恶习，逐步增强对劳动的热爱，形成劳动光荣，不劳动可耻的正确思想，促使其思想得到净化，精神世界得到满足，原有的恶习会自觉不自觉地消退，良好的行为习惯就会逐步养成。

（二）有利于培养劳动技能，提高谋生本领

罪犯经过改造最终要回归社会，其可能遇到的最大问题是就业谋生问题。随着社会劳动就业制度的改革，生产技术水平的提高，没有一技之长的人在就业竞争中难免被淘汰，因此学会生产技能不仅是改造的需要，更是将来立足社会的基本条件。劳动改造是培养罪犯劳动技能的有效途径。劳动技能的形成无一不是从劳动实践中获得的。我国监狱企业经过几十年的发展，已经形成比较完整的生产体系，很多监狱企业在生产规模、劳动手段、劳动组织管理方面都有较高的水平，为罪犯学习掌握生产技能提供了良好的条件。而且，监狱企业的生产又是与社会生产相连接的，生产劳动过程中有着和社会基本一致的环境条件。罪犯在生产劳动实践中，只要认真学习，扎实肯干，不断钻研，就一定可以学到生产技术和劳动技能，真正掌握一技之长，为将来回归社会后谋生创业打下基础。

（三）有利于缓解精神压力，促进身心健康

罪犯在监狱服刑，如果实行单纯的关押囚禁，久而久之就会导致心情压抑、意志消沉、精神颓废、身体衰弱，产生一些心理问题。因此，国际上公认，对罪犯进行单纯囚禁是不人道的。我国正是从保障罪犯人权、维护罪犯身心健康的需求出发，组织罪犯进行劳动改造的。罪犯参加劳动，需要消耗一定的体力和脑力，从而促进身体的新陈代谢，恢复和保障身体健康，练就强健的体魄；同时，在劳动过程中,可以帮助罪犯建立起正常的人际关系,培养其团结协作精神,体会到与人交流、与人合作的乐趣,在潜移默化中净化灵魂,调整心态,改变不良心理,使精神充实,身心健康,回归社会后亦能较快适应新的环境。

第二节 依法接受劳动改造

劳动观是指人们在长期生产劳动中形成的劳动目的、劳动态度、劳动纪律、劳动协作等思想认识的总和。2018 年"五一"国际劳动节来临之际,中共中央总书记、国家主席、中央军委主席习近平在向全国广大劳动者致以节日问候时指出:"劳动最光荣,劳动最崇高,劳动最伟大,劳动最美丽。"习近平强调,社会主义是干出来的,新时期也是干出来的,要让诚实劳动、勤勉工作蔚然成风。正确的劳动观应该是:懂得劳动是人类生存的基础,劳动能创造世界;劳动是幸福的源泉;劳动是伟大、光荣而又艰苦的事业;劳动是实现人生价值的主要手段;劳动只有分工不同,而没有高低贵贱之别;劳动能使人辨别美丑善恶,能使人勇敢善良。

一、端正劳动态度

(一)改造错误的劳动观

实践证明,在劳动改造中,大多数罪犯通过监狱民警的管理教育,对劳动的目的、意义有了一定的认识,劳动观有所端正,能积极参加生产劳动,保质保量完成任务,并注重在劳动中改造不良思想,矫正不良习惯。但也不可否认,有些罪犯由于恶习较深,到监狱后又忽视思想改造,头脑中依然存在厌恶劳动、鄙视劳动的错误思想,因而劳动改造的自觉性不高,劳动态度不端正,这不但严重影响了他们自身的改造,也干扰了监管改造场所正常的生产秩序和改造秩序。其主要表现为:

1. 劳动挑肥拣瘦,怕苦怕累。有的罪犯不服从调配,对生产劳动岗位挑挑拣拣,拈轻怕重;只想干轻活、净活,不愿做脏活、累活;只想参加技术性强的劳动,不愿从事一般性劳动岗位。

2. 消极怠工,计较"实惠"。有的罪犯在劳动中偷懒耍滑,出工不出力,消极怠工;有的把劳动作为筹码,以谋取个人的"实惠"作为先决条件,单纯为奖励、减刑而劳动,搞所谓的"等价交换"。

3. 伪装病情,逃避劳动。有的罪犯为了贪图享受,无病呻吟,小病大养,借故不出工;有的甚至不惜自伤自残,企图逃避劳动。

4. 粗制滥造,浪费原料。有的罪犯对生产工具、设备不爱护、不保养、不维护,违反操作规程;有的为图省力,不顾产品质量,造成原材料浪费;有的虚报产量,以次充好,给国家造成损失。

5. 抗拒劳动,蓄意破坏。有的罪犯因为厌恶劳动、惧怕劳动而公开抗拒,极个别甚至蓄意制造生产事故,毁坏工具、设备,破坏生产。

罪犯在入监初期或多或少都存在上述错误的劳动观念,有些罪犯的错误观念还相当严重。服刑改造中罪犯如果不真正改变这些观念,不仅不能早获新生,即使刑满释放了,也很难保证不再重新犯罪，重蹈覆辙。因此，罪犯应当在服刑期间努力学习，接受教育，积极转变错误的劳动观念。

（二）树立正确的劳动观

1. 要深刻认识劳动的伟大意义。一名罪犯能否树立起正确的劳动观，取决于其对劳动意义的认识如何。只有认识到劳动的意义、劳动与自己改造的关系之后，才能树立起正确的劳动观。首先要认清劳动创造世界、创造人类的伟大意义，懂得“世界上一切坏事都是从不劳动开始的”，贪图享乐、好逸恶劳是犯罪的重要思想根源。劳动是罪犯思想改造的重要途径，是改恶向善的必由之路。其次要认识到劳动是光荣的。劳动者是社会与生产的主人。社会上各行各业，只有分工不同，并无贵贱之分。社会上劳动光荣、爱岗敬业、遵纪守法思想已蔚然成风，是每个合格公民的基本共识。

2. 要同好逸恶劳的思想作斗争。在部分罪犯中仍然存在着轻视、厌恶劳动，尤其是轻视、厌恶体力劳动的思想，总认为体力劳动“低人一等”。事实上，大多数罪犯正是由于鄙视和轻视体力劳动，梦想“天上掉馅饼”或者幻想“一夜暴富”，从而滋生了好逸恶劳的坏思想、坏习气，最终才导致犯罪。应该认识到，我国尚处在社会主义的初级阶段，虽然生产机械化、自动化程度在不断提高，但仍然需要大量的、比较艰苦的体力劳动，特别是一些还无法集约经营的农业生产、广大的服务行业等领域，体力劳动、甚至是较繁重的体力劳动，是不可能完全被替代的。所以，体力劳动仍然是我国当今社会化大生产的重要形式，更是罪犯劳动改造的主要形式，任何人都不应当鄙视它。

3. 要克服劳动是单纯惩罚的观点，在劳动中认罪悔罪。劳动改造是我国刑罚执行的重要内容，其根本目的在于使罪犯改造思想、矫治恶习，同时养成劳动习惯，掌握技术技能，增强在社会上就业谋生的能力，使罪犯回归社会后能够适应社会，从而得到社会的接纳和认可，获得真正意义上的新生。但是有的罪犯认为劳动是“服苦役”“受惩罚”，因而对劳动持消极、应付的态度，这是非常错误的。把劳动单纯看作是惩罚的观点，实质上是一种自私心理的表现。依照我国有关法律法规，罪犯经过一定时期的改造，如确有悔改或立功表现的，可以依法减刑或假释；相反，如果表现不好，又有犯罪活动的，应当被惩处。对罪犯来说，劳动观的好坏，是对改造抱什么态度的问题。每一名罪犯都应当把劳动作为改造自己的途径、学习技能的手段，作为自己应尽的社会责任，积极接受劳动改造。只有这样，才能彻底摈弃错误思想，得到政府的宽大、人民的谅解和社会的欢迎。

二、养成劳动习惯

习惯，是指由于经常重复或练习，在较长时间内逐渐养成的，一时不容易改变的行为方式。良好的习惯有利于人们的身心健康，不良的习惯则产生不良影响。组织罪犯劳动，就是要罪犯在劳动中消除好逸恶劳思想，并逐渐养成劳动习惯。

（一）培养热爱劳动的品质

树立热爱劳动的思想，是养成劳动习惯的动力。罪犯只有在劳动中，才能体会到自力更生、自食其力的成就感和光荣感；只有热爱劳动，才能洗涤心灵的污垢，矫正犯罪恶习，养成良好的劳动习惯。大多数罪犯经过劳动的实践，逐步认清了自己的劳动在社会化生产中的地位和作用，看到了自己由社会的消极因素变成积极因素，由“破坏者”变成了“建设者”，真正领悟到劳动的价值，从而增强劳动情感，树立热爱劳动的观念，逐步增强改造信心。

（二）端正劳动态度

劳动态度端正是养成良好劳动习惯的重要前提。劳动习惯养成又是检验罪犯劳动态度是否端正的重要标准。罪犯要在劳动过程中通过劳动的汗水来洗涤自己心灵的污垢，用劳动的成果来赎回自己犯罪给国家和人民犯下的罪恶，积极转变消极的劳动观念，把头脑中的那些坏思想、坏习气和厌恶劳动、惧怕劳动、好逸恶劳的思想彻底清除。罪犯在劳动中踏实肯干，不怕脏、不怕苦、不怕累，就能真正体验劳动的人生价值和社会意义，体验劳动的艰辛，明白“粒粒皆辛苦”的道理，在劳动中渐渐根除贪图享乐、损人利己、损公肥私的剥削思想，消除对劳动的不适感、厌恶感、勉强感，从而使强制性劳动变成自觉的、主动的、积极的行动。

（三）有持之以恒的决心

一个人身上的灰尘比较容易洗掉，而心灵深处的污垢，不是一天两天的功夫就能洗净的，它需要以持之以恒的劳动，用辛勤的汗水长期洗涤，只有这样才能彻底地将灵魂的污垢洗刷干净。罪犯从“怕劳动、不劳动、躲劳动”到“被动劳动”，再到“热爱劳动、养成劳动习惯”，是一个长期而又艰苦的过程。罪犯树立了正确的劳动观念和热爱劳动的思想，这仅仅是一个良好的开端，还必须有持之以恒的劳动决心、积极劳动的毅力。罪犯只有通过劳动，才能感受到劳动的艰辛，才能磨炼劳动意志，坚定劳动信念；只有通过劳动，才能锻炼自己不怕苦、不怕累、不怕脏的精神,逐步由强迫劳动过渡到自觉劳动,从而养成劳动习惯。

三、掌握劳动技能

(一)罪犯掌握劳动技能的意义

劳动技能就是人们在劳动中掌握和运用专业技术的能力。让罪犯掌握劳动技能,是监狱教育改造罪犯的一项重要工作,一般通过职业技术教育和生产劳动实践来完成。目前,有相当一部分罪犯文化素质比较低下,缺少参加激烈就业竞争的技能。因此,让罪犯掌握一两门谋生技能,就成了监狱工作迫切需要解决的一个问题,也是每一名罪犯需要认真思考和对待的问题。

1. 掌握劳动技能是社会的需要和时代的要求。邓小平同志说:“科学技术是第一生产力。”当今社会科技发展一日千里,社会分工越来越精细,产品的更新换代越来越快,对人的素质要求也越来越高。尤其是随着知识经济时代的进步,劳动主体必须是掌握知识的人,能获取大量信息的人,智力充分发展的人。只有掌握和运用科学技术的劳动者,才能高效优质地完成劳动任务。因此,每个劳动者都应当学会相应的文化知识,并熟练地掌握自己所从事工作的劳动技能,成为懂业务的内行,懂技术的能手。只有这样,综合国力才能逐步增强,中华民族才能振兴,国家才能兴旺,人民生活才能越来越好。

2. 掌握劳动技能是个人谋生的需要。劳动是人们就业谋生的重要条件。现代社会是竞争社会,罪犯刑满释放后能否成为守法公民,与其本身有无谋生的劳动技能密切相关。在实际改造中,一些罪犯服刑前一无所知,什么技术也没有,通过在监狱里勤学苦练,认真钻研,掌握了一些实用技术,学会了一些技能,刑满时抱着“财富”而归,很容易就找到了工作。有的甚至在服刑时就被相关单位预聘,有的还成了相关行业的劳动模范,这样的事例不胜枚举。事实证明,掌握了劳动技能,刑满释放人员就能在就业的行列中具有竞争力。

3. 掌握劳动技能是提高自身素质的有效途径。要掌握劳动技能,必须通过学习、培训并参加劳动实践。罪犯通过学习、培训,扩大了自己的知识面,自然也就提高了自身的文化素质、劳动技能。通过劳动实践,罪犯在个人的体格、智力、道德等多方面都得到锻炼、完善和提高,改造的步伐也就会迈得更快。这样,罪犯通过学习,培训及劳动实践后,在掌握劳动技能的同时,也提高了自身素质,提高了改造质量。实际改造中就有不少罪犯通过函授、自学考试、职业技能培训等途径,在狱中取得了大、中专文凭和职业技术证书。

(二)罪犯如何掌握劳动技能

对罪犯而言,如何根据自己的实际情况和客观条件掌握劳动技能是需要认真思考的。我国幅员辽阔,监狱分布广泛,各地区、各押犯单位、各个具体的人情况千差万别,不能一概而论。罪犯应该怎样掌握劳动技能呢?一般应做到:

1. 学好文化基础知识。文化基础知识是技能形成和提高的基础,是技能获取的必要条件。文化基础知识的学习能够培养人对事物的认知和理解能力,并在学习的过程中使自己的逻辑思维能力和分析技巧得到锻炼和提高。在改造实践中,不少罪犯对学习文化基础知识与掌握劳动技能之间的内在关联认识不深,学习中存在着“实用至上”的思想,忽视文化基础知识的学习,只注重实际操作能力的掌握,其结果往往是掌握劳动技能的效率低下,“事倍功半”,严重制约劳动技能的持续提高,尤其是掌握更为复杂劳动技能的空间会受到局限。所以,罪犯在服刑期间,要树立“把刑期当学期”的观点,通过系统的学习、培训,扩大自己的知识面,扎实学好文化基础知识,提高自身的文化素质,为掌握劳动技能创造条件。

2. 积极参加职业技能培训。监狱根据罪犯在狱内劳动的岗位技能要求和刑满释放后就业的需要,每年都会组织罪犯开展岗位技术培训和职业技能教育,促使罪犯掌握一技之长,为刑满就业培养谋生技能。一般来说,年龄不满 50 岁、没有一技之长、能够坚持正常学习的罪犯,都应当参加技术学习。有一技之长的,也可以按照监狱的安排,选择学习其他技能。罪犯参加劳动技能培训,经过职业技能鉴定机构的考核,可以获得社会认可的职业从业资格证书或者职业技能等级证书。当前,很多地方已经将罪犯职业技能培训纳入了地方政府职业培训计划,罪犯职业技术培训的费用列入了政府财政保障。这是党和政府对广大罪犯的关怀,全体罪犯都应该倍加珍惜,以感恩的心态积极参加职业技能培训学习。

3. 立足习艺岗位学习技能。“将刑期变学期,把车间当课堂”,监狱在安排罪犯劳动岗位时,是根据现有押犯的文化程度、年龄和身体条件等不同情形,有针对性地安排不同的劳动岗位。对罪犯来说,劳动岗位就是培训场所,工种就是培训项目。罪犯在现有岗位上，要脚踏实地做好本职工作，多从能够完善自己人格、丰富自己视野、增长自己不同行业知识的角度去考虑。罪犯要主动钻研岗位技能，弘扬劳动精神和“工匠精神”。俗话说：“三百六十行，行行出状元。”只要“干一行、爱一行、钻一行”，就能学到真正的本领。

4. 结合自身兴趣、特长学习技能。罪犯入监前，每个人的成长环境、从业经历和受教育的程度各不相同，这决定了每名罪犯自身的特点或爱好专长也不相同。在学习劳动技能的过程中，根据自身的特点或爱好专长，选择相应的劳动技能，采取适合自己的学习方式，才能获得最高的学习效率和最好的学习效果。

5. 根据社会需求学习技能。随着社会经济体制改革和开放的不断深入，社会的就业形势也发生了很大的变化，企业的用工水平和要求也大大提高。监狱应该积极开展刑释前的就业指导，组织就业推介会等活动，探索监狱和社会安置帮教的对接途径，为罪犯刑释后顺利融入社会打好基础。罪犯也应当根据社会需求的变化，有条件地选择学习那些有利于自己将来社会就业的劳动技能，包括一些实用性强、技术含量高及发展前景看好技能的培训学习，切实提高自己将来回归社会后参与就业竞争的实力。

四、完成劳动任务

完成劳动任务既是检验罪犯劳动观的重要标准，也是监狱考核罪犯、实施奖惩的主要依据之一。《宪法》《刑法》在确立罪犯具有劳动权利的同时，也规定罪犯必须履行劳动的义务。《监狱法》对罪犯参加生产劳动、完成劳动任务做了具体明确的规定。超额完成劳动任务，将受到表扬、奖励；对故意完不成劳动任务者，将给予警告、记过处罚。罪犯应如何完成劳动任务呢？

（一）服从调配

服从调配，主要包括监狱将罪犯分配在哪个单位、场所劳动，分配何种工种、岗位以及具体对生产任务和劳动质量、劳动效率的要求等，罪犯都必须无条件地服从。同时，在参加生产劳动的过程中，罪犯还必须遵守劳动纪律，服从监狱民警和技术人员的指挥和指导，保持劳动现场秩序，遵守操作规程，注意安全生产。服从调配也是检验罪犯劳动改造有效性的一个重要标准。一方面，罪犯在劳动改造中服从调配与否，是罪犯是否服管服教的具体体现，它既是罪犯认罪服法、积极改造的思想基础，也是罪犯自觉接受劳动改造的行动基础；另一方面，现代劳动生产的分工协作，决定了劳动者劳动岗位、劳动环境和具体劳动任务的不同，服从调配是现代化的劳动生产能够取得预期成果的前提保障。

（二）认真负责

认真负责，是一名合格的劳动者应有的劳动态度。认真就是无论干什么劳动，都要在思想上高度重视，在行动上充分发挥自己真实的能力，尽自己所能。负责就是对自己的岗位和所生产的产品负责，对自己应负担的责任有清晰的认识，不回避，不推脱。罪犯的劳动态度体现出改造的态度，罪犯在劳动中不认真、不负责，就是对自己改造不认真、不负责，是对国家、对社会、对自己的改造缺乏责任感的表现。每一名罪犯都应该认真负责地投入到劳动生产中，按时保质保量地完成劳动任务。

（三）诚实劳动

诚实劳动，是对罪犯劳动改造的基本要求。罪犯要做到诚实劳动，首先必须具备诚实劳动的态度，做到严格要求自己，言行相符，表里如一。对监狱分配的生产任务，都应老老实实地完成，不阳奉阴违，不投机取巧；在遇到困难时，想方设法克服，努力去完成生产任务。其次，要做到在劳动中不弄虚作假，不以次充好。有了成绩不夸张虚报，不骄傲自满；有了缺点和错误，要勇于承认和改正，虚心接受批评教育，积极查找造成错误和过失的原因，吸取教训，补偿过失。坚决避免“只讲数量，不讲质量”的现象。第三，在生产中要注重劳动的实际效果，不搞形式主义。坚决反对“说一套，做一套”。诚实劳动，既是完成劳动任务的需要，也是罪犯积极改造的需要。罪犯诚实劳动，带来的不仅是真实的劳动成果，更有罪犯人格的完善和劳动素养的提高，是实实在在的改造质量。

五、珍惜劳动成果

《监狱法》第9条规定：“监狱依法使用的土地、矿产资源和其他自然资源以及监狱的财产，受法律保护，任何组织或者个人不得侵占、破坏。”罪犯劳动改造过程中的生产资料属于国家财产，同样，罪犯的劳动成果也属于国家财产。罪犯在劳动改造过程中应当爱护公物，珍惜劳动成果，这是罪犯正确劳动观的组成部分。公共财物是我们进行社会主义现代化建设的物质基础，也是祖国繁荣富强和人民生活富裕的源泉。我国宪法明文规定：“社会主义公共财产神圣不可侵犯。”劳动成果的获得，必然付出了艰辛的劳动。可见，爱护公共财物，珍惜劳动成果，是每个公民对国家应尽的义务，是爱祖国、爱人民、爱社会主义、爱劳动的具体表现，也是罪犯应有的正确劳动观的基本要求。

第三节 遵守劳动纪律 保障劳动安全

无论是手工劳动，还是现代化条件下的工业生产和农业生产，劳动安全与劳动保护一直是劳动者首先必须具备的意识和观念。严格劳动安全规定，重视劳动保护，是现代化大生产的需要，也是人类文明进步的重要标志。在“安全发展”的新理念下，教育引导罪犯强化安全生产意识、遵守劳动纪律规定，对罪犯实施劳动保护，不仅是现代生产的必然要求，对于维护监狱安全稳定，保障罪犯合法权益，也具有非常重要的意义。

一、监狱劳动安全的主要规定

《宪法》《中华人民共和国劳动法》（以下简称《劳动法》）等法律法规，对劳动安全都有原则性规定与要求。《监狱法》对监狱劳动安全也有相应的规定。但监狱劳动在目的、方式等方面与一般社会劳动又有所区别，这就导致了监狱劳动安全的也有一些特殊性要求。具体来讲，监狱劳动安全至少应包含以下 3 个方面的主要内容。

（一）生产安全

亦即安全生产。所谓“安全生产”，是指在生产经营活动中，为了避免造成人员伤害和财产损失的事故而采取相应的事故预防和控制措施，使生产过程在符合规定的条件下进行，以保证从业人员的人身安全与健康，设备和设施免受损坏，环境免遭破坏，保证生产经营活动得以顺利进行的相关活动。安全生产是国家的一项长期基本国策，是保护劳动者的安全、健康和国家财产，促进社会生产力发展的基本保证，也是保证社会主义经济发展，进一步实行改革开放的基本条件。安全生产管总的法律，是《中华人民共和国安全生产法》（以下简称《安全生产法》）（2002 年 6 月 29 日第九届全国人民代表大会常务委员会第二十八次会议通过，根据 2009 年 8 月 27 日第十一届全国人民代表大会常务委员会第十次会议《关于修改部分法律的决定》修正）。监狱劳动生产，首先必须遵守《安全生产法》。中共中央和国务院下发过《中共中央、国务院关于推进安全生产领域改革发展的意见》《国务院办公厅关于加强安全生产监管执法的通知》等指导性文件，司法部下发过《关于印发 < 关于进一步加强监狱企业规范管理的意见 > 的通知》（司发通【2017】1 号）等文件，对确保监狱安全生产，都进行了相应地规定。此外，各省市区等地方政府、安全生产监管部门，对安全生产也有许多相应的规定或要求，都是监狱劳动生产必须遵守的规章制度。

（二）监管安全

监管安全（包括执法安全），这是监狱劳动安全必须兼顾的特定内容与要求。罪犯参加劳动，接受劳动改造，是法定性要求，也是监狱刑罚执行和改造罪犯的重要内容与手段。组织罪犯参加劳动，接受劳动改造，前提是必须保证监管上的安全。罪犯劳动改造现场，同罪犯学习和生活现场一样，都是监狱监管（执法）的重要现场，首先必须严格遵守监管安全相关规章制度。司法部《关于印发<关于深化监狱执法规范化建设的意见>的通知》（司发通【2017】9号）指出，“严格规范劳动改造执法活动”，“严格劳动过程管理，规范劳动操作规程、劳动定额和劳动纪律，强化劳动教育和技能培训，做到安全文明高效劳动”，“落实安全生产法定职责和义务，提高标准化建设、信息化应用和规范化管理水平”。当前监狱执行的所有监管安全方面的规章制度，都是监狱劳动安全所必须兼顾的安全范畴。

（三）消防安全

罪犯劳动场所属“人员密集场所”，消防安全同样十分重要。消防安全包括消防安全法规，消防安全知识，消防安全培训与演练等。《中华人民共和国消防法》（1998年4月29日第九届全国人民代表大会常务委员会第二次会议通过，2008年10月28日第十一届全国人民代表大会常务委员会第五次会议修订）、《国务院办公厅关于印发<消防安全责任制实施办法>的通知》（国办发【2017】87号）和各地方各部门相关消防安全法规制度，都属于消防安全法规。罪犯掌握一定的消防安全基本知识和基本技术，有助于提高罪犯的消防意识和扑救能力，譬如燃烧与爆炸、火灾危险性分类、防火防爆原理与措施、灭火原理与方法、灭火器具使用、消防安全设施使用、初起火灾扑救与紧急情况处置、火场逃生方法等，都属于消防安全知识的范畴。消防安全培训与演练，是培养罪犯消防安全知识和技能，增强安全保障能力的需要，包括系统培训、主题教育、专项活动和消防演习等诸多内容。

二、监狱劳动纪律的主要内容

劳动纪律,又称职业纪律,指劳动者在劳动中所应遵守的劳动规则和劳动秩序。劳动纪律是用人单位为形成和维持生产经营秩序,保证劳动合同得以履行,要求全体员工在集体劳动、工作、生活过程中,以及与劳动、工作紧密相关的其他过程中必须共同遵守的规则。从其内涵可知,劳动纪律的目的是保证生产、工作的正常运行;劳动纪律的本质是全体员工共同遵守的规则;劳动纪律的作用是实施于集体生产、工作、生活的过程之中。

监狱劳动纪律,既要反映职业纪律的普遍性内涵,又要符合监狱罪犯劳动改造的特殊需求。监狱劳动纪律的制定,要符合《劳动法》《监狱法》和《监狱服刑人员行为规范》等法规和制度的共同要求,同时反映监狱劳动改造工作的执法需求。监狱劳动纪律的范畴大致包括以下内容:按规定的时间和地点到达劳动岗位,无特殊情况不得缺席劳动生产;根据劳动岗位职责及规则,保质保量完成劳动任务;严格遵守技术操作规程和安全卫生规程;节约原材料、爱护监狱(企业)的财产和物品;遵纪奖励与违纪惩罚规则;与劳动紧密相关的规章制度及其他规则(譬如监管、消防安全规定等)。

三、强化劳动安全意识

根据《安全生产法》的规定,劳动安全是为了使生产过程在符合物质条件和工作秩序下进行,防止发生人身伤亡和财产损失等生产事故,消除或控制有害因素,保障人身安全与健康,设备和设施免受损坏,环境免遭破坏的总称。劳动安全主要包括人身安全和设备安全,重点是保护人身安全。罪犯作为特殊的劳动者同样受到法律的保护,享有法律规定的有关劳动安全方面的权利。

(一)罪犯劳动生产安全依法受到保护

从法律意义上说,罪犯是触犯刑律受到刑罚处罚的人;从社会意义上说,罪犯是社会的特殊劳动者,在特殊的地点,特殊的管理制度下,作为特殊的人参加一定的社会生产活动。作为特殊的社会劳动者,罪犯的一切劳动活动同样受到法律保护。《中华人民共和国劳动法》第3条规定:“劳动者享有获得劳动安全卫生保护的权利。”《监狱法》第72条也规定:“监狱对参加劳动的罪犯,应当按照有关规定给予报酬并执行国家有关劳动保护的规定。”

保障罪犯劳动安全主要体现在:保证生产安全,维护罪犯劳动安全的合法权益;强化罪犯的劳动安全知识教育,树立牢固的安全改造观;加强罪犯的安全技能培训,增强罪犯的自我安全保护能力;做好劳动生产安全事故防范的基础工作四个方面。罪犯在劳动生产过程中要懂得劳动安全权益的自我维护,要充分认识到正确行使权利的重要性和必要性,学会正当运用法律维护自己的合法权益不受侵害。对在劳动生产中的违章指挥、强令冒险作业以及其他危害生命安全和身体健康的行为要敢于拒绝,对危害生命安全和身体健康造成严重后果的行为,可以提出检举和控告。

(二)强化罪犯安全生产意识

罪犯要树立牢固的生产安全观,牢固树立安全生产意识和安全事故的防范意识,努力学习安全生产知识,掌握安全生产技能,增强自我安全保护能力。遵守安全生产操作规程既是安全生产的客观要求,同时也是法律的规定。《劳动法》第56条规定:“劳动者在劳动过程中必须严格遵守安全操作规程。”罪犯在劳动生产过程中必须严格遵守安全操作规程,遵守劳动纪律和职业道德。任何生产安全事故的发生,基本上都是违反安全规定,违章作业的结果。罪犯只有树立了安全意识,严格遵守安全生产操作规程,才能远离事故。

(三)加强罪犯劳动安全的培训

我国《劳动法》第52条规定:“对劳动者进行劳动安全卫生教育,防止劳动过程中的事故,减少职业危害。”劳动安全培训不是可有可无的,而是必需的、不可缺少的。同样,对罪犯的劳动安全培训也必须依法进行。罪犯的劳动安全培训主要包括生产安全技术培训、安全技能培训和安全常识培训等内容。监狱对罪犯的劳动安全培训一般为两级培训制,即监狱一级劳动安全培训和监区二级劳动安全培训。监狱级劳动安全培训主要是针对有关劳动安全的法律法规、劳动安全常识和生产事故警示教育等方面的培训。监区级劳动安全培训主要是针对岗位安全进行系统的、有针对性的培训,重点是生产安全技术和劳动安全技能的培训。

四、严格遵守劳动纪律

劳动纪律是指人们在共同劳动过程中必须遵守的行为准则和制度,是组织集体劳动不可缺少的条件。监狱劳动纪律是监狱为了维护劳动生产秩序,确保完成劳动生产任务并达到改造目的而制定的劳动规则,是协调罪犯之间相互关系的行为规范,是有关政策法令的具体化和补充,是监规纪律的重要组成部分。

《罪犯改造行为规范》中的生产劳动规范,从出工、生产、收工等全过程明确了罪犯生产劳动的具体要求。各监狱(监区、分监区)都要结合本单位实际,制定相应的劳动纪律。劳动纪律各个单位不尽相同,一般包括“服从监狱人民警察的管理及驻监武警部队的看押,坚守岗位,不得超越劳动区域规定的警戒线”、“按照集体化的要求从事劳动生产,严格班组劳动”、“不准抗拒劳动,旷工、怠工,不准装病逃避劳动,不准自伤自残”、“保质、保量、按时完成劳动定额”、“严格遵守工艺操作规程,不违章作业”、“遵守劳动保护规则,不搞冒险作业”、“爱护公共财产,节约原材料”、“搞好文明生产,搞好生产区域的清洁卫生和定置管理”、“严格交接班制度,避免职责不清和无人负责的现象”等。

劳动纪律具有令行禁止的强制性和约束性。严格要求罪犯遵守劳动纪律,不但有利于保护罪犯人身安全,搞好安全生产,而且对促进罪犯从强迫劳动逐步转化为自觉劳动,达到改造目的有着十分重要的积极作用。

五、加强劳动保护

劳动保护是指通过各种有效的措施,排除劳动中的不安全因素,或防止不安全因素可能造成的危害,从而保障人身安全与健康的制度。对罪犯的劳动保护,主要是保护罪犯在生产过程中的安全与健康,改善劳动条件,防止伤亡事故和职业病危害。

为了保证罪犯的劳动安全与健康，我国《监狱法》及相关法规对罪犯的劳动时间、劳动保护及劳动保险都做了明确规定。司法部《关于罪犯劳动工时的规定》中还专门规定了罪犯的劳动时间。根据上述规定，可以概括如下：

（一）劳动时间

刑罚的特殊性决定了罪犯的劳动时间与社会公民的劳动时间有所差别。罪犯的劳动时间，是在保障罪犯身体健康的前提下，参照国家有关规定和改造的需要而确定的。2009 年 11 月 17 日，司法部下发了《关于加强监狱安全管理工作的若干规定》，其中规定"监狱应当坚持每周 5 天劳动教育、1 天课堂教育、1 天休息。罪犯每天劳动时间不得超过 8 小时，每周劳动时间不超过 40 小时。"目前，绝大多数省份基本上都执行了这种"5 + 1 + 1"教育改造模式，教育改造工作质量得到有效提升，罪犯劳动时间也得以固定下来。《司法部关于印发〈关于罪犯劳动工时的规定〉的通知》中还规定："监狱生产单位需要延长劳动时间，须提前拟定加班计划，经监狱狱政、劳动管理部门审核，报监狱长批准，方可实施。"

在下列特殊情况下，延长劳动时间可以不受上述规定时间的限制：①发生自然灾害、事故或者因其他原因，威胁生命健康和财产安全，需要紧急处理的；②生产设备、公共设施发生故障，影响生产和公众利益，必须及时抢修的。

（二）休息时间

罪犯有在法定节日和休息日休息的权利。《监狱法》第 71 条对此做了明确规定："罪犯有在法定节日和休息日休息的权利。"

《司法部关于印发〈关于罪犯劳动工时的规定〉的通知》中规

定:①监狱保证参加劳动的罪犯每周休息1天。②监狱在下列节日期间依法安排罪犯休假:元旦、春节、国际劳动节、国庆节等。

(三)工伤及工伤的处理

工伤,又称为产业伤害、职业伤害、工业伤害、工作伤害,是指劳动者在从事职业活动或者与职业活动有关的活动时所遭受的不良因素的伤害和职业病伤害。

1. 工伤的认定。司法部《罪犯工伤补偿办法(试行)》第7条明确规定,罪犯在下列情况下应当认定为工伤:①从事日常劳动、生产或从事监狱临时指派或同意的劳动的;②经监狱安排或同意,从事与生产有关的发明创造或技术革新的;③在紧急情况下,虽未经监狱指定,但从事有益于监狱工作或从事抢险救灾救人等维护国家和人民群众利益的;④在劳动环境中接触职业性有害因素造成职业病的(职业病种类、名称按国家有关规定执行);⑤在生产劳动的时间和区域内,由于不安全因素造成意外伤害的,或者由于工作紧张突发疾病死亡或经第一次抢救治疗后全部丧失劳动能力的;⑥经监狱确认其他可以比照因工伤残或死亡享受工伤补偿待遇的。

第8条规定:虽然符合第7条规定范围,但由下列行为造成负伤、残疾或者死亡的,不应认定为工伤:①自杀或自残;②打架斗殴;③酗酒;④违犯监规纪律;⑤犯罪;⑥蓄意违章或故意损坏生产工具;⑦经监狱确认不应认定为工伤的其他行为。

2. 工伤的处理。①罪犯的工伤认定结论由监狱做出。罪犯在劳动过程中发生伤、残或死亡事故,罪犯所在监区应当及时向监狱提出工伤申请报告。监狱应当在收到报告的30日内完成调查取证工作，做出是否定为工伤的决定，并通知罪犯本人或家属。②罪犯因工负伤，由监狱组织生产安全、劳动管理和医疗部门的人员按照国家有关标准和程序，对因工伤残罪犯的劳动能力和伤残等级进行鉴定。罪犯对鉴定结论不服的，可以按照有关程序向监狱的上级机关申请重新鉴定，监狱上级机关应当委托当地省级劳动鉴定委员会或聘请有关专家进行重新鉴定，重新鉴定后的结论为罪犯劳动鉴定的最终结论。向监狱上级机关申请进行重新鉴定的费用由申请人承担。③罪犯工伤评残标准，按照劳动部、卫生部制定的《职工工伤与职业病致残程序鉴定标准》执行。罪犯因工评残的，在服刑期间可按照确定的伤残等级享受一定的待遇。刑满释放的，应按评定伤残等级一次性发给伤残补助金。④罪犯因工死亡的，由监狱负责处理丧葬事宜，丧葬费及最多 3 名亲属参加丧葬的食宿、交通费用由监狱负担，并同时按一定标准发给直系亲属一次性死亡补助金。

(四)安全保护

监狱应当根据罪犯的劳动生产岗位制定相应的安全保护制度并采取安全保护措施，按罪犯的劳动生产岗位要求按时发放劳动保护用品。

对罪犯来讲，安全问题不仅关系到个人的身体健康和家庭幸福，还关系到监狱生产的发展和社会的安定。每名罪犯要充分认识到劳动安全、劳动保护的重要性，切实增强安全生产意识。

六、罪犯劳动报酬

我国《监狱法》第 72 条规定："监狱对参加劳动的罪犯，应当按照有关规定给予报酬。”这是我国第一次对罪犯的劳动报酬问题做出明确规定。罪犯劳动报酬因为劳动主体的特殊性、劳动场所的特殊性、劳动目的的特殊性导致其内涵不同于一般意义上的劳动报酬。罪犯劳动报酬是在市场经济条件下对罪犯劳动改造表现和结果的评价手段，是基于罪犯积极劳动或超额完成生产任务或技术革新、传授生产技术等情形给予货币化物质奖励的一种形式。

（一）罪犯劳动报酬的基本结构

根据我国的监狱制度，罪犯的劳动报酬的基本结构可以由基本报酬、岗位等级报酬、实绩奖励报酬三部分构成。其中，基本报酬是罪犯劳动报酬的固定部分，保障罪犯生活之必需；岗位等级报酬体现的是罪犯劳动岗位的特点和技术水平的高低，又体现其在改造中所做贡献大小和分级处遇的等级；实绩奖励报酬的实施建立在有一定经济效益的前提下，用于分配给罪犯个人的部分，必须与罪犯奖分考核与参加劳动实绩挂钩，拉开差距，不搞平均主义，这样才能最大限度地调动罪犯改造生产的积极性。

（二）罪犯劳动报酬的实施标准

监狱对罪犯劳动报酬的标准是根据监狱的生产情况以及罪犯的劳动贡献等综合指标确定的，对罪犯劳动的最低报酬并不是我国所独有的，世界上很多国家的监狱都是如此。迄今为止，关于罪犯劳动报酬的实施标准，各地区并没有统一的规定，全国各监狱给予罪犯的劳动报酬也有所差别。

（三）罪犯劳动报酬的支配使用

针对罪犯的实际情况，劳动报酬的支配使用一般常见于以下几种情形。

1. 赔偿受害人。主要运用于罪犯因其犯罪行为给被害人造成损失,由人民法院的刑事附带民事判决确定进行民事赔偿的情形。

2. 日常生活开销。可以用于基本生活用品以及监狱规定范围内的消费,例如在监狱超市购买生活必需品、各种食品等,还可以用于购置改善和提高生活质量的文化体育物品等。

3. 提供家庭补助。犯罪入狱后,家庭关系仍然存在,对家庭成员的责任和亲情也还在继续。罪犯对因自己的犯罪给家人带来的种种影响都怀有负疚感,希望能通过自己的劳动来减轻家庭的压力。因此,从罪犯劳动报酬中提取一部分作为家庭补助费用,能够稳定罪犯改造情绪,缓解社会保障的压力。

4. 回归社会储备。可以由监狱代为保存,待罪犯刑满释放时发还本人。这样,罪犯在刑满释放时不至于一无所有,他们从监狱领取到的储备金,可以帮助他们在未找到工作前,用该储备金来维持基本生活,或者作为创业谋生的启动资金。

(四)罪犯劳动报酬的现实意义

1. 有利于实现罪犯劳动态度的"三个转变"。使罪犯认识到只有通过劳动才能获得生活必需品,认识到劳动不仅是权利,也是自己应尽的义务,进而实现罪犯由"强制劳动"向"自觉劳动"的转变,从"被动劳动"向"主动劳动"的转变,从"要我劳动"向"我要劳动"的转变。

2. 有利于罪犯感悟劳动价值,提高改造质量。罪犯通过劳动报酬的获得,使他们在劳动过程中深刻感悟劳动的意义,体会劳动的收获和快乐,从而树立正确的劳动观和价值观,提高劳动的积极性和主动性,进而提高技术水平和劳动质量。

3. 有利于维护监管场所的稳定。罪犯因劳动获得了报酬，他们感受到了国家对他们的关怀，从而能削弱罪犯对监狱的对抗情绪，有利于维护监狱安全稳定。

4. 有利于罪犯的再社会化。首先，劳动报酬可以使得绝大部分罪犯实现自食其力，有些甚至还可以贴补家用，这样可以有效缓解他们对亲人的负罪感，从而安心服刑。其次，罪犯将劳动报酬的一部分上缴国库、赔偿给受害人，可以平复受害人及其家庭和社会的怨恨情绪，有利于维护社会的良好秩序。再次，罪犯出狱后可以利用这笔资金，参加相关就业培训，找到一份工作或者进行创业，获得合法的经济收入，从而真正地重新回归社会。

拓展阅读

工厂里来了一名特别技工

湖北沙洋广华监狱助力罪犯回归纪实

发布时间：2018 - 06 - 19 09:06　来源：法制日报

（法制日报记者　刘志月　　通讯员　文　娟）

"技术好，特别受公司优待……"

"做事靠谱，特别讲规矩……"

在广东省东莞市一家电子有限公司，提起才入职两个月的设备维修技工刘飞(化名),工友们的评价带着羡慕和赞赏。

他们讲的刘飞,是一名刑满释放人员,今年2月从湖北省沙洋广华监狱回归社会。

特别的就业推荐

2月13日,刘飞刑满释放的日子。

在沙洋广华监狱服刑8年,与社会"阔别"8年,今年回家过年的刘飞心里却高兴不起来:与妻子早已离异,老母亲帮着把幼儿拉扯大,含辛茹苦。

刘飞再也不想走靠违法手段维生的歧路了,想要找一份正儿八经的工作。

但他不知何去何从。

想起服刑改造的日子,想起监狱民警的教诲,刘飞思来想去,在一种特殊信赖感的驱动下,拨通了原服刑监区、沙洋广华监狱四监区民警的电话,忐忑地向监狱求助。

监狱民警把刘飞的特殊求援放在了心上。

在广华监狱服刑期间,刘飞主要学习电子设备维修劳动技能。8年的教育改造,刘飞在改造思想的同时,掌握了这门实用的职业技能。

结合刘飞良好的改造表现和技能水平,监狱民警向正在招聘维修技工的广东省这家电子有限公司推荐了刘飞,并开诚布公向公司说明了刘飞的情况。

"监狱民警推荐,技能符合岗位需求,我们企业也有社会责任,我们愿意给他机会。"该电子有限公司负责人说。

3月初,刘飞就业了,成为该公司一名电子设备维修技工。

特别的行为习惯

“每次进别人办公室都会先轻轻敲门示意，很有礼貌……”短短两个月接触，工友们发现刘飞有很多的特别之处。

“说话做事很文明，感觉比较有素质。”工友小黄并不知道刘飞的过往，提起这位新来的技工，她讲了个小故事。

公司食堂每次就餐人数多，秩序很不好，工友因哄抢饭菜发生口角扯皮是经常的事。刘飞来了后，主动帮助维持就餐秩序，组织大家有序排队，自己经常最后吃饭，慢慢地，大家受到感染，现在就餐秩序比以前好了很多。

“宿舍比别人都干净，衣服被子叠得像豆腐块，连生活用品都摆成了一条线。”公司有人知道他的过往，有的不知道。

有的工友对他的一些特别习惯感到好奇，打听他的经历，刘飞坦然面对，并不回避自己的过去。

“刚开始还是有担心的，我们暗中观察，发现他自我管理意识比较强，在监狱里培养的一些好习惯延续到工作生活中，现在我们对他放心，也有信心！”该公司负责人说。

特别的岗位待遇

4 月底，刘飞给家里寄了 4000 元，给老母亲和儿子。

1985 年出生的刘飞，今年 33 岁，这是他平生第一次给家里寄钱，这个钱来自他服刑 8 年后回归社会就业的第一笔工资。

刘飞上班第一个月领取了 6000 元工资，公司还包吃包住。这让其他岗位的工友很是羡慕。

“谁叫人家懂技术呢。他的事我们搞不来。”工友小刘说。

工厂里的技术岗位非常重要。生产设备维修、模具调试、流水线运行维护，这些都直接决定经济效益。

刘飞在监狱参加劳动改造，从2011年就开始学习机修技术，长期的狱内学习操作，使他从不学无术成为行家里手，电子设备的每一个操作流程和机械原理他都烂熟于心。

到公司上岗后，刘飞如鱼得水，迅速成为公司的技术骨干。

“有技术，人勤快，肯学肯做。”通过1个月的观察，公司很满意，专门出资为其租了住房，配备了专属办公室，还把1台面包车交给刘飞，供其配送货物。

“只要他一直这样踏踏实实，作为公司技术骨干，发展前景一定会很好。”公司负责人说。

优厚的待遇体现了公司对技术人才的珍惜，刘飞自己也感慨不已。

2009年9月，一无所长、游手好闲的刘飞因盗窃罪被判处12年有期徒刑。刑期是特殊学期，入狱后，刘飞在监狱里学法律、学养成、学规范、学文化、学技术，5次获得减刑。

如今，刘飞终于用自己的变化和真本领，赢得社会认可，收获自身价值。

特别的心语交流

5月2日，广华监狱服刑指导咨询师邓军娥、四监区教导员张永柏以及监狱教育改造部门相关民警一行，专程来到刘飞所在的公司走访。

像学生见到久违的老师，刘飞认真地向监狱民警汇报了自己的工作和生活情况，兴奋地掏出手机，展示自己的微信朋友圈，他给自己起的昵称叫“阳光总在风雨后”。

“我还学会了用手机导航定位，再也不怕配送货找不到地方了！”刘飞开心地说。

更让监狱民警感到欣慰的是，刘飞融入社会也很顺利，学会了坐地铁、扫二维码、手机支付。

“希望你珍惜来之不易的工作和生活，走好走稳未来的每一步，自食其力，回报社会。”监狱民警给刘飞送上祝福和寄语。

临别前，刘飞对着 DV 机说出了心里话：“感谢监狱和监狱民警对我的教育和改造，给了我新的人生。希望正在监狱接受改造的罪犯们，真正把刑期当学期，洗心革面，路就在自己脚下，社会能接纳迷途知返的我们。”

■思考题：

1. 什么是劳动改造？劳动改造有哪些特征？

2. 劳动改造的意义有哪些？

3. 罪犯依法接受劳动改造的要求有哪些？

4. 如何养成劳动习惯？

5. 结合自己对未来的打算，谈谈自己在狱中怎样去掌握劳动技能？

6. 请列举出监狱劳动安全的主要规定。

◆教学活动：

组织一次《常见的安全生产事故及其处置》专题讲座。

第八章　调适身心　健康服刑

健康是每一个人成长和实现幸福生活的重要基础，并且事关社会和谐与发展。2016 年 10 月 25 日，中共中央、国务院印发的《“健康中国 2030”规划纲要》明确，“共建共享、全民健康”是建设健康中国的战略主题，全民健康是建设健康中国的根本目的。而当前罪犯的健康素养普遍较低，缺乏必备的健康知识和技能，更是心理问题和心理疾病的高危人群。因此，帮助罪犯提升健康科学素养、提高心理健康水平、促进个人成长是监狱健康教育的重要任务。

第一节　全面科学理解健康

一、健康的概念

随着社会的发展，健康的含义不断丰富，它由过去单一的生理健康，发展到生理健康和心理健康，又发展到生理健康、心理健康、社会良好。1990 年世界卫生组织对健康的最新阐述：“在躯体健康、心理健康、社会适应良好和道德健康四个方面皆健全。”其中道德健康主要指不能损害他人利益来满足自己的需要,能按照社会认可的道德行为规范准则约束自己及支配自己的思维和行为,具有辨别真伪、善恶、荣辱的是非观念和能力。因此,健康是身、心健康和社会适应性的统一。追求生理健康仅仅是健康的最低要求,健康的目标是追求一种更积极的状态、更高层次的适应和发展。

二、充分认识健康的重要性

(一)健康对个人的重要性

每一个人是靠身体活在这个世界上的,只有身体保持长久、稳定地运转,才可能去实现自己的理想和目标。现实生活中,常常有许多具有超群才智的人,却因为不善待自己,不珍惜自己的健康,最终虽获得了成功,但却早早地离开人世。

这正如一个非常有趣的比喻:在我们的一生中,我们可能会在“1”的后面加上很多“0”,这些“0”可能代表着快乐、幸福、成就、爱情、事业、财富、荣誉等等,“1”后面的“0”越多,证明人的一生越有价值,过得也越有意义,但是只要那个“1”不在了,再多的“0”也没有任何意义,那个“1”就是我们的健康。健康是生活和生活品质的基础和保证。

任何远大的理想和崇高的目标,都需要有充沛的体力和精力作为基础,这是一条永远不变的法则。生命中最重要的财富不是金钱、地位和名望,而是健康、坚强和快乐。拥有健康的身体,才是其他一切快乐的根源。

（二）健康对社会的重要性

健康的概念包括“社会适应良好”。它是指人们在社会活动中、在人际关系上、在社会文化生活上都能应付自如，与社会环境相适应。健康对社会的重要性主要体现在5个方面：

1. 维护社会稳定。如果传染病流行，癌症增多，精神病上升，车祸频发，会使得人心惶惶。

2. 保障基本人权。健康权是基本的人权。我国人民平均寿命比新中国成立十提高了1倍，从35岁增加到71岁。

3. 建设精神文明。健康能反映一个国家的精神文明程度，“口沫喷人，痰液横飞，果皮乱抛，烟头遍地”，是野蛮人的行为，不是文明人的行为。

4. 反映社会公德。讲卫生、守纪律是有道德的表现。公德是纪律的根基；“污水横流，蚊蝇滋生，路人踩瓜果皮滑倒受伤，破坏社会规范”，这是缺乏公共道德的表现。

5. “健康是财富”。健康是个人和国家的财富。1993年世界银行的报告中就指出：“良好的健康状况可以提高个人经济生产率，提高各国的经济增长率，因此，投资健康是加速发展的一种方式”。健康投资是生产性投资，是以服务产业、健康产业的身份置于国民生产之中。据统计，如果我国工人、农民每年因病缺勤一天，其产值损失比国家每年给卫生部门的经费还多。

三、生理健康与心理健康的关系

从联合国世界卫生组织给健康下的定义来看，生理健康与心理健康联系紧密,现代科学家研究表明,两者是互相影响、互相制约、辩证统一的关系。

(一)生理健康是心理健康的基础

"健康的心理寓于健康的身体。"身体状况对于心理和行为方面的影响,最为明显的是大脑的急性和慢性病症会引起某些心理疾病。除了神经系统之外,内分泌系统对人的心理功能也有着重大的影响。有一些罪犯在生活中就不善待自己,不珍惜自己的健康。比如有吸毒史和赌博史的罪犯,因物质性成瘾和行为性成瘾,对大脑神经造成了损伤,并导致自我控制减弱。

(二)心理健康对生理健康有着不可忽视的影响

世界上许多心理学家做了大量的试验,证明人的胃和十二指肠溃疡受情绪作用的影响极大。人在生气、恐惧或焦虑时,食欲常会减退,但胃的蠕动加快,胃壁充血,胃液分泌量和酸度增高,这一反应若连续出现,会使胃壁部分受胃酸的侵蚀,而形成溃疡。这一类因长期的不良情绪的作用而导致器官功能的失调或组织的损伤的疾病,现代医学称之为心身疾病。

一般来说,人首先塑造习惯,然后习惯再反过来塑造人。人自出生起,就在事件与行为之间的互动中产生了神经冲动,人的行为机制产生心理机制,心理机制反作用于脑神经冲动机制,最后形成了心理上的"我"。所以从出生到现在,基于神经系统的发育和固化,一方面人的认知和情绪会变得越来越复杂化;另一方面人的认知、情绪和行为变成了习惯性反应,习惯性反应是不需要深思熟虑。比如,看见一种爱国标志会使我们产生条件化情绪反应,一张熟悉的照片会使你产生简单而温暖的无意识反应。事实上,消极心理对身体的影响,从食欲到睡眠,从呼吸到血压,几乎涉及全身各个系统。而积极心理可以起到促进健康的效果,“笑一笑,十年少”就是这个道理。

所以,对成年人而言,心理健康是最重要的健康。众人皆知,一个生理残疾但心理健康的人还可以拥有幸福和成功,但一个心理不健康而四肢健全的人则会在煎熬中生活。

第二节　预防疾病　增进健康

为了保障罪犯的健康,《监狱法》专门规范了罪犯的生活卫生管理,尤其是第 54 条规定:“监狱应当设立医疗机构和生活、卫生设施,建立罪犯生活、卫生制度。罪犯的医疗保健列入所在地区的卫生、防疫计划。”《监狱服刑人员行为规范》中的“生活规范”对罪犯在监狱日常的衣、食、住、行、医疗、卫生等方面也做了严格的规定。罪犯在日常改造生活中,应该严格按照遵守这些规定。

一、讲究卫生,维护生理健康

世界卫生组织认为:“影响健康(指生理健康)的因素中,遗传因素占 15%,社会因素占 10%,医疗条件占 8%,气候因素占 7%,自我保健占 60%。”影响生理健康最主要的因素是生活习惯,而生活习惯的形成受到观念的影响。罪犯要从讲究卫生做起,将健康知识有效转化为健康行为，用健康行为不断提升健康素养。

（一）讲究卫生是维护生理健康的重要保障

在现代社会里，讲究卫生，已经不是“要不要”“愿不愿”的个人生活小事，而是防恶疫、保健康的性命攸关的大事。2003年的非典、2009年的甲型流感，都让人感觉到讲究卫生直接与人们生理健康甚至生命安全相关。尤其监狱是人群高密度集中的地方，罪犯个人卫生直接与集体健康甚至监狱安全相关。

（二）讲究卫生要求罪犯形成良好的卫生习惯

培根说过一句名言：“一切天性与诺言不如习惯更有力。”养成良好的卫生习惯是防止某些疾病的重要措施。罪犯在监狱服刑应养成以下卫生习惯：

1. 做到“五勤”。即勤洗手、勤洗衣被、勤理发、勤剪指甲、勤洗澡。

2. 注意饮食卫生，不喝生水，不吃腐烂变质的食物。

3. 注意保持室内通风换气。

4. 不随地吐痰，不乱丢垃圾，不随地便溺。

5. 不共用牙刷、剃须刀。

6. 除“四害”。蚊、蝇、老鼠、蟑螂传播许多疾病，灭“四害”可预防夏季传染病的流行。

7. 自我观察症状。如腹泻、咳嗽、发热等，做到早诊断、早治疗。

（三）讲究卫生要求罪犯爱护监区公共环境

脏乱的环境，不仅为蚊子、苍蝇、蟑螂等提供生活的空间，而且为疾病的传播提供了条件。罪犯生活在邋遢的环境里，也容易变得没有自信和对生活缺乏热情。优美整洁的环境,不但可以净化狱内空气,保障人体健康,而且还可以缓解罪犯精神压力,引导罪犯通过感受监狱优美的环境,领略“真、善、美”的真谛,潜移默化地矫治不良品行,并增强环保意识,促进其改造。因此,罪犯要爱护环境,积极参与公共环境的优化美化,保持环境卫生。如种一棵树、栽一盆花,给树木浇水、施肥、锄草,呵护它们茁壮成长,这一过程既是劳动过程,又是爱心的培养过程,可帮助罪犯达到修身养性,弃除恶习的目的。

二、服从生活卫生管理,促进生理健康

(一)服从生活卫生管理,是维护罪犯自身生产和健康权的需要

以保障健康、一视同仁和有利于改造为原则的生活卫生管理,是监狱执行刑罚管理和改造罪犯的一个重要组成部分,是依法治监与贯彻落实党和国家监狱工作方针政策的重要方面,是社会主义、人道主义在监管改造罪犯工作中的具体体现,是罪犯生存和健康权的有效保障。罪犯自觉服从生活卫生管理,不仅仅可以有效地预防疾病,保持良好的身体素质,平安健康服刑,更重要的是可以切实维护其生存权和健康权。

(二)服从生活卫生管理,是保证罪犯集体生活安全有序的需要

近年来,为了规范罪犯生活卫生管理,监狱制定了监舍内务卫

生管理、罪犯个人卫生管理、生活区环境卫生管理、洗漱间及卫生间管理、储藏室管理、晒衣场管理、理发室管理和罪犯就医管理等一系列的生活卫生管理制度。这些制度,使罪犯生活和卫生的各个方面,各个环节做到了有法可依,有章可循。监狱是一个人口高度密集的特殊群体,来自不同地区、生活方式和习性不一的罪犯,在监狱服刑改造,唯有服从生活卫生管理,才能步调一致,安全有序地统一规范罪犯的集体生活,促进监管改造工作的顺利进行。

(三)服从生活卫生管理,是罪犯养成良好生活卫生习惯的需要

罪犯服从生活卫生管理,遵守制度,坚持不懈,这不仅仅对其养成一个良好的生活卫生习惯有着直接的促进作用,更有助于其现在和将来的道德养成与思想改造。因此,不同年龄、不同刑期、不同性格的罪犯,在监狱这个空间有限、生活卫生设施有限的特殊大家庭之中生活、改造,都应当互相关心,互相监督,一起自觉服从监狱生活卫生管理,讲究卫生,共建优美洁净的改造环境。

三、有病及时诊治,维护生理健康

服从监狱生活卫生管理,可以尽量减少罪犯疾病的发生。但人吃五谷杂粮哪有不生病,罪犯一旦患病,就应及时就诊治疗。

(一)主动向监狱人民警察报告,确保及时治疗

监狱设置医疗机构,负责罪犯的医疗保健和健康检查,罪犯一旦生病就应当主动迅速向监狱人民警察报告,或者由他(她)犯向

监狱人民警察汇报，确保及时治疗，避免病情扩大恶化。

（二）如实向医生陈述病情，确保对症下药

爱护身体健康是自己的责任和义务，生病的罪犯要向医生如实陈述病情。有些罪犯误认为夸大病情，把症状感觉讲得严重一些，医生才会重视，才会开好药。殊不知这样会对医生产生误导，不利于正确诊断。当医生询问一些令罪犯尴尬却与疾病密切相关的问题时，千万不要隐瞒，以免贻误治疗。

（三）积极配合医院治疗，争取早日康复

能否治好病，病人的配合非常重要。不同的病情有不同的治疗时间，同一种病情也因个体的差异导致治疗时间和治疗效果不同。罪犯应对调整好心态，积极配合医院治疗，争取早日康复。

（四）遵守医院纪律，不影响就诊秩序和治疗环境

罪犯在就诊时按照医院规定进行，按秩序就诊。就诊罪犯应严格遵守纪律，保持安静，不得高声喧哗，不影响医生的工作秩序和病人的治疗环境，爱护医院的医疗设施。对严重、急诊病人优先，维护医院的医疗秩序。

（五）按照规定使用、存放和保管药品

罪犯药品管理规定所有药品统一集中保管、集中发放，所有罪犯的药品都必须在指定专柜保管，非特殊服药情况外，所有病犯一律严格落实“发药到手、看药入口、吃完再走”的要求。罪犯要提高药品安全意识，遵守药品管理规定，杜绝药品违规使用，确保用药安全。

（六）不得装病、伪病

装病、伪病极不利于罪犯自身服刑生活的健康。装病、伪病不

但不会让罪犯享受病犯的权利，还会贻误改造时间，失去获得奖励、缩短刑期的机会。同时罪犯要承担“伪病成真”的风险。人的健康是心理与生理的有机统一，罪犯长期在心理暗示和意识的压抑下装病、伪病，就可能造成生理器官的功能紊乱和退化。一些伪病罪犯还要承受长期卧床、长期治疗、长期不进食等带来的痛苦。

第三节 调适心理 促进健康

随着社会的快速发展和文化的多元化，人们面临的心理挑战不断增多，人们对生活质量的要求不断提高，而罪犯与社会一般公民相比存在更多的心理挑战。2016 年 12 月 30 日，国家 22 个部委联合发文，出台《关于加强心理健康服务的指导意见》。指导意见明确提出要“重视特殊人群心理健康服务”。维护和促进罪犯心理健康和心理发展是时代的任务，是罪犯适应生活、发展自我的内在需要。

一、掌握罪犯心理健康的标准

尽管心理健康和生理健康一样，都是健康不可分割的部分，但心理健康标准不像生理健康标准具体且明确。心理健康正常与否的界限是相对的，正常和异常是一个连续体的两端，两者之间没有绝对的分界线。因此，此处列举的罪犯心理健康标准是一种相对的衡量尺度，主要为罪犯指明努力的方向。

（一）适应环境

适应监管环境和改造生活必须做到以下三点：一是对罪犯这一身份的适应，二是对监管封闭环境的适应，三是对日常改造行为规范的适应。罪犯进入监狱后身份就发生了根本性变化，人身自由和权利被剥夺或限制，需要在一个较长的时期内处于同一封闭的改造环境，这个环境内的行为和生活需要严格执行改造行为规范。这是国家法律赋予监狱的权力，也是法律所规定的改造程序，更是对罪犯进行全面改造的前提条件。在这高规范严要求的环境当中，需要罪犯以明智的姿态主动配合，了解改造环境，认识环境，同时正确认识自身缺陷，消除戒备、惧怕、怨恨、偏见、敌对、痛苦等消极的心理体验，在此基础上树立信心，认清前途，不懈努力，积极适应。

（二）承认现实

承认犯罪事实、承认罪犯身份、承认监狱人民警察的管理权力，是罪犯认罪悔罪、安心改造的基础条件。犯法须守法的古训人尽皆知，在服刑过程中正确认识自已的过去，完成好学习劳动等各项任务，服从监狱人民警察的管理，将“要我改造”变成“我要改造”，就会形成诚实可靠、豁达大方的良好品质，在改造上脚踏实地、循序渐进、不走弯路。

（三）积极改造

积极的心态是心理健康的重要原则。积极投身改造，主要指积极参加狱内组织的各项学习和劳动项目。学习和劳动是服刑过程中的最主要的改造项目，也是人类所共同具有的一种本能。心理健康的人应该是乐于学习和劳动的，并能够在学习和劳动中充分发挥自己的聪明才智，让身体和毅力得到良好的锻炼，争取得到好的成绩。同时，在学习、劳动中取得成绩时能产生一种成就感，能体味到生命的乐趣和意义，使个人的发展不因一时的犯罪而倒退，不因漫长的刑期而止步。

（四）包容他人

在监狱里，人际交往的主要对象是监狱人民警察、他（她）犯、亲属。与监狱人民警察要正常交流思想情感，客观汇报自己的想法和打算；与他（她）犯要友好相处、与人为善；与家人和朋友要在充分认知自己目前现状的前提下，多争取他们的支持和鼓励，多体谅他们的艰难和处境。包容他人就是要求以诚恳、公平、谦虚、宽厚的态度对待别人，能尊重别人的权益和意见，也能容忍别人的短处和缺点，使别人乐于和你交往。

（五）善于自控

在服刑过程中，能基本保持情绪稳定、开朗、自信等体验。在挫折面前，能很快从消极的情绪中解脱出来，更不会在严重的打击之下自暴自弃。同时，能适度地表达自己的喜怒哀乐，控制自己的不良情绪，对前途抱有希望，保持良好的心境心情。行为的反应要适度，反应的强度与受到刺激的强度相一致，该悲伤时悲伤，该冷静时冷静，做到恰如其分。

（六）杜绝恶习

“有过不能改，知贤不能亲，虽生人世上，难为人上人。”杜绝恶习是罪犯告别昨天，走向光明的必由之路。人无完人，但都需要经常反省自己的一言一行，扬长避短，认清影响自己人生发展的不良个性特征和行为及其危害性,约束和改善缺点和错误,将昔日游手好闲、自私贪婪等恶习彻底根除,使自己在改造路上有更多的积累和收获。

如果,罪犯在改造生活中经常严重地偏离这些心理、行为特征,其认知、情感、行为严重影响自身的正常生活,则有可能是心理异常的表现。

二、罪犯心理健康教育的意义

心理健康教育作为普及心理健康知识的重要平台,对促进个体的心理健康,增强社会适应能力,提高人们的心理素质,提升社会的整体文明,发挥了不可替代的作用。监狱开展的罪犯心理健康教育,就是通过向罪犯传播心理健康知识,转变罪犯的健康观念,提高罪犯对心理健康的认识,增进罪犯的心理健康水平和社会适应能力,促进罪犯人格的发展和不断完善,从而使罪犯自觉地运用心理健康知识,克服心理障碍,消除犯罪这一不适应社会生活的行为,对罪犯心理健康和安心服刑改造有着重大意义。

(一)有利于完善罪犯人格结构,提高心理素质

健全的人格结构是决定个人社会生活质量和价值取向的重要心理因素。许多犯罪的事实表明,人格的不健全是导致犯罪的重要内在原因,其根源就是犯罪人格的不断强化。站在这个角度说,几乎所有的罪犯都不同程度地存在着人格缺陷。因此,维护罪犯心理健康的一个重要内容就是健全人格的再塑造。加强心理健康教育,塑造罪犯健康心理,一定能够提高罪犯的心理素质。

（二）有利于增强罪犯心理“免疫力”，预防心理疾病

心理和生理一样容易生病，罪犯从入监开始到刑满释放，会面临诸多挑战。入监服刑则是罪犯个人的一个重大生活事件，会使得罪犯情感剧烈波动，甚至持续地卷入情境，使短暂的情绪变成持久的煎熬。在服刑期间，由于罪犯与社会家庭隔离和监狱生活的特殊性，各种挫折、冲突可能会接踵而来，引发罪犯的各类心理问题。刑满释放前，面对未知的社会生活，常会焦躁不安。只有增强心理问题抵抗能力，积极克服内外干扰和困难，努力进行自我调适，用积极的心态来面对服刑生活。如果发现患了心理疾病，也好及早治疗。

（三）有利于提高罪犯综合素质，取得良好成绩

良好的心理健康素质能够不断激发罪犯自己的积极情绪，推动罪犯主动改造，增强罪犯全面发展的内在动力，从而直接影响其他素质的发展和发挥。罪犯良好的兴趣、爱好、需求、动机、意志等心理品质只有建立在健康心理之上才能协调发展。心理健康的罪犯具有良好的自信心、积极的情绪、坚强的意志、良好的适应力，就能够安心服刑，改造进步。而心理健康素养有缺陷的罪犯，常常心神不宁，思虑过多，既影响学习和生活，肯定也无心改造，更谈不上取得良好的改造成绩。

三、提高罪犯心理健康水平的一般方法

我们想改变什么？能改变什么？不能改变什么？美国社会心理学家费斯汀格有一个很出名的“费斯汀格法则”：“生活中的

10%是由发生在你身上的事情组成，而另外90%则是由你对所发生的事情如何反应所决定。”换言之，我们通过改变自己就能改变90%的事情。改变自己就是改变自己的“知”“情”“行”。

（一）养成健康的生活方式

健康的生活方式是提高心理健康水平最有效力的方法。在同样的压力下，生活方式健康的罪犯会出现更少的健康问题，锻炼得越多，其焦虑、抑郁、易怒情绪就越少。健康的生活方式包括：一是每周4次30分钟以上的锻炼；二是每天10分钟或15分钟的冥想（可以先从深呼吸开始），三是每天8小时的睡眠，睡眠不足容易导致抑郁。

（二）强化心理健康意识

拥有“心理学大脑”是罪犯增加自我了解和自我调节的关键。实践证明，缺乏心理健康知识的罪犯面对各种应激和压力，要么束手无策，要么任其发展，较易形成心理问题和心理疾病。因此，罪犯应主动接受心理健康教育辅导，积极参加罪犯心理健康活动，自觉阅读有关心理健康的书籍。总之，尽可能通过多种途径来掌握心理健康的相关知识和调节技能。

需要指出的是，学习心理健康知识一定要注意两点，一是不要盲目地“对号入座”。读心理学书的时候很容易对号入座，看到书上描述的症状和自己很相似，就怀疑自己有心理问题，事实上这是一种确认偏误。二是不要把成功学、“鸡汤文”当成心理学。成功学将一切逻辑归于成功；“鸡汤文”过分强调努力和心态，把小概率事件当作结果和必然；心理学则是强调思辨思维的科学，激励人们拥有一个长期和相对现实的正面力量。

(三)培养积极心态

神经是有可塑性的,人通过习惯就能改变大脑的通道。我们不同想法和理解激活的是不同的神经元,把对问题看法或理解看作是河流,每当我们多使用一块区域的神经元,河流就会一点点拓宽,反之,不这样去理解,河流就会变窄。当我们换一种理解方式,就会重新开发一条河流。我们会习惯性的偏向最宽的河流。如果一个人是悲观思维,问题出现后就会习惯性悲观理解。对罪犯而言,锻炼自己转换思维方式,克服惯性思维极为重要。因为罪犯比一般人群有着更多的消极经历、消极认知,这种思维方式已成为习惯,习惯于责难他人,习惯于自怜和抱怨。所以,建造并加固"积极思维"的通道可以让罪犯更容易受到积极情绪的感染,对痛苦产生更好的承受力。把"刑期当学期"就是发现积极价值的认知。

罪犯要培养积极心态、做价值的发现者,除了在面对生活事件时,把注意力逐渐转移到积极的方面外,还有两种基本的训练方式。一是培养兴趣爱好,学会欣赏美。二是学会感激和感恩。罪犯倾向于对自己已经拥有的事物麻木不仁,更是将目光对准了自己没到手的东西。所以要学会感激和感恩,并一次又一次的练习,直到变成习惯,变成性格的一部分。建议罪犯可以每天写五条值得感激的事,尽量不重复,尽量多元化。

(四)主动培育优点

一个人要改变、要进步,通常是改正缺点和专注优点两种途径。基于一种个人成长的失败,罪犯必须接受刑罚、重塑新我,这是一个改正缺点的过程。去除恶习、摆脱抑郁非常重要,但克服缺点只会让最优水平是零。因此,罪犯还必须培育优点,保持创造性的紧张状态。因为,保持健康的理想状态并不只是放松休息,还需要适度锻炼。

所以,罪犯至少注重优点的程度要和注重缺点一样多。改造之路就像驾车上山,改正缺点就是提升驾车技巧,培育优点就像增强车的引擎。如果罪犯用的引擎很小,想把车开上一个陡峭崎岖的山坡,引擎很容易损毁、爆炸。但如果罪犯的引擎够大,要上山就容易得多。培育优点就是在增强自我的心理"引擎",不仅能够帮助罪犯更好将负值转化为零,还能拥有更多的积极情绪。因为积极情绪不会因为避免了消极情绪就自发而来。

(五)营造积极情境

环境常常在人处于放弃和努力的非平衡状态时起到关键性作用。人的大脑喜欢内部和外部一致性,当存在差异性时会做出协调——要么改变外部现实,要么改变自我思维。有一项关于测量人们的视力的研究,当人们穿上飞行服坐进飞行模拟器时,给他们在相同的距离看完全相同的视力表。仅仅是在改变情境的情况下,40%的参与者的视力有明显改善。

虽然罪犯无法改变大的环境,但可以创造一个利用角色自我改进的情境。通过积极创建和参加兴趣活动小组,可以帮助罪犯更好的培育优点、克服困难、发挥特长、展示自我,在互帮互助中体验到自身存在的价值。营造积极情境,要做到以下四步:一是根据自身兴趣爱好和优势特长,找一些志同道合的同改,制定共同的目标和行动计划。二是相互帮助,助人为自己乐,形成互帮互学的良好氛围。三是经常性地开展自评及互评,鼓励发展。四是严格落实行动计划,相互督促,增强面对困难的持久力。

“知”“情”“行”是三个截然不同却又相互联结的、可以改变生活的方法,也是产生有意义的变化的根源。要改变过去的习惯,就必须知行合一。因此,罪犯维护和促进心理健康水平不是一蹴而就的事情,需要长期的自省、改变和实践。

第四节　培养阳光心态　塑造健全人格

罪犯之所以会走上违法犯罪的道路,从心理学的角度来看,就是社会适应不良,是心理不健康的一种表现。罪犯在监狱服刑,可能会产生各种各样的问题,如生活不适、劳动困难等。心理健康教育作为教育改造的主要内容之一,必须贯穿于罪犯改造生活的始终。以健全人格培养为核心,帮助罪犯正确面对服刑改造生活,学会情绪管理、学会与人相处、学会珍爱生命,引导罪犯用理性平和的阳光心态面对改造生活,激发改造正能量。

一、学会情绪管理

西方有句谚语:“弱者任情绪控制行为,强者让行为控制情绪。”认识情绪和掌握情绪管理方法,能够有效帮助罪犯和自身情绪、周边环境更好的共处,是罪犯健康生活的重要保证。

(一)正确认识情绪

1. 原始情绪的产生。所谓情绪就是一种由客观现实与人的需要相互作用而产生的整合性心理过程,它包括了主观体验、生理和表情三种成分。情绪能让人和动物在面对天敌时充分调动内部组织,或战斗或逃跑;也能让人和动物在食物匮乏或等待猎物时安静等候。

2. 情绪和情感。情绪和情感的意义就是人的大脑和神经系统对外界或内在刺激的第一直接反应,是信号灯,是行动的指示灯。

两者的关系在于,情绪比较低级、简单,人和一些动物都会产生情绪。然而随着人类生活的社会化和人类文化的发展,情绪发展为高级的、复杂的内心体验,即情感。情感机制在相对复杂的环境中是最高明的存在,是人所特有的心理现象。在个体发展中,情绪反应在先,情感体验发生在后。当人的神经系统成型后,人的情感反应模式其实也固定了。因此,情感作为比较稳定、深刻的态度体验,从根本上影响着情绪的表现。一个人的情绪体验又受到已形成的情感的制约。另一方面,人的情感总在不断变动的情绪中得以体现。

两者的局限性则主要表现在:一是情感机制的适应不良。情感机制最初是帮助人生存,主要解决适应问题。随着人类社会的进步,自然创造的情感机制在社会生活中就力不从心了。比如,人天生偏好于关注负面事物和特例,因为自然把我们创造成这样。对原始人而言,负面事物和特例就意味着危险,事关生死存亡。所以我们习惯于关注这些负面消息。然而,在文化社会里,这种危险不再是常态,而是一种小概率事件。但这种情感机制却让我们很难去察觉美好的事物和积极的信息。二是消极情绪模式的固化。每个人都有自己的情绪表现,有自己的情绪语言和情绪行为以及应对事件时的情绪模式。因为当一种情绪模式被重复使用，这种模式就会固定下来，参与其中的细胞结构和细胞之间的连接也随之被固定，成为个体的习惯。大多数时候，情绪调节都需要和这种情绪反应进行对抗，如果输了就会继续陷入困境、重复错误，只有认识到自身错误并且改善自身情绪反应时，才会有改变的可能。三是复杂情境中的情绪识别。当监狱人民警察批评教育罪犯时，有的罪犯感到自尊受损而推卸责任，有的罪犯意识到自身问题而羞愧不已，有的罪犯则情绪泛化认为监狱人民警察故意针对。到底罪犯应该以愤怒的情绪来处理，还是以内疚的情绪来处理。在模糊的情境如何才能选择更利于达成目标的情绪，这显然是由罪犯的自我认知和角色意识所确定的。

（二）服刑初期的消极情绪

服刑初期的罪犯通常会有被刑罚惩罚剥夺自由的苦闷感和对新环境与改造生活的不适感，并由此诱发三种常见的消极情绪。

1. 焦虑。罪犯服刑初期的焦虑主要来源于对环境的不适和对被伤害的预知。不适感是服刑初期比较常见的情况，由于生活环境和生活方式的巨变，对监狱中的生活事件没有应对的经验，因而引发各种焦虑反应。预知的伤害源于"现实的"恐惧，主要是新入监罪犯对监狱的不了解，在社会上曾经道听途说了一些监狱中的反面事例，加之受一些文艺作品中监狱描写的影响，把监狱看得非常恐怖、黑暗，害怕被伤害。克服这种焦虑的方法就是快速、反复学习监狱规章制度；培养和保持思维的开放性，全面、正确地认识监狱。

2. 孤独。刚入监时，罪犯都会面临的一个处境就是关于现在的隔离或将来的丧失。罪犯与自己的家人、朋友,所熟悉的环境被隔离开了,会被孤独紧紧包裹着。更有一些罪犯还面临着一个更可怕的场景就是现在或未来将孤独地生活。如果罪犯深陷其中,就会觉得在情绪上或者交际上和周围的人相隔绝,未来没有意义。战胜孤独感重要的是,建立、维持稳定的人际支持圈,和重要他人保持联系,不断发现属于自己的生命意义。

3. 失败。大多数罪犯入监初期会产生巨大的无助感和挫败感,觉得这辈子就这样了。事实上,每当感觉沮丧、受到挫折时,人会进入一个固定的思维感知模式,然后你就更加确定你不可能成功。这就是那么多罪犯都无法充分发挥自我潜能的原因,甚至丧失生活的勇气。当罪犯感觉到失败和无望时,自然士气低落。要和那种无助感做斗争,重新控制自己的人生,就必须在种种负能量循环开始前打破它,经常性地把注意力集中于自己成功的经历,也可以想象出一个自己所希望成为的人,并长期坚持。

(三)情绪管理的一般策略

1. 情绪识别是情绪管理的前提。情绪识别事实上是有意识地将情感转换为情绪的过程。有研究表明,如果可以较好地识别情绪,并且描述情绪的反应,很有可能触发自发的情绪调节,有助于快速、有效地进行管理。如果在情感剧烈波动的时候,没有将其转换为情绪,也就意味着无法将其看作一种信息和资源而用于问题解决。

2. 即时情绪调节的方法。情绪调节主要是减弱情绪体验和改变情绪表达。而即时情绪调节主要特点是应急处理、自助式调节、操作时间短暂。即时情绪调节方法主要有以下几种。

(1)情境改变。也就是暂时避开尖锐矛盾,用其他场景来冲淡缓解自己的不良心境。这种策略并非是逃避和不负责任,而是先处理心情再处理事情。

(2)放松调节。应对消极情绪最直接的方式就是要平静下来。可以用调整呼吸、反复松弛肌肉、专注冥想等放松活动来降低身体的生理唤醒,使血压降低、应激激素水平下降,缓解愤怒或焦虑情绪,降低身心紧张程度。

(3)积极分心。情绪让人们无法将注意完全转移开诱发情绪的人、事、物,但还是可以在情绪产生的初期主动分配注意力:提醒自己注意克制、去做其他的事、设想未来、回忆会见时家人对自己的鼓励、想起了自己有过控制愤怒情绪的成功经验。

(4)认知重评。认知重评即认知改变,改变对情绪事件的理解和个人意义的认识。一些问题不可能得到解决,但你可以改变你的思维方式。可以关注新的可能性,可以改变线索在解释中的侧重,可以进行社会对比。在困难的情境下,想一想有关别人是如何应对、控制事态发展或改善压力情境的信息。

3. 日常情绪管理的方法。情绪管理与身体管理类似,在防微杜渐的同时,更需要未雨绸缪,将情绪管理整合到日常生活,是实现长期、良好的情绪管理的不二法宝。

(1)不断丰富自己合理的情绪经验。丰富的、有质量的情绪经验决定着情绪管理的起点。罪犯在监狱服刑期间丰富情绪经验的方式主要是间接获得。从他人的成功事例中汲取经验,从书籍、电影等媒体获得情绪经验。然而,有些书籍和电影并没有提供接近真实的经验,甚至刻意用一些虚构的、夸张的事情来激发其愉悦感,这种经验显然不可能迁移到日常的生活中,对于情绪管理非但无益,反而有害。

(2)坚持写情绪日记。写情绪日记是最适合罪犯改造环境的日常情绪管理。日记会让罪犯从生活经验中创造出关联性,让生活经历变得更有意义。记录开心的事时,可以重现情境,增强神经通路;记录不开心的事时,能释放感情,放开心胸。

(3)专注冥想。冥想被认为是最有效的技巧,值得用一生去实践。冥想适用于所有的罪犯,冥想的效果也不取决于个人特质,每个人都可以拥有相同的疗效。在1998年前人们一直相信神经不可塑,但最新的研究报告显示,即使每天做45分钟冥想,连续做8周,大脑结构的改变也会不可小觑。冥想还可以使抵抗力和免疫力大大增强。下面介绍简单冥想的操作:①选择舒服的坐姿或睡姿;②紧闭双眼;③缓慢吸气和呼气,在脑海里默念“呼吸”两个字,或数节拍;④在你的大脑中扫描观察你的身体:你的前额、眼睛、嘴巴、手、胸膛、腿、脚,从头到尾,寻找你最不舒服的部位,关注这个部位,一边深吸气,呼气时想象着将难受呼出来。放松,重复呼吸步骤;⑤慢慢、缓缓张开双眼。如果走神只需轻轻将注意力转回呼吸即可,走神很正常,而且能提高效果。罪犯可从几分钟开始实践,然后逐渐延长冥想时间。

当然,身体管理无法杜绝疾病的出现,情绪管理也是如此,它无法避免重大生活事件的出现,也无法杜绝心理疾病发生的可能。当重大生活事件和心理疾病发生时,罪犯应积极寻求、配合心理咨询和心理治疗。

二、学会与人相处

学会与人相处,就是建立和谐的人际关系。罪犯在和监狱人民警察、家属和罪犯之间的交往过程中,人际关系的和谐与否对改造情绪的影响显得尤为突出。

(一)什么是人际关系?

人际关系是指社会人群中因交往而构成的相互联系的社会关系,是人与人之间为了满足某种需要而进行的一种交往活动。情感因素是人际关系的主要特征。因为人际关系的基础是人们彼此间的情感活动,表现为人与人之间的吸引与排斥、亲近与疏远、深刻与肤浅等方面的心理状态。

(二)罪犯人际关系的特点

罪犯人际关系的特殊性在于受到服刑环境的客观限制,表现为以下 3 点。

1. 特定的对象。按照接触频率来排序,主要包括:

(1)罪犯。罪犯相互之间身份平等,具有相同的权利和义务。罪犯之间正常的人际关系,对于他们之间的劳动、学习、思想改造任务有着互相促进作用。他们之间相同的环境,相同的遭遇,所带来的相同感受,可以互相关心,互相勉励,易于真诚沟通,缓解压力,调节情绪。

(2)监狱人民警察。罪犯与监狱人民警察的关系是法律赋予的监管关系,是在监管环境中,为实现“惩罚和改造”这一目标,而形成的一种改造与被改造、管理与被管理的不对称关系。监狱人民警察处于组织、指挥、协调、控制的主导地位，罪犯在二者的关系中处于接受、服从的被动地位。

(3)亲人或监护人。罪犯在监狱服刑期间，可以会见其亲属和监护人，可以通过书信、会见、亲情电话等形式进行沟通，与亲人、监护人之间维系原有的交往关系。这对于罪犯稳定改造情绪、树立改造信心有着不可替代的作用。

(4)社会特定人员。在监狱许可的情况下，罪犯可以与社会帮教工作者、社会志愿者及法律工作者保持联系，建立交往关系。

2. 特定的时空。罪犯活动、交往、接收信息的空间受到法律的限制，法律、法规和监规纪律都对其做了严格而详细的规定，表现为交际方式比较单一，交际场所特定，交流手段主要通过会见、书信、电话等形式，交往时间、频率也需要符合现实要求。

3. 特定的约束。罪犯在人际交往过程中，必须遵守有关的法律、法规和制度，在一定的范围内开展有益的人际交往，如有违反，则人际交往活动将被强制中断，严重者会受到相应处理。与社会上人际交往的随机性形成鲜明对照，其目的不在于满足人的交往需要，而是在于保障罪犯基本权利，以促进安心服刑、积极改造为出发点。

(三)积极构建和谐的人际关系

1. 处理好与监狱人民警察之间的关系。监狱人民警察与罪犯之间的关系本质上是人与人之间的正常关系，和其他人际交往关系一样，也是一个情感交流互动的过程，同样遵循人际交往的原则。

(1)体现尊重。在与监狱人民警察的交往中，尊重应体现在两个方面:一是对监狱人民警察人格的尊重。监狱人民警察和罪犯在人格上是平等的,交往中要真诚谦逊,既要防止无原则的巴结、讨好、阿谀奉承等刻意的低姿态,也要防止出言不逊,蔑视监狱人民警察的人格的不理智行为。二是尊重监狱人民警察对问题的处理。在狱内,服从纪律、听从指挥是罪犯的立身之本,如果对处理结果有自己的意见和建议,也要通过正常渠道反映。

(2)端正态度。罪犯在与监狱人民警察的正常交往中,方式和态度尤为重要,日常交往中更要注意规范行为,做到言行一致,举止得体。在任何情况下都不要因为没有达到目的而强词夺理,肆意顶撞。一时难以厘清的话题可以静下心来,寻找合适机会沟通。

(3)积极沟通。在与监狱人民警察的沟通时,一要及时。罪犯在改造生活中感到有话要说时,就要及时与监狱人民警察沟通,不可一拖再拖。二看场合。可以选择在谈话室,也可以在劳动、学习、娱乐场所。三要灵活。根据自身情况和问题的复杂程度选择恰当的方式,既可以面对面沟通,也可以书信或电话沟通。四要信任。作为监狱人民警察,有责任也有义务听取罪犯的思想汇报,罪犯有权利也有义务同监狱人民警察沟通思想,相互信任方能推心置腹。

(4)保持理智。在长期的管理与被管理、改造与被改造过程中,矛盾冲突时有发生。罪犯一旦对监狱人民警察的管理产生抵触情绪,一定要保持理智,不可用敌对的眼光看待对方,不要带着情绪去寻求他犯的理解,更不能耿耿于怀,可以找个合适的机会沟通,及时化解冲突,消除抵触情绪。

2. 处理好与罪犯之间的关系。

(1)适度交往。罪犯之间在狱内身份相同,但各人恶习程度、道德修养各异,因此在交往时要进行必要的选择。罪犯之间不得以地域观念结交、不得以江湖义气结交、不得以规范禁止的方式结交,要正确认识改造过程中竞争的正常性和激烈性,要放平心态,修身养性,踏实前进。

(2)理解关心。同犯之间朝夕相处,情同手足,相互帮助、扶危助困的事例屡见不鲜。遇到身边有家庭困难的罪犯、生病的罪犯、身体有残疾的罪犯,主动伸出援助之手,了解对方的愿望,理解对方的处境,给对方以积极的安慰,帮助摆脱烦恼和苦闷的情绪。

(3)监督提醒。浇花要浇到根上,帮人要帮到点上。当发现对方有缺点,或某件事情做得不适当、不正确的时候,不要一味庇护或装作不知道,要以别人能够接受的方式及时指出来,并真心实意地帮助其纠正。有了这种善意的监督和提醒,罪犯在改造中就能少走弯路,不断进步。

(4)合理拒绝。乐于助人无可厚非,关键在量力而行。面对他人提出的要求,要考虑清楚,该做的就做,不能做的就合理拒绝。凡事都答应去做的人只能让别人认为缺乏自主思维,阿谀奉承。经常违心答应别人做事,会对自己造成更大的心理压力。坚持自己的做人原则,拒绝的时候要尊重他人,表明理由,态度真诚。

3. 处理好婚姻家庭之间的关系。

(1)与配偶、恋人关系的处理。罪犯也需要爱和支持,良好的夫妻、恋爱关系是安心改造、积极向上、促进身心健康的动力之源。罪犯在交往受限的情况下,加强心与心的交流与沟通是非常必要的。理解配偶、恋人的苦衷,多给对方以希望。同时,要信任对方,尊重对方意愿。学会换位思考,理解对方的心情和处境,体谅对方承受的痛苦和压力,尊重其对情感的选择,也不失为对爱侣的最后的责任。即使双方感情真的无法维系,也要真诚地祝福对方,希望对方生活幸福,表现出自己的宽容和大度。

(2)与亲人关系的处理。“一人服刑,全家无光”,犯罪不仅给社会和他人带来了伤害,更是给家庭在政治上、经济上和人际关系上都带来了影响,以往幸福与和谐的家庭经受到前所未有的考验。所以,罪犯切忌一味强调自身的难处,也要感受亲人的苦处,体贴亲人的处境,以免伤害了亲人的情感、忽略了家庭的付出。学会体谅亲人们,减少亲人的负担。要学会节俭,合理决定自己的购物和日常消费,不无故给亲人增添麻烦。要学会化思念为动力,努力改造多减刑,用实际行动安慰亲人、弥补伤痕,让亲人看到自己精神不垮、奋发向上的改造心态。

三、学会珍爱生命

因为每一个人的生命都具有独特性、唯一性、不可重复性,人的一生又那么短暂,因此,作为罪犯都要发挥自己的优势,用发展性、创新性的生命走好自己的人生之路,积极培养珍爱生命,热爱生活的人生态度;深刻反省自己,学会改变,选择合适的人生道路,不要让未来重复过去不良的认知、情绪和行为模式。

(一)珍爱生命的意义

生命对于每一个人都只有一次,是无比珍贵的。一个人从小到大,家庭和社会为他付出了很多,人没有理由不珍爱生命。珍爱生命,最根本的是敬畏生命,由此才能认识生命、热爱生命、善待生命。生命是神圣的,又是平等的,值得每一个人去珍视、善待。罪犯同样应该认识到生命的尊严与可贵,关注并珍视生命,在生命之前保持谦恭与敬畏,应将“生的意志”当作是神圣的东西,予以肯定、尊重。父母赋予一个人生命,它很珍贵,属于自己,只有一次。它是用来珍重和热爱的,是用来爱家、爱国、爱这个世界的。一切生命都是大自然的神奇造化,是美丽且独一无二的。自己的生命很重要,别人的生命同样重要。罪犯不但要珍视和爱护自己及他人的生命,也要热爱在这个世界上与自己同生同长的一切有生命的东西,不但要重视高等动物的生命,也要重视低等动植物的生命。一个人的生命仅是大自然生物链中的一个环节,哪一个链节出了问题,都会造成生物链的连锁反应。这就是生命赋予人的意义。

一个人活着,有幸感受到这世界的一切,遭遇酸甜苦辣的一生,每一样遭遇都应该好好接受,好好品尝,好好珍爱。无论是幸福的感受还是不幸的体味,都是生活的赐予。幸福是每一个人所希求的,但遭遇不幸却使一个人获得了坚强和经验。因此,面对入狱的挫折和失败,每一名罪犯都应该善待自己,善待这有限的一生,微笑着去面对自己的服刑改造生活:积极改造,早日新生,一切都可以从头再来!

(二)制定好服刑生活规划

生命的重点是“命”,生活的重点是“活”。生命讲究的是价值和目标,而生活讲究的是信念和实践。当罪犯有了承担个人生命的意识和具体的生活目标之后,能否实现目标,关键在于有没有承担的力量,力量源自信念和实践。利用好刑期,规划好服刑生活,做一个受他人和社会认可的普通人,是每一个罪犯最基本的人生命题。我们不能决定生命的长度,但是我们可以通过对自身各方面的培养,提升生命的深度,让人生更有意义。因此,珍爱生命,务必首先制定好服刑生活规划。

在制定服刑生活规划时,要把握好三个原则、明确四个方向。三个原则:一是个性化原则。唯有符合自己兴趣、能力和愿望的生活规划,才具有持续性。二是群体性原则。在最大限度实现自己价值的同时,必须遵循群体性原则,以遵守监规纪律为前提。三是可操作性原则。无论是目标的确定还是行动的计划都必须明确、具体、合理、可操作、可量化。四个方向:一是我可以做什么;二是我能够做什么;三是我想要做什么;四是我应该做什么。

(三)高效落实生活规划

罪犯为自己规划服刑生活,设定生活目标,是通向最终目的的一种方式。所谓最终目的就是生活过程本身,也就是说,生活规划最重要的不是在于完成这些目标,关键在于实现目标的过程给予了生活的动力和精神的自由。因此在落实生活规划时一要锁定目标、持之以恒,二要检验评估、适时调整,三要细化量化、稳步推进。

拓展阅读

生气的窘境——“发泄”还是“控制”

当你感到生气的时候,你都做些什么?是胡思乱想、生闷气?还是想通过大骂大叫发泄不满?或是攻击报复他?当你已经平静下来的时候,你还会讨论你的情绪吗?

持续生气和无力控制就像慢性抑郁和焦虑症一样，会毁坏你的情绪，损害你的健康。研究表明，在与生气对抗之后，人们往往在身心上感觉更糟。当人们不停地谈论自己生气以及生气时的行为表现时，他们倾向于重复自己的委屈，并不断地使自己的血压升高。相反，当人们学会控制自己的情绪并积极地表达生气时，他们通常会感觉更好，而不是更糟：感到更平静，而不是更愤怒。

当人们感到生气的时候，他们可以选择做任何事情，比如写信、长跑、设法解决导致自己生气的问题、辱骂自己的朋友或家人、大声叫喊。如果某种特定的行为抚慰了自己的情绪或是得到了来自他人的期望反应，人们就可能会形成一种习惯。久而久之，这种习惯变得越来越自然，好像它不可能被改变。的确，很多人都认为自己暴躁的脾气是合理的，他们说："我无法控制自己。"事实上，他们完全可以控制自己。以下是一些切实可行的建议：

一是不要在气头上大发雷霆，先让身体平静下来再说。 你的生理唤醒是来自炎热、拥挤或强噪声等背景刺激，还是来自与他人的冲突？时间能帮你确认你是真的生气还是仅仅感到疲劳和紧张。从 1 数到 10、数到 100 或者干脆去睡觉，把问题留待第二天解决是一种明智的方法。其他一些保持冷静的方法包括在争论中暂停、默想、放松、转移注意力等。

二是切记个人化处理。 如果你认为自己已被他人冒犯，那么检查一下你知觉的正确性，是不是还有其他的原因？急于生气的人倾向于把他人的行为理解成有意的冒犯，而不急于生气的人则往往会给他人留下反思的机会他们并不在意自己受伤的自尊。因此，要习惯于从他人的角度来看问题。

三是如果你认为表达生气是适当的，要保证你运用了合理的言语和非言语信息，以便被他人理解。要保证接受你生气的人能够理解你的感受以及你试图传达的委屈。但是如果你表达愤怒的方式像是在生气，其实你正在进行不清楚的传达。

四是仔细思考关于表达愤怒的方式，以使自己获得想要的结果。你想通过生气达到什么目的？你只是想别人感觉不舒服还是想让他人知道你很介意这件事，高喊："你白痴！你怎么如此愚蠢！"也许会达到前一目的，但它不可能让人来道歉，更不必说去改变他的行为了，应该利用说服的策略而不是敌对的方式。

参见《心理学的邀请(第三版)》第560页

■**思考题：**

1. 如何正确认识健康的重要性？

2. 罪犯患病后要注意哪些事项？

3. 你在服刑期间打算如何提升自己的心理健康水平？

4. 回忆一件让自己影响深刻、记忆清晰、与他人发生矛盾时情绪失控(产生消极情绪)的事件，你现在打算如何控制它？

5. 怎样才能处理好与监狱人民警察之间的关系？

◆**教学活动：**

一、组织一次《常见传染性疾病预防及外医办理程序》专题讲座。

二、组织一次心理健康知识讲座。

三、在新入监罪犯中开展一次团体或个体咨询活动。

第九章 改造考核 奖优罚劣

对罪犯实施考核与奖惩，是监狱管理中的一项重要内容，是体现党和国家改造罪犯政策的重要环节，是贯彻落实“惩罚与改造相结合，以改造人为宗旨”监狱工作方针的重要举措。同时，也是充分调动罪犯的改造积极性，促进罪犯安心改造，建立和谐改造氛围和良好改造秩序的重要手段。做好对罪犯的考核与奖惩工作，对于维护法律的严肃性、确保刑罚执行的准确性、体现全面依法治国思想、推进法治监狱建设具有十分重要的意义。

第一节 计分考核

计分考核是监狱对罪犯日常改造表现进行综合考察与评定的量化考核，是管理改造罪犯的重要手段。考核的结果是监狱对罪犯进行奖励和处罚的重要依据，是罪犯提请减刑、假释建议的源头和基础性制度。因此，每一名罪犯都必须认真学习计分考核制度，切实按照考核制度规范日常改造的一言一行，积极争取更多的奖励，从而为自己的改造和新生夯实基础、铺平道路。

一、计分考核的目的和要求

（一）计分考核的目的

1. 计分考核是有效调动罪犯改造积极性的重要措施。对罪犯日常改造表现进行考核，根据考核结果区别对待，表扬鼓励遵规守纪的行为，打击惩处违反监规纪律的行为，既保证了监管秩序的稳定，又使罪犯看到自己的改造成绩，认清在改造道路上哪些是应继续发扬的，哪些是必须克服和坚决禁止的，达到弃恶扬善、加速改造之目的。同时，让罪犯有了评价自己改造行为是非的标准和方法，及时发现自己改造中存在的问题，促使罪犯认清改造方向，明确改造目标，不断提高积极改造的自觉性。

2. 计分考核是全面提高教育改造质量的根本途径。“将罪犯改造成为守法公民”是监狱工作的根本宗旨和目标，“守法公民”就是法律赋予监狱改造罪犯的根本质量标准，监狱的中心任务就是提高罪犯教育改造质量，监狱所有的执法行为都是围绕这个中心任务展开的。罪犯也必须把自己“改造成为守法公民”作为服刑改造的根本目标。计分考核是监狱唯一全面考核罪犯服刑期间所有改造行为的执法工具，对罪犯所有的改造行为具有明确的导向性。所以，作为反映罪犯改造成效的计分考核同样必须客观、公正、准确地反映罪犯的教育改造质量，才能正确引导罪犯始终围绕教育改造质量的提高进行改造。

3. 计分考核是正确实施奖惩的前提和依据。《监狱法》第 56 条规定：“监狱应当建立罪犯的日常考核制度，考核的结果作为对罪犯奖励和处罚的依据。"计分考核的主要目的就是奖惩。只有准确及时地对罪犯进行考核,才能依法实施公正适度的奖惩。没有全面、准确的考核,就很难正确实施奖惩。

4. 计分考核是提高监狱执法公信力的有力武器。计分考核是一整套内容完备、程序严密的规章制度,其最大的特点就是标准统一,尺度一致;细化量化,宽严相济;标准科学,操作简便,最大限度地避免了人为操作。严格、依法、科学、公正对罪犯进行计分考核,直接关系到罪犯的切身利益,体现了监狱的执法水平,让罪犯深刻体会到国家政策的威力,深切体验到党和政府惩恶扬善、激励改造的无比力量,为罪犯的改造指引了方向。

(二)计分考核的要求

为正确了解和掌握罪犯的改造情况和改造程度,对罪犯的计分考核必须由监狱人民警察直接掌握。计分考核的要求主要有以下几点:

1. 实事求是,客观公正。计分考核要依据罪犯改造现实表现,以事实为依据,以法律法规为准绳,不能凭监狱人民警察的主观臆断和个人好恶而随意考核,更不能弄虚作假、徇私舞弊。只有这样,才能真正做到奖有依据、罚有事实,达到奖优罚劣的目的。

2. 准确及时,严格规范。计分考核要尽可能准确。准确是进行考核奖惩的基础和前提。离开了准确,任何考核奖惩都失去了积极的意义。及时考核才能使奖惩发挥促进改造的最佳作用。严格考核能够有效矫正罪犯不良习惯,提高改造质量。规范考核能够促进监狱人民警察公正执法,有利于罪犯主动接受考核结果。

3. 奖优罚劣,奖罚严明。计分考核要体现奖优罚劣原则,积极改造受奖,抗拒改造受罚,达标受奖,及时兑现。考核要注重教育改造效果,利用考核手段弘扬狱内改造正气,打击歪风邪气,创造良好服刑改造环境,将罪犯改造成为守法公民。

4. 全面公开,系统记载。要真实有据地了解罪犯的整个改造过程,防止片面性,克服随意性,公开考核可以起到教育罪犯、引导改造的作用。

二、计分考核的内容和组织方法

司法部2016年7月22日印发了《关于计分考核罪犯的规定》(司发通〔2016〕68号),全国各省(市、自治区)监狱管理部门根据此规定,结合本地实际,制定了实施细则,虽然内容不尽相同,但大同小异。

(一)计分考核的内容和标准

计分考核的内容是考查评定罪犯改造表现的标准和依据,是监狱改造罪犯总目标的具体化和标准化。计分考核的内容分为教育改造和劳动改造两大部分,每月基础分为100分。

1. 教育改造部分。按照监狱管理规定,罪犯在服刑改造期间达到以下各项要求的,当月给予教育改造基础分65分:①服从法院判决,认罪悔罪;②遵守监规纪律,遵守服刑人员行为规范;③服从管理,如实向监狱人民警察汇报改造情况;④爱护公共财物,讲究卫生,讲究文明礼貌;⑤参加思想、文化、技术学习,考核成绩合格;⑥参加文体活动,接受心理健康教育;⑦其他接受教育改造的情形。

2. 劳动改造部分。按照监狱管理规定,罪犯在服刑改造期间达到以下各项要求的,当月给予劳动改造基础分 35 分:①劳动态度端正,服从调配,按时出工劳动,参加劳动习艺;

②按时完成核定的劳动任务,达到劳动质量要求,无劳动定额的,认真履行岗位职责;③遵守劳动操作规程和安全生产规定,爱护劳动工具和产品;④其他接受劳动改造的情形。

(二)计分考核的模式

计分考核采取"基础分分值＋加分分值－扣分分值"的计分模式,依据考核的内容和标准,对符合标准的给予基础分,表现突出的给予加分,违反规定的给予扣分。积分总和为罪犯当月的考核得分。需要注意的是,教育改造与劳动改造的分数不得相互替补。同一加分、扣分情形可以给予多项加分、扣分的,按照最高分值给予加分、扣分。每部分考核内容月加分分值不得超过其基础分的 50%。

计分考核实行"日记载、周评议、月公示"。监狱人民警察每日记载罪犯的改造表现及加分、扣分情况。监区计分考核小组每周评议罪犯的改造表现,每月审定罪犯的考核得分,除检举违法违纪行为、提供有价值破案线索等不宜公示的情形外,均应及时在监区内公示。

(三)计分考核的程序

对罪犯加分、扣分,由监狱人民警察提出建议,报监区计分考核小组决定。分值较大的加分、扣分由监区计分考核小组报监狱计分考核领导小组审批。

罪犯对考核得分有异议的,可以自公示之日起 3 个工作日内向监区计分考核小组提出书面复查申请;监区计分考核小组应当进行复查,于5个工作日内做出书面复查意见。

罪犯对监区计分考核小组的复查意见有异议的,可以自收到复查意见之日起3个工作日内向监狱计分考核领导小组提出书面复核申请;监狱计分考核领导小组应当进行复核,于5个工作日内做出书面复核意见。监狱计分考核领导小组的复核意见为最终决定。

(四)计分考核的特殊情形

1. 对老年、身体残疾(不含自伤致残)、患严重疾病等经鉴定没有劳动能力的罪犯,只考核其教育改造的表现,每月基础分为100分。

2. 罪犯有检举严重违法违纪行为、提供有价值破案线索等特殊情形的,经监狱计分考核领导小组审批,可以给予专项加分,每年度专项加分分值不得超过600分。罪犯获得专项加分的,不影响其日常考核得分。

3. 罪犯通过利用个人影响力和社会关系、提供虚假证明材料、贿赂等不正当手段获得考核分的,取消该项得分,并给予扣分。

4. 罪犯受到警告、记过、禁闭处罚的,分别扣减考核分300分、600分、900分。受到禁闭处罚的,同时取消已有的考核积分和奖励,自禁闭结束次日起重新考核。禁闭期间的考核基础分记0分。

5. 罪犯服刑期间又犯罪的,取消已有的考核积分和奖励,自判决生效次日起重新考核。考核积分为负分的,保留负分。

6. 罪犯暂予监外执行期间不进行计分考核,自收监次日起继续计分考核,原有的考核积分和奖励有效。因违反暂予监外执行监督管理规定被收监执行的,扣减考核分 600 分。

7. 罪犯因涉嫌违法犯罪被立案侦查,经查证有违法犯罪行为的,侦查期间的考核基础分记 0 分;经查证无违法犯罪行为的,按照罪犯立案前 3 个月的平均得分,计算其侦查期间的考核得分。

8. 罪犯因办案机关办理案件需要被解回侦查、起诉或者审判,办案机关认定构成犯罪的,取消其已有的考核积分和奖励;办案机关认定不构成犯罪或者因作证等原因被办案机关解回的,保留已有的考核积分和奖励,并按照解回前 3 个月的平均得分,计算其解回期间的考核得分。

9. 罪犯依法提出申诉和控告的,不影响其考核得分。

10. 罪犯跨监狱调动的,调出监狱应当将罪犯计分考核情况移交接收监狱,由接收监狱继续考核。

三、计分考核结果的运用

根据《监狱法》的规定和司法部《关于计分考核罪犯的规定》的要求,监狱对罪犯计分考核结果的运用主要有以下几点。

(一)作为监狱对罪犯奖励和处罚的依据

《监狱法》第 56 条规定:"监狱应当建立罪犯的日常考核制度,考核的结果作为对罪犯奖励和处罚的依据。"当罪犯考核积分达到 600 分,经监区计分考核小组审查并报监狱计分考核领导小组批准后,给予一次表扬或者物质奖励。同时,从罪犯考核积分中扣除 600 分,剩余积分转入下一个考核周期。

(二)作为监狱对罪犯分级处遇的依据

《监狱法》第 39 条规定:"监狱根据罪犯的犯罪类型、刑种、刑期、改造表现等情况，对罪犯实行分别关押，采取不同方式管理。”分级处遇是落实不同方式管理的重要措施，其基本依据是罪犯的改造表现，而罪犯的改造表现要由计分考核的结果加以显示。监狱根据计分考核结果，除给予罪犯表扬、物质奖励外，可以依照有关规定在活动范围、通信会见、生活待遇、文体活动等方面给予罪犯不同的处遇。

（三）作为监狱为罪犯依法提请减刑、假释的重要依据

《监狱法》第 29 条、第 32 条分别规定，被判处无期徒刑、有期徒刑的罪犯，在服刑期间确有悔改或者立功表现的，根据监狱的考核结果，可以减刑。符合法律规定的假释条件的，由监狱根据考核结果向法院提出假释建议。需要指出的是，计分考核是减刑、假释的重要依据，但绝不是唯一依据，还应当综合考虑犯罪的具体情节、原判刑罚情况、财产刑执行情况、附带民事裁判履行情况、罪犯退赃退赔、罪犯主观恶性和社会危险性等情况，来办理减刑、假释案件。

第二节　行政奖励与处罚

行政奖励与处罚是指监狱依照法定条件和程序，并根据罪犯的现实改造表现和考核结果予以奖励或处罚的具体行政行为，是监狱执法的一项基础性工作，对罪犯的改造行为具有引导、预测、评价和激励作用。行政奖励与处罚虽然不能改变罪犯的原有刑

罚,却是罪犯获得刑事奖励与处罚的重要依据,并对最后的刑事奖励与处罚结果产生重要影响。如果奖励与处罚规定不科学、不合理、不完善,将会给罪犯改造带来一系列负面效应,因此科学的奖励与处罚规定对罪犯的改造具有极其重要的现实意义。

一、行政奖励

(一)表扬和物质奖励

1. 表扬和物质奖励的含义。表扬和物质奖励是指当罪犯计分考核积分达到一定数量之后,对罪犯积极改造行为肯定的一种行政行为。其中物质奖励分为现金和实物奖励,并根据获得物质奖励的情形不同,规定了不同的奖励标准。

2. 表扬和物质奖励的条件。《监狱法》第 57 条规定:“罪犯有下列情形之一的,监狱可以给予表扬、物质奖励或者记功:①遵守监规纪律、努力学习、积极劳动,有认罪服法表现的;②阻止违法犯罪活动的;③超额完成生产任务的;④节约原材料或者爱护公物,有成绩的;⑤进行技术革新或者传授生产技术,有一定成效的;⑥在防止或者消除灾害事故中做出一定贡献的;⑦对国家和社会有其他贡献的。”

司法部《关于计分考核罪犯的规定》要求,罪犯评定表扬奖励需要两个条件,一是考核积分必须达到 600 分,二是考核期内教育改造和劳动改造每部分考核得分不低于其基础分的 60%。两个条件都符合,给予一次表扬奖励;如果两个考核部分中有任何一部分考核得分低于其基础分 60% 的,则只能给予物质奖励,物质奖励具体实施办法由各监狱制定。

3. 表扬和物质奖励的程序。(1)表扬、物质奖励由监区(分监区)计分考核小组提出,监区全体民警会议集体讨论初审,监狱狱政科审核,监狱计分考核工作委员会审议、批准的程序进行。

(2)监狱给予罪犯表扬、物质奖励的,应当及时在监区内公示,公示时间不少于3个工作日。

(3)监狱根据计分考核结果给予罪犯表扬、物质奖励的,及时将审批决定抄送派驻检察机构。

(二)离监探亲

1. 离监探亲的含义。离监探亲,就是指监狱准予符合一定条件的罪犯暂时离开监狱、探望亲属。它是调动罪犯改造积极性、维护监所稳定、提高改造质量的重要有效手段,是贯彻"惩罚与改造相结合,以改造人为宗旨"生动实践。

2. 离监探亲的条件。《监狱法》规定,被判处有期徒刑的罪犯有前款(即《监狱法》第57条规定的7种情形)所列情形之一,执行原判刑期1/2以上,在服刑期间一贯表现好,离开监狱不致再危害社会的,监狱可以根据情况准其离监探亲。

司法部《罪犯离监探亲与特许离监规定》(司发通[2001]094号)第2条规定,对具有上述规定的情形同时具有下列条件的罪犯,可以批准其离监探亲:①原判有期徒刑以及死刑缓期二年执行、无期徒刑减为有期徒刑,执行有期徒刑1/2以上;②宽管级处遇;③服刑期间一贯表现好,离监后不致再危害社会;④探亲对象的常住地在监狱所在的省(区、市)行政区域范围内。

另外,《罪犯离监探亲与特许离监规定》还明确,罪犯离监探亲的对象限于父母、子女、配偶。符合条件的罪犯每年只准离监探亲1次,时间为3~7天。监狱每年可分批准予罪犯离监探亲。每年离监探亲罪犯的比例不得超过监狱押犯总数的2%。女子监狱和未成年犯监狱的离监探亲比例可以适当提高。

3. 离监探亲的程序。根据司法部《罪犯离监探亲和特许离监规定》,批准罪犯离监探亲,应当按照以下程序进行:①监区根据离监探亲的条件组织罪犯按条件申请或推荐;②监区对申请或推荐出的罪犯进行认真审查,对符合条件的,填写《罪犯离监探亲审批表》,经狱政科审核,分管改造副监狱长核查,报监狱长审批;③对列为重点管理的罪犯离监探亲,须报经省(区、市)监狱管理局批准。

(三)立功和重大立功

1. 立功和重大立功的含义。立功是指对罪犯在刑罚执行期间所做的对国家和社会具有一定贡献行为的奖励。重大立功是指对罪犯在刑罚执行期间做出的对国家和社会有重大贡献行为的一项奖励。

2. 立功和重大立功的条件。《最高人民法院关于办理减刑、假释案件具体应用法律的规定》(法释〔2016〕23号)的第4条规定:“具有下列情形之一的,可以认定为有‘立功表现’:①阻止他人实施犯罪活动的;②检举、揭发监狱内外犯罪活动,或者提供重要的破案线索,经查证属实的;③协助司法机关抓捕其他犯罪嫌疑人的;④在生产、科研中进行技术革新,成绩突出的;⑤在抗御自然灾害或者排除重大事故中,表现积极的;⑥对国家和社会有其他较大贡献的。其中,第4项、第6项中的技术革新或者其他较大贡献应当由罪犯在刑罚执行期间独立或者为主完成，并经省级主管部门确认。”第5条规定：“具有下列情形之一的，应当认定为有‘重大立功表现’：①阻止他人实施重大犯罪活动的；②检举监狱内外重大犯罪活动，经查证属实的；③协助司法机关抓捕其他重大犯罪嫌疑人的；④有发明创造或者重大技术革新的；⑤在日常生产、生活中舍已救人的；⑥在抗御自然灾害或者排除重大事故中，有突出表现的；⑦对国家和社会有其他重大贡献的。其中，第4项中的发明创造或者重大技术革新应当是罪犯在刑罚执行期间独立或者为主完成并经国家主管部门确认的发明专利，且不包括实用新型专利和外观设计专利；第7项中的其他重大贡献应当由罪犯在刑罚执行期间独立或者为主完成，并经国家主管部门确认。”

值得注意的是，罪犯有重大立功表现的，可以作为直接呈报减刑的依据，并不受减刑起始时间和间隔时间的限制。

3. 立功和重大立功的程序。(1)罪犯立功、重大立功应当依照监区提名、监区全体民警集体评议、狱政科审核、监狱罪犯立功和重大立功评审委员会会议评审、狱内公示(需要保密的，不公示)、监狱长办公会审议决定的程序进行。监狱评审委员会评审时，可邀请驻监检察室检察官列席。

(2)公、检、法等部门出具的证据材料应由具体办案人员签字并加盖单位公章。

(3)对于罪犯立功、重大立功事实真实性的审查，如有必要监狱应开展调查或者派人赶赴相关单位予以核查。

(4)监狱认为罪犯有立功、重大立功的，应在5日内报省(市、区)监狱管理局备案或审批。

另外，司法部《监狱教育改造工作规定》第51条规定："监狱和省、自治区、直辖市监狱管理局应当每年分别组织评选本监狱和本地区的改造积极分子。"还有，为了充分调动罪犯改造积极性，监狱通常会组织一些劳动竞赛、征文、演讲、歌咏、内务评比等活动，对其中表现出色的罪犯授予各种荣誉称号，如劳动能手、规范标兵、学习标兵等，并给予一定的加分奖励和物质奖励。

二、行政处罚

（一）行政处罚的含义

所谓行政处罚指监狱对严重违反监狱管理制度和《监狱服刑人员行为规范》，但没有违反刑法的罪犯所给予的处罚，包括警告、记过、禁闭等三种。

（二）行政处罚的条件

根据《监狱法》第58条规定，罪犯有下列破坏监管秩序情形之一的，监狱可以给予警告、记过或者禁闭。

1. 聚众哄闹监狱，扰乱正常秩序的。

2. 辱骂或者殴打人民警察的。

3. 欺压其他罪犯的。

4. 偷窃、赌博、打架斗殴、寻衅滋事的。

5. 有劳动能力拒不参加劳动或者消极怠工，经教育不改的。

6. 以自伤、自残手段逃避劳动的。

7. 在生产劳动中故意违反操作规程，或者有意损坏生产工具的。

8. 有违反监规纪律其他行为的。

依照前款规定，对罪犯实行禁闭的期限为7天至15天。

（三）行政处罚的程序

1. 对罪犯的警告、记过、禁闭等行政处罚，由监区研究决定，报监狱狱政管理部门审核、监狱主管领导批准即可宣布实施。

2. 行政处罚的决定应当在罪犯中公开。

3. 对罪犯的处罚，应填写《扣分（警告、记过、禁闭）通知书》，并送达罪犯本人。

4. 罪犯对行政处罚有异议的，可以申请复议，监狱应在7个工作日内给予答复。

第三节　刑事奖励与处罚

刑事奖励与处罚是监狱根据罪犯在改造过程中的悔改或立功表现，或者又犯罪行为，依照法定程序报请法院裁决后实施的奖惩。

刑事奖励与处罚的决定机关是法院，监狱只具有对罪犯给予刑事奖惩的提请权，而没有刑事奖惩的决定权。

一、刑事奖励

（一）刑事奖励的种类

根据《监狱法》等有关法规，对罪犯的刑事奖励有2种，即减刑与假释。

1. 减刑。是指对正在服刑的罪犯依法减少一定服刑时间的刑事奖励。就我国的现行《刑法》而言，减刑主要针对的是少数几种自由刑的减免，尚未涉及权利刑、财产刑、生命刑的减免。

2. 假释。是指对正在服刑的被判处无期徒刑、有期徒刑的罪犯给予附条件提前释放的刑事奖励。

减刑、假释作为刑罚变更执行的重要措施，是我国《刑法》、《刑事诉讼法》等法律规定的重要制度，是宽严相济刑事政策在刑罚执行过程中的具体体现，对于激励罪犯积极改造，促进罪犯回归、融入社会，具有非常重要的意义。

（二）刑事奖励的条件

对罪犯给予刑事奖励的法律依据主要是《刑法》、《监狱法》、《最高人民法院关于办理减刑、假释案件具体应用法律的规定》（法释[2016]23 号）、《最高人民法院关于减刑、假释案件审理程序的规定》（法释[2014]5 号）、2014 年修订的司法部第 77 号令《监狱提请罪犯减刑、假释工作程序规定》等有关法规。近几年，最高人民法院和各省（直辖市、自治区）高级人民法院根据形势的发展与地方实际，对其中的部分规定做出了调整和完善。罪犯在学习时要注意以最新颁布的法律法规为准，避免产生误解。

1. 减刑的条件。

（1）减刑的对象条件。只要是被判处有期徒刑、无期徒刑的罪犯，无论其犯罪行为是故意还是过失，是重罪还是轻罪，是危害国家安全罪还是其他刑事犯罪，如果具备了法定的减刑条件都可以减刑。

（2）减刑的实质条件。根据《刑法》第78条和《监狱法》第29条的规定，减刑的实质条件分为“可以”减刑和“应当”减刑两种：一是“可以减刑”的条件。被判处无期徒刑、有期徒刑的罪犯，在服刑期间确有悔改或者立功表现的，根据监狱考核的结果，可以减刑。其中“确有悔改表现”是指同时具备以下4个方面的情形：①认罪悔罪；②遵守法律法规及监规，接受教育改造；③积极参加思想、文化、职业技术学习；④积极参加劳动，努力完成生产任务。“立功表现”具有的情形详见本章第二节中有阐述，在此不再赘言。对于罪犯符合“可以减刑”条件时，法院在办理时应当综合考察罪犯犯罪的性质和具体情节、社会危害程度、原判刑罚及生效裁判中财产性判项的履行情况、交付执行后的一贯表现等因素。二是“应当减刑”的条件。有重大立功表现的罪犯，应当减刑。“重大立功表现”具有的情形详见本章第二节中有阐述，在此不再赘言。罪犯在服刑期间，因为重大立功而呈报减刑时，不受减刑起始时间和间隔时间的限制。

（3）减刑的限度条件。减刑的限度条件是指减刑的幅度、起始和间隔时间。一般根据原判刑期的长短，分以下几种情况。

一是被判处有期徒刑的罪犯在刑罚执行期间，如果确有悔改表现或者有立功表现的，一次减刑不超过9个月；确有悔改表现并有立功表现的，一次减刑不超过1年；有重大立功表现的，一次减刑不超过1年6个月；确有悔改表现并有重大立功表现的，一次减刑不超过2年。有期徒刑罪犯减刑之后实际执行的刑期，不能少于原判刑期的1/2。罪犯原判刑期不满5年的，应当执行1年以上方可减刑；罪犯原判刑期5年以上不满10年有期徒刑的，应当执行

1 年 6 个月以上方可减刑；罪犯原判刑期 10 年以上有期徒刑的，应当执行 2 年以上方可减刑。有期徒刑减刑的起始时间自判决执行之日起计算。被判处不满 10 有期徒刑的罪犯，两次减刑间隔时间不得少于 1 年；被判处 10 年以上有期徒刑的罪犯，两次减刑间隔时间不得少于 1 年 6 个月。减刑间隔时间不得低于上次减刑减去的刑期。

二是被判处无期徒刑的罪犯在刑罚执行期间，符合减刑条件的，执行 2 年以上，可以减刑。减刑幅度为：确有悔改表现或者有立功表现的，可以减为 22 年有期徒刑；确有悔改表现并有立功表现的，可以减为 21 年以上 22 年以下有期徒刑；有重大立功表现的，可以减为 20 年以上 21 年以下有期徒刑；确有悔改表现并有重大立功表现的，可以减为 19 年以上 20 年以下有期徒刑。无期徒刑罪犯减为有期徒刑后再减刑时，减刑幅度依照有期徒刑罪犯减刑的规定执行。两次减刑间隔时间不得少于 2 年。

三是被判处死刑缓期执行的罪犯减为无期徒刑后，符合减刑条件的，执行 3 年以上方可减刑。减刑幅度为：确有悔改表现或者有立功表现的，可以减为 25 年有期徒刑；确有悔改表现并有立功表现的，可以减为 24 年以上 25 年以下有期徒刑；有重大立功表现的，可以减为 23 年以上 24 年以下有期徒刑；确有悔改表现并有重大立功表现的，可以减为 22 年以上 23 年以下有期徒刑。被判处死刑缓期执行的罪犯减为有期徒刑后再减刑时，比照被判无期徒刑减为有期徒刑后再减刑的规定办理。

被判处死刑缓期执行的罪犯经过一次或者几次减刑后，其实际执行的刑期不得少于 15 年，死刑缓期执行期间不包括在内。死刑缓期执行罪犯在缓期执行期间不服从监管、抗拒改造,尚未构成犯罪的,在减为无期徒刑后再减刑时应当适当从严。

四是被判处有期徒刑、无期徒刑的罪犯在刑罚执行期间又故意犯罪,新罪被判处有期徒刑的,自新罪判决确定之日起 3 年内不予减刑;新罪被判处无期徒刑的,自新罪判决确定之日起 4 年内不予减刑。罪犯在死刑缓期执行期间又故意犯罪,未被执行死刑的,死刑缓期执行的期间重新计算,减为无期徒刑后,5 年内不予减刑。被判处死刑缓期执行罪犯减刑后,在刑罚执行期间又故意犯罪的,新罪被判处有期徒刑的,自新罪判决确定之日起 3 年内不予减刑;新罪被判处无期徒刑的,自新罪判决确定之日起 4 年内不予减刑。

五是对被判处有期徒刑、无期徒刑和死刑缓期执行的职务犯罪罪犯,破坏金融管理秩序和金融诈骗犯罪罪犯,组织、领导、参加、包庇、纵容黑社会性质组织犯罪罪犯,危害国家安全犯罪罪犯,恐怖活动犯罪罪犯,毒品犯罪集团的首要分子及毒品再犯,累犯,确有履行能力而不履行或者不全部履行生效裁判中财产性判项的罪犯,以及因故意杀人、强奸、抢劫、绑架、放火、爆炸、投放危险物质或者有组织的暴力性犯罪被判处 10 年以上有期徒刑的罪犯,数罪并罚且其中两罪以上被判处 10 年以上有期徒刑的罪犯,符合减刑条件的,每次减刑时其减刑幅度、起始和间隔时间均应从严掌握。

值得注意的是,以上所有减刑情形,当罪犯有重大立功表现的,可以不受上述减刑起始时间和间隔时间的限制。

六是对有期徒刑罪犯减刑时,对附加剥夺政治权利的刑期可以酌减。酌减后剥夺政治权利的期限,最短不得少于 1 年。被判处死刑缓期执行、无期徒刑的罪犯减为有期徒刑时，应当将附加剥夺政治权利的期限减为7年以上10年以下，经过一次或者几次减刑后，最终剥夺政治权利的期限不得少于3年。

七是被限制减刑的死刑缓期执行罪犯，减为无期徒刑后，符合减刑条件的，执行5年以上方可减刑。减刑间隔时间和减刑幅度从严掌握，一次减刑不超过1年，两次减刑之间应当间隔2年以上。被限制减刑的死刑缓期执行罪犯，减为有期徒刑后再减刑时，一次减刑不超过6个月，两次减刑间隔时间不得少于2年。有重大立功表现的，间隔时间可以适当缩短，但一次减刑不超过1年。

八是对被判处终身监禁的罪犯，在死刑缓期执行期满依法减为无期徒刑的裁定中明确终身监禁，不再减刑或者假释。

九是未成年罪犯、老年罪犯、患严重疾病罪犯或者身体残疾罪犯符合条件的，减刑时减刑幅度可以适当放宽，或者起始时间、间隔时间可以适当缩短，但放宽的幅度和缩短的时间不得超过本规定中相应幅度、时间的1/2。

2. 假释的条件

(1)假释的对象条件。适用假释的对象只能是被判处有期徒刑和无期徒刑的罪犯。但是对累犯以及因故意杀人、强奸、抢劫、绑架、放火、爆炸、投放危险物质或者有组织的暴力性犯罪被判处10年以上有期徒刑、无期徒刑的罪犯，不得假释。对于生效裁判中有财产性判项，罪犯确有履行能力而不履行或者不全部履行的，不予假释。

(2)假释的实质条件。罪犯认真遵守监规，接受教育改造，确有悔改表现，没有再犯罪的危险，这是适用假释的实质条件或者关键性条件。如果罪犯拒不认罪,假释以后还有再犯罪的危险性,即便执行了一定期间的刑罚,也不能给予假释。这里所谓的确有悔改表现,与减刑条件中的“确有悔改表现”的含义和要求是一致的。“没有再犯罪的危险”,除符合《刑法》第81条规定的情形外,还应当根据犯罪的具体情节、原判刑罚情况,在监狱的一贯表现,罪犯的年龄、身体状况、性格特征,假释后生活来源以及监管条件等因素综合考虑。对罪犯决定假释时,应当考虑其假释后对所居住社区的影响。

此外,根据有关司法解释,对下列罪犯适用假释时可以依法从宽掌握:①过失犯罪的罪犯、中止犯罪的罪犯、被胁迫参加犯罪的罪犯;②因防卫过当或者紧急避险过当而被判处有期徒刑以上刑罚的罪犯;③犯罪时未满18周岁的罪犯;④基本丧失劳动能力、生活难以自理,假释后生活确有着落的老年罪犯、患严重疾病罪犯或者身体残疾罪犯;⑤服刑期间改造表现特别突出的罪犯;⑥具有其他可以从宽假释情形的罪犯。罪犯既符合法定减刑条件,又符合法定假释条件的,可以优先适用假释。

(3)假释的刑罚执行时间条件。

假释只适用于已经执行一部分刑罚的罪犯。即被判处有期徒刑的罪犯假释时,执行原判刑期1/2的时间;被判处无期徒刑的罪犯假释时,刑法中关于实际执行刑期不得少于13年的时间;被判处死刑缓期执行的罪犯减为无期徒刑或者有期徒刑后,实际执行15年以上(死刑缓期执行期间不包括在内,判决确定以前先行羁押的时间不予折抵)。如果认真遵守监规,接受教育改造,确有悔改表现,没有再犯罪的危险的,可以假释。

(4)假释考验期限。罪犯的假释考验期限因原判刑罚及执行的不同而有所不同。根据《刑法》规定,有期徒刑的假释考验期限,为没有执行完毕的刑期;无期徒刑的假释考验期限为10年。假释考验期限,从假释之日起计算。

(三)刑事奖励的程序

刑事奖励制度是刑罚执行机关提高刑事执行效果的重要手段,是罪犯及其家属最关心的焦点问题,是监狱执法的重要环节。非经法定程序不得减刑、假释。

1. 监狱提请减刑、假释的程序。监狱对有期徒刑和被减刑为有期徒刑的罪犯提请减刑、假释,实行“五审核”和“一公示”。

(1)由分监区召开全体监狱人民警察会议,根据法律规定的条件,结合罪犯的改造表现,集体研究,提出减刑、假释建议,报经监区长办公会审核同意后,报送监狱刑罚执行部门审查。直属分监区或者未设分监区的监区,由直属分监区或者监区人民警察集体研究,提出提请减刑、假释建议,报送监狱刑罚执行部门审查。

(2)监狱刑罚执行部门收到对罪犯拟提请减刑、假释的材料后,依照有关规定,对监区(分监区)上报的相关材料进行审查并出具审查意见,然后连同监区报送的材料一并提交监狱提请减刑假释评审委员会评审。

(3)监狱提请减刑假释评审委员会对刑罚执行部门审查提交的减刑、假释建议进行评审,经评审后应当将拟提请减刑、假释的罪犯名单以及减刑、假释意见在监狱内公示,公示期限为5个工作日。公示期内。如有人民警察或者罪犯对公示内容提出异议,监狱提请减刑假释评审委员会应当进行复核,并告知复核结果。

(4)监狱应当在减刑假释评审委员会完成评审和公示程序后,将提请减刑、假释建议送人民检察院征求意见。征求意见后,监狱减刑假释评审委员会应当将提请减刑、假释建议和评审意见连同人民检察院意见,一并报请监狱长办公会议审议决定。监狱对人民检察院意见未予采纳的,应当予以回复,并说明理由。

(5)监狱长办公会议决定提请减刑、假释的,由监狱长在《罪犯减刑(假释)审核表》上签署意见,加盖监狱公章,并由监狱刑罚执行部门根据法律规定制作《提请减刑建议书》或者《提请假释建议书》,连同有关材料一并提请人民法院裁定。人民检察院对提请减刑、假释提出的检察意见,应当一并移送受理减刑、假释案件的人民法院。监狱提请人民法院裁定减刑、假释,应当提交下列材料:①《提请减刑建议书》或者《提请假释建议书》;②终审法院裁判文书、执行通知书、历次减刑裁定书的复印件;③罪犯计分考核明细表、评审鉴定表、奖惩审批表;④罪犯确有悔改或者立功、重大立功表现的具体事实的书面证明材料;⑤提请假释的,应当附有县级司法行政机关关于罪犯假释后对所居住社区影响的调查评估报告;⑥根据案件情况需要提交的其他材料。

对被判处有期徒刑和被减刑为有期徒刑罪犯的减刑、假释,由监狱提出建议,提请罪犯服刑地的中级人民法院裁定。对被判处死刑缓期 2 年执行的罪犯的减刑,被判处无期徒刑的罪犯的减刑、假释,由监狱提出建议,经省、自治区、直辖市监狱管理局审核同意后,提请罪犯服刑地的高级人民法院裁定。

2. 法院减刑、假释案件审理程序。为进一步规范减刑、假释案件的审理程序,确保减刑、假释案件审理的合法、公正,最高人民法院通过了《最高人民法院关于减刑、假释案件审理程序的规定》，规定了减刑、假释案件的审理程序：

(1)对被判处有期徒刑和被减为有期徒刑的罪犯的减刑、假释，由罪犯服刑地的中级人民法院在收到执行机关提出的减刑、假释建议书后1个月内做出裁定，案情复杂或者情况特殊的，可以延长1个月；对被判处无期徒刑的罪犯的减刑、假释，由罪犯服刑地的高级人民法院在收到同级监狱管理机关审核同意的减刑、假释建议书后一个月内做出裁定，案情复杂或者情况特殊的，可以延长1个月；对被判处死刑缓期执行的罪犯的减刑，由罪犯服刑地的高级人民法院在收到同级监狱管理机关审核同意的减刑建议书后1个月内做出裁定。

(2)人民法院审理减刑、假释案件，应当依法由审判员或者由审判员和人民陪审员组成合议庭进行。

(3)人民法院审理减刑、假释案件，可以采取开庭审理或者书面审理的方式。但下列减刑、假释案件，应当开庭审理：①因罪犯有重大立功表现报请减刑的；②报请减刑的起始时间、间隔时间或者减刑幅度不符合司法解释一般规定的；③公示期间收到不同意见的；④人民检察院有异议的；⑤被报请减刑、假释罪犯系职务犯罪罪犯，组织(领导、参加、包庇、纵容)黑社会性质组织犯罪罪犯，破坏金融管理秩序和金融诈骗犯罪罪犯及其他在社会上有重大影响或社会关注度高的；⑥人民法院认为其他应当开庭审理的。而且，要求人民法院开庭审理减刑、假释案件，能够当庭宣判的应当当庭宣判；不能当庭宣判的，可以择期宣判。

(4)人民法院审理减刑、假释案件，应当在立案后五日内将执行机关报请减刑、假释的建议书等材料依法向社会公示。公示内容应当包括罪犯的个人情况、原判认定的罪名和刑期、罪犯历次减刑情况、执行机关的建议及依据。而且,减刑、假释裁定书应当通过互联网依法向社会公布。

(5)人民法院做出减刑、假释裁定后,应当在七日内送达报请减刑、假释的执行机关、同级人民检察院以及罪犯本人。做出假释裁定的,还应当送达社区矫正机构或者基层组织。

二、刑事处罚

(一)刑事处罚的种类

所谓刑事处罚指法院对罪犯在监狱服刑期间又犯罪或者漏罪行为给予的处罚,也就是加刑,但还有三种特殊情况。

1. 又犯罪加刑。狱内又犯罪是指罪犯在改造中不思悔改,实施《刑法》规定为犯罪的违法行为。它具有以下特征:

(1)又犯罪的主体有特定的范围。它的主体是正在监狱内服刑改造的罪犯。

(2)空间和时间上有限制。犯罪活动的时间必须是罪犯正在服刑的期间,包括罪犯在监狱内执行刑罚、暂予监外执行、离监探亲以及脱逃期间。

(3)又犯罪不是原判刑罚的罪或漏罪,而是在服刑期间犯的新罪。

(4)新罪与旧罪既可能是同种之罪,也可能是异种之罪。

(5)罪犯所犯的新罪,既包括故意犯罪,也包括过失犯罪。

在监狱中有少数罪犯由于犯罪思想根深蒂固，反社会意识强烈，原有的犯罪思想尚未消除，在服刑期间再次触犯《刑法》。这些犯罪行为严重威胁着监狱安全，严重破坏了监管改造秩序，监狱历来都是予以严厉打击的。根据有关法律规定，对又犯罪的罪犯实行数罪并罚，直至死刑。同时对新犯的罪行做出判决时，把前罪没有执行的刑罚和后罪所判的刑罚，采取“先减后并”的方法实行数罪并罚，但刑期最高不能超过 25 年。实行“先减后并”的计算方法，较之“先并后减”的计算方法有所不同。而且，罪犯被裁定减刑后，刑罚执行期间因故意犯罪而数罪并罚时，经减刑裁定减去的刑期不计入已经执行的刑期。原判死刑缓期执行减为无期徒刑、有期徒刑，或者无期徒刑减为有期徒刑的裁定继续有效。法律之所以如此规定，主要是因为罪犯在服刑中又犯罪，表明其没有改恶从善，弃旧图新，恶习仍然较重，因此必须给予更严厉的惩罚，以维护国家法律的威严，体现刑罚的精神实质。

◆案例：某监狱 3 名限制减刑罪犯胡某、刘某、曹某，认为其所在分监区分管劳动改造的副区长滕某故意针对、刁难他们，对副区长滕某的严格监管心生怨恨，预谋共同将其杀害。2017 年 8 月 29 日 8 时许，胡某闯入办公室，用打碎的窗户玻璃捅刺滕某头部、颈部，滕某左手掌被刺伤。刘某、曹某堵在办公室门口阻止他人进入办公室解救滕某，在场人员冲入办公室解救滕某时，刘某将其中罪犯刘某某、陈某打伤。后在场人员共同制止了 3 人的暴力行为，监狱人民警察将其抓获。经鉴定，滕某、刘某、陈某均构成轻微伤。

3 人作案时，胡某尚处于死缓考验期，曹某死缓考验期已过但尚未减为无期徒刑。罪犯胡某曾因故意杀人罪被判处死缓，并限制减刑;罪犯刘某系累犯,属于"三进宫"罪犯;罪犯曹某系累犯及毒品再犯,亦属于"三进宫"罪犯。3人在监狱服刑以来,劳动改造表现不佳,不能正确对待监狱人民警察的日常管理,并在监管场所内众目睽睽之下共同实施杀害监管人民警察的行为,尽管由于意志以外的原因未能得逞,但在狱内造成了非常恶劣的影响、其性质非常恶劣,应当以故意杀人罪追究其刑事责任,以确保监管场所的安全稳定,维护其他罪犯的合法权益。

2018年1月15日,监狱所在地中级人民法院一审判处胡某报请最高人民法院核准死刑立即执行;刘某判处有期徒刑10年,剥夺政治权利2年,合并执行无期徒刑,剥夺政治权利终身;曹某判处有期徒刑10年,剥夺政治权利2年,合并执行无期徒刑,剥夺政治权利终身。

2. 漏罪加刑。漏罪是指罪犯在服刑期间被发现在判决宣告以前所犯的未经判决的罪行。漏罪具有两个特征:一是漏罪是罪犯在判决宣告以后,刑罚执行完毕以前发现的;二是漏罪是罪犯在判决宣告以前实施的并未被判决的罪行。

◆案例:罪犯谢某因犯诈骗罪被判处有期徒刑3年6个月,正在某监狱服刑。2017年3月22日其以帮忙办理土地使用证过户为由诈骗一对兄弟36万元的案件告破。一审法院审理认为,本罪属于判决宣告后、刑罚执行完毕前发现的漏罪,依法应当对本罪做出判决,与前罪判决实行数罪并罚。一审法院以诈骗罪判处谢某有期徒刑7年7个月,与前罪判决并罚后,决定执行有期徒刑10年,并处罚金2.5万元。谢某上诉被驳回,维持原判。

3. 特殊情形的刑事处罚。这里所说的特殊情形,并不是指由特定的机关来认定的某种犯罪行为，也不是刑法上明文规定的刑事处罚方式，而是这些情形经法院裁定后，在事实上会对罪犯的改造产生某种类似加刑的处罚效果，因此需要罪犯在改造过程中给予高度重视。

(1)监狱撤销减刑、假释建议。根据有关规定，罪犯获得减刑资格后，由监狱向法院提请减刑、假释建议。在法院做出减刑、假释裁定前，如果罪犯放松要求，严重违反监规纪律，或者又犯新罪，监狱可以向法院提请撤销减刑、假释的建议。如果这个建议得到法院的采纳，罪犯就会失去一次减刑机会，这对罪犯而言，就具有某种加刑的意义。当然，如果在此期间因他犯检举，罪犯在原来获得行政奖励的考核期内有重大违纪行为，经有关部门查实后撤销一次或多次行政奖励，从而导致罪犯失去这次减刑机会，这就另当别论了。因为那本来就不应该存在，也就无所谓失去了。

◆案例:2015 年 10 月 5 日，某监狱二监区罪犯黎某在劳动时借得外协师傅手机私自与家里通话被监狱人民警察发现，其行为违反司法部关于违禁品有关规定，被当场送往该监惩教中心给予行政处罚。黎犯因抢劫罪被判刑 8 年，2011 年入监，余刑 1 年 4 个月。违纪时已获得 4 个表扬，本可以在 10 月下旬呈报减刑，由于严重违纪，受到禁闭 7 天，集训两个月的处罚，4 个表扬被取消，其减刑资格也被撤销。

(2)法院撤销假释裁定。罪犯因为改造表现突出，且符合法定条件而被假释，原本是一件非常好的事情，也是监狱对积极改造罪犯的一种充分认可。但是有少数罪犯在假释期间，不能很好地约束自己的行为，特别是在适应宽松自由的社会生活以后，因为各种原因再次违纪，而被法院裁定撤销假释，提前收监。显然，这种裁定对罪犯而言无疑是一种类似于加刑的处罚。《刑法》第86条第三款规定："被假释的犯罪分子，在假释考验期限内，有违反法律、行政法规或者国务院有关部门关于假释的监督管理规定的行为，尚未构成新的犯罪的，应当依照法定程序撤销假释，收监执行未执行完毕的刑罚。"

◆案例：社区矫正人员詹某因犯故意杀人罪被判处死刑，缓期2年执行，附加剥夺政治权利终身。2013年6月26日经人民法院裁定假释。在假释考验期间，依法实行社区矫正。社区矫正期限自2013年6月26日起至2018年1月17日止。詹某于2015年12月29日09时许与同乡村民杨某某因情感纠纷在东风村石山坡处发生口角后，用嘴将杨某某的右脸颊咬伤，于2016年1月8日被公安机关行政拘留七日。人民法院依法撤销对詹某的假释裁定，并决定对其收监执行未执行完毕的刑罚。

(4)收监执行。罪犯因符合法定条件而被暂予监外执行后，依法实行社区矫正，由其居住地的社区矫正机构负责执行。但是有的罪犯在暂予监外执行期间，因犯新罪或者漏罪没有判决，或者违反社区矫正监督管理规定和人民法院禁止令等暂予监外执行情形消失，结果被法院加刑或者被监狱撤销暂予监外执行，收监执行。

◆案例：社区矫正人员石某在2006年因运输毒品罪被判处有期徒刑15年，投入监狱服刑，因其患有高血压、肝硬化等疾病，于2012年2月14日由省监狱管理局批准决定暂予监外执行。矫正期间，石某又因非法经营被判处有期徒刑10个月，缓刑1年6个月。经调查核实，石某系再犯，县司法局及时向监狱提出了撤销暂予监外执行，收监执行原判刑罚的建议。监狱经审核后向省监狱管理局提请对石某撤销暂予监外执行的建议，省监狱管理局依法做出了对石某撤销暂予监外执行的决定，石某被收监执行。

（二）刑事处罚的原则和程序

1. 对罪犯在服刑期间又犯罪所处刑罚的原则。对被判处死刑缓期 2 年执行、无期徒刑、有期徒刑的罪犯又犯罪在处理上有所不同。

（1）《刑法》第 50 条规定："判处死刑缓期二年执行的，在死刑缓期执行期间……，如果故意犯罪，情节恶劣的，报请最高人民法院核准后执行死刑……"《监狱法》第 59 条规定："罪犯在服刑期间故意犯罪的，依法从重处罚。"

（2）对于被判处无期徒刑的罪犯尚未减为有期徒刑时又犯新罪，则要将新罪所确定的刑罚与正在执行的无期徒刑合并执行。若新罪的刑罚是死刑（含死缓），则要执行死刑（或死缓）；新罪的刑罚是无期徒刑及其以下刑罚的，则要重新执行无期徒刑。

（3）对于被判处有期徒刑的罪犯在服刑期间又犯罪的，如果新罪被判处死刑、死刑缓期 2 年执行或无期徒刑，则要执行死刑、死刑缓期 2 年执行或无期徒刑；如果新罪是有期徒刑及其以下刑罚，则要根据刑罚规定，与正在执行的刑罚合并执行。

2. 又犯罪的处理程序。处理罪犯在监狱内又犯罪的案件，按犯罪地划分，有两种形式，一是在监狱内进行的，二是在社会上实施的。

（1）罪犯在监狱内犯罪案件的处理。《监狱法》第 60 条规定："对罪犯在监狱内犯罪的案件，由监狱进行侦查。侦查终结后，写出起诉意见书或者免予起诉意见书，连同案卷材料、证据一并移送检察院。”罪犯与狱外人员共同犯罪，罪犯起主要作用的，由监狱立案侦查，公安机关予以配合；狱外人员起主要作用的，由公安机关立案侦查，监狱予以配合。

(2)罪犯在暂予监外执行、离监探亲以及脱逃期间又犯罪的，监狱应当将有关情况及案卷材料移送有管辖权的公安机关或者检察院处理。罪犯被依法判决后，原则上仍送原所在监狱执行。

◆案例：某监狱罪犯马某，贩卖毒品罪，被法院判处有期徒刑15年；1997年3月入监服刑，因支气管哮喘、阻塞性肺气肿于1998年3月被批准暂予监外执行，保外就医回家治病。保外就医期间，该犯不思悔改，再次贩毒，被提起公诉，被法院判处有期徒刑3年，数罪并罚后收监合并执行。

(三)常见狱内又犯罪

罪犯在服刑中容易发生的犯罪行为有盗窃罪、伤害罪、杀人罪、破坏监管秩序罪、脱逃罪、组织越狱罪、诬陷罪、行贿罪等情形。下面根据《刑法》等有关法规，对部分犯罪行为的认定条件及处罚分别举例说明。

1. 破坏监管秩序罪。《刑法》第315条规定：“依法被关押的罪犯，有下列破坏监管秩序行为之一，情节严重的，处3年以下有期徒刑：①殴打监管人员的；②组织其他被监管人破坏监管秩序的；③聚众闹事，扰乱正常监管秩序的；④殴打、体罚或者指使他人殴打、体罚其他被监管人的。”

◆案例：罪犯董某于2016年1月因犯放火罪被某人民法院判处有期徒刑5年，于2016年6月1日交付某监狱执行刑罚。2016

年10月至2017年4月服刑期间，多次采用拳打、笔戳等手段殴打其他被监管人员，严重破坏监管秩序。该犯具体犯罪事实有3次：一是往罪犯李某头部、眼部猛击数下，致使李某当时倒地不起；二是与罪犯彭某因生产琐事产生口角后，用签字笔对彭某脸部、颈部猛戳数下，造成彭某鼻腔出血、面部、左耳各1厘米长伤口。同时，对劝架的罪犯钟某头部猛戳，造成钟某耳下划伤；三是与罪犯周某在生产线上因生产琐事发生口角，被民警警告后心里仍然不服，遂持开水杯走到周某工位线旁，将开水分两次泼到周某脖子上，导致周某脖子、肩膀部分烫伤。经法医鉴定，周某的伤情已构成轻微伤。

法院审理认为，被告人董某的行为破坏了监狱管理正常秩序，情节严重，已构成破坏监管秩序罪，遂当庭判处有期徒刑8个月，合并原判剩余刑期有期徒刑2年9个月零23天，决定执行有期徒刑3年3个月。

2. 故意伤害罪。《刑法》第234条规定："故意伤害他人身体的，处3年以下有期徒刑、拘役或者管制。致人重伤的，处3年以上10年以下有期徒刑；致人死亡或者以特别残忍手段致人重伤造成严重残疾的，处10年以上有期徒刑、无期徒刑或者死刑。"

◆案例：某监狱罪犯彭某，因故意杀人、故意伤害、寻衅滋事等多项罪名被判处有期徒刑13年，后因漏罪加刑，合并执行刑期10年。2016年4月14日，因生产上的琐事，彭犯与罪犯巫某在生产车间发生矛盾，引起肢体冲突，将巫某鼻子打伤，法医鉴定结果为轻伤。监狱所在地人民法院以故意伤害罪判处该犯有期徒刑7个月，同时撤销该犯之前所减的1年刑期，撤销之前所获的所有行政奖励。

该犯近7年的服刑生活，好不容易才减刑1年，顷刻间就化为乌有，而且撤销该犯之前所获得的行政奖励也差不多可折抵1年左右的刑期，合并计算，直接的损失刑期就是2年7个月左右，而间接的损失更是无法估量，根据最新的减刑、假释规定，对狱内又犯罪的各种处罚和限制相当严格，3年内禁止减刑，之后的减刑间隔期、扣减幅度也都有不同程度的影响。前前后后粗略一算，冲动的一拳，该犯等于多加了5年左右的刑期，确实是教训深刻，后果惨重！

3. 脱逃罪和组织越狱罪。脱逃罪和组织越狱罪，是狱内又犯罪中对监管改造和社会危害最大的犯罪。《刑法》第316条规定："依法被关押的罪犯、被告人、犯罪嫌疑人脱逃的，处5年以下有期徒刑或者拘役。劫夺押解途中的罪犯、被告人、犯罪嫌疑人的，处3年以上7年以下有期徒刑，情节严重的，处7年以上有期徒刑。"第317条规定："组织越狱的首要分子和积极参加的，处5年以上有期徒刑；其他参加的，处5年以下有期徒刑或者拘役。暴动越狱或者聚众持械劫狱的首要分子和积极参加的，处10年以上有期徒刑或者无期徒刑；情节严重的，处死刑；其他参加的，处3年以上10年以下有期徒刑。"

◆案例：罪犯张某在2012年因犯抢劫罪被判处有期徒刑13年6个月，并处罚金人民币5000元，交付某监狱执行刑罚。2015年7月10日下午，张某趁值班民警不备，从第七监区劳动厂房楼下休息区脱逃，经3、4号生产车间楼间的车行道窜至车间楼房的绿化带堡坎跳下，顺车行道逃至监狱医院旁后，穿过监狱操场，跳下操场绿化带堡坎，逃至监狱AB门B处时，被监狱人民警察和武警当场抓获。

法院审理后认为，被告人张某系依法被关押的罪犯，在服刑期间脱逃，其行为已触犯刑律，构成脱逃罪。鉴于张某脱逃过程中未能跑出监狱监管的范围即被抓获，由于意志以外的原因而未得逞的，是犯罪未遂。张某归案后能如实供述犯罪事实，可以从轻处罚；自愿认罪，可酌情从轻处罚。张某在前罪刑罚执行完毕以前又犯新罪，应当数罪并罚，最终法院依法做出如下判决：被告人张某某犯脱逃罪，判处有期徒刑6个月；前罪没有执行完毕的刑罚有期徒刑10年4个月又20天，并处罚金人民币5000元；数罪并罚，决定执行有期徒刑10年8个月，并处罚金人民币5000元。

4. 诬告陷害罪。《刑法》第243条规定："捏造事实诬告陷害他人，意图使他人受刑事追究，情节严重的，处3年以下有期徒刑、拘役或者管制；造成严重后果的，处3年以上10年以下有期徒刑。"

◆案例：2000年，某监狱罪犯苏某因车间监狱人民警察对他进行了严厉的批评教育，于是怀恨在心，背地里编造这位警察的"黑材料"，先后在1998年、1999年、2000年的产品、材料进出表上用涂改的办法，捏造了10笔产品9笔材料进出的数据，散布谣言，进行威胁，并利用接见的机会，通过妻子向省监狱局私发了匿名举报信。2001年9月，法院经审理后认为，苏某清在服刑期间捏造事实，诬告陷害他人，意图使他人受到刑事追究，实事清楚，情节严重，其行为构成了诬告陷害罪，判处有期徒刑3年。

5. 行贿罪。《刑法》第389条规定："为谋取不正当利益，给予国家工作人员以财物的，是行贿罪。"《刑法》第390条规定："对犯行贿罪的,处5年以下有期徒刑或者拘役,并处罚金;因行贿谋取不正当利益,情节严重的,或者使国家利益遭受重大损失的,处5年以上10年以下有期徒刑,并处罚金;情节特别严重的,或者使国家利益遭受特别重大损失的,处10年以上有期徒刑或者无期徒刑,并处罚金或者没收财产。”

◆案例:2017年6月的一天,罪犯李某夏的胞兄李某柳到监狱探望时,李某夏告诉李某柳自己在监狱里面没人照顾他,服刑的日子很不好过,让李某柳探望后拿人民币5000元送给监狱人民警察李某林。当晚,李某柳约李某林到漳州一个宾馆见面,当场送给被告人李某林人民币5000元,要求李某林关照李某夏,李某林收受贿赂后,随即将李某夏调换至较为轻松的生产岗位。1年后,李某柳再次到监狱探望李某夏,又到被告人李某林家里送给其人民币3000元。该服刑人员家属在两年间共送其近8万元。因行贿数额已经达到法定1万元的标准,该罪犯构成行贿罪,不仅之前的减刑被撤销,而且数罪并罚后刑期也被加长,得不偿失。

第四节　改造评估

司法部《教育改造罪犯纲要》第24条明确提出:“探索建立改造罪犯评估工作机制。要积极创造条件,开展对罪犯的改造评估工作,按照认罪悔罪、遵守规范、认真学习、积极劳动的要求,分阶段对罪犯进行评估,并据此制定和调整改造方案,开展有针对性的改造工作。”因此，建立一个体系严密、要素完整、结构科学、便于操作的罪犯改造评估体系是新时期监狱工作科学发展的重要组成部分，更是提高教育改造质量的有效途径。

一、改造评估的含义

罪犯改造评估是指利用和发挥现代科学技术，成功地将数学、统计学、信息学、管理学、心理学、犯罪学等学科知识融会于评估过程中，以信息收集、结构性面谈、量表测试和诊断为依托，建构起静态评估与动态评估相结合，以动态评估为主，定量分析与定性判断相结合，以定量分析为主的客观评价罪犯个体的评估体系，初步实现科学认识罪犯、矫正罪犯和评价罪犯的有机统一，为罪犯分类关押、分类处遇、个别化教育改造方案的实施、改造目标的完成提供科学依据，为罪犯顺利回归成为社会守法公民奠定坚实的基础。

二、改造评估的内容

按照在监狱教育改造的进程，罪犯改造评估一般分为入监评估、改造过程评估、出监评估三个部分，并建立相应的评估标准，为监狱针对性地开展教育改造工作提供规范的、科学的、准确的理论依据。

（一）入监评估

入监评估是指罪犯在入监教育期间，监狱对罪犯行为和心理特性所进行的预测性和检验性诊断评估，它是科学认识罪犯的前提,为监狱分管分押、制定罪犯改造目标和个别化改造方案提供科学依据。

入监评估主要从采集罪犯的基本信息、结构性面谈、量表测试、评估小组会诊、制定个别化改造方案等方面入手开展评估工作,以全面了解和掌握罪犯情况。

(二)改造过程评估

改造过程评估是指在罪犯入监评估后至出监评估前,监狱运用综合评估手段对罪犯个别化改造方案实施情况进行管控性评估,通过持续改进改造方案,促进罪犯改造目标实现的过程。它是一种过程质量的检验性评价,主要从以下两个方面开展工作:

改造过程评估主要采用定量分析和定性分析相结合的手段对罪犯进行评估。定量分析评估是对罪犯在教育改造和劳动改造两个方面进行量化考核,对罪犯在一定期限内的改造表现作出评估;定性分析评估主要通过观察法、谈话法等方法,对已获得的资料进行去粗存精、去伪存真、由此及彼、由表及里的全面分析、比较和概括,对罪犯在经过一定期限的教育矫正后的心理、认知、行为作出检测评估,促使罪犯形成良好的思维方式和行为表现,并将罪犯改造质量的评估结果作为罪犯刑事奖励的重要依据,与罪犯的减刑、假释挂钩。

(三)出监评估

出监评估是对罪犯刑满释放前的全面综合性评估,重点是进行罪犯心理、认知、行为的评估和再犯罪风险预测。评估内容主要侧重罪犯犯罪心理和恶习的消除程度、守法心理及良好行为习惯的建立程度、罪犯文化知识和技能的掌握程度、认识自我和认识社会及就业谋生的适应程度。在罪犯出监前，对罪犯改造情况进行量表测量和观察谈话，结合其一贯表现，对其进行综合评估，并根据心理学、犯罪学等相关原理进行再犯罪预测，可以为相关部门提供一些参考和借鉴。

案例：罪犯刘某犯强奸罪，原判刑期3年6个月。该犯在服刑期间积极参加监区文体活动，并取得了监狱人民警察的认可。2012年监狱试点推荐就业时，该犯提交申请，监区根据该犯出监评估结果，向合作企业推荐就业。刘某在厂方工作期间，得到了厂方的高度认可和赞扬，成功的回归了社会。

归纳起来，改造评估既是改造结果的评估，也是改造过程的评估；既是一个评估节点的状态评估，也是对一个评估区间综合呈现的稳定常态评估。入监评估所采集的信息、测试的结果都将是服刑过程改造方案的依据和指导，改造过程中的所有教育改造活动都会在入监评估后既定的程序中不断的改进和完善，通过各个期限、各种形式、不同内容的评估，不断的引导、激励罪犯主动的去摒弃恶习，重塑心灵，最后通过出监评估对罪犯进行综合性评估，把收集到的罪犯各方面信息进行归纳和分析，得出较为客观、全面的评估定性结论，既是对罪犯个体改造结果的检验，也是对监狱工作改造质量的检验。

三、改造评估的方法

随着监狱工作的发展，监狱工作者认识到了改造评估要从经验走向科学、从现象走向本质，进行了大量有益的尝试，摸索出了一些科学、适用的方法。根据收集罪犯改造评估资料上的途径和渠道不同,评估方法主要有以下几点。

(一)谈话评估法

主要指监狱民警通过个别谈话,了解评估对象的心理特征和行为信息,进而进行评估的方法。此方法相对其他评估方法而言,更加丰富、完整、直观。

(二)观察评估法

主要指对罪犯入监后的日常表现,如认罪态度、情绪状态、人际关系、学习和劳动表现等观察,进行分析评估的方法。就是通过观察评估对象的日常表现和改造态度的评估方法。

(三)访谈评估法

主要是指通过他犯或其他监狱监狱人民警察等形式,了解罪犯个体相关信息的评估方法。

(四)问卷调查法

是指通过问卷调查的方式考察罪犯改造思想与改造态度,从而搜集到可靠的资料的一种方法。

(五)测验(量表)评估法

主要是指使用标准化的测试量表采集罪犯的心理与行为变化信息数据进行定量分析的方法。

(六)实验评估法

是指用以确认或验证对罪犯某一维度评估的判断的评估方法。

（七）个别产品分析法

就是通过分析罪犯的活动产品，如从劳动过程中的产品质量来确定其劳动态度和劳动技能的评估方法。

在对罪犯改造评估的方法上，要使主观判断和客观评价、定性评价与定量分析结合起来，才能依据所掌握的信息对罪犯个体的改造质量作出公正客观的评价，脱离了公正客观，那么对罪犯的改造质量评估也就失去了意义。

四、以积极姿态参与改造评估

改造评估既是对罪犯改造过程进行具体质量控制和指导的过程，也是一项全员参与性的活动，不仅需要监狱人民警察的精心组织，更离不开全体罪犯的主动参与，积极配合。具体到罪犯来说，要做到以下 3 点。

（一）认清形势，明确意义

发挥监狱职能，提高改造质量，将罪犯改造成为守法公民，最终实现预防和减少犯罪的目的，是监狱工作的价值追求。因此，在罪犯中组织开展改造评估，并不是权宜之计，而是顺应时代发展潮流、合乎社会发展方向和现代行刑理念的长久之策。为此，罪犯一定要认清形势，明确要求，自觉克服各种模糊认识和错误想法以及抵触情绪，增强参与改造评估活动的积极性、主动性，做到服从安排，听从指挥，确保评估工作顺利进行。

(二)准确理解,正确对待

改造评估是一个动态的过程,其整体思路借鉴质量认证的管理理念,其实质也是质量控制过程,每个阶段、环节都有检测和评估。罪犯可以通过每个阶段的评估来及时调整自己的改造行为,它不是一种纯客观的检测评价手段,而是可以对罪犯改造起到激励、修正、控制的作用。

因此,每一名罪犯都要顺应形势,顾全大局,全面、准确地理解开展改造评估的目的意义,有问题、有想法要及时主动地找监狱人民警察汇报反映,并通过民警的谈话教育,消除思想上存在的疙瘩和认识上的误区,确保评估活动健康有序进行。

(三)主动配合,积极参与

注重罪犯改造的互动性,是现代监狱制度的一个理念。罪犯改造评估始终将“罪犯作为监狱行刑法律关系中的一方主体”,强调罪犯对其自身改造的参与和责任。监狱人民警察对罪犯进行系列测试评估,并将评估结果告知被测罪犯,让罪犯对照人的素质全面发展目标,清楚地知道自身在心理、认识和行为等方面的缺陷和偏差。在这样的基础上,由监狱人民警察指导罪犯制订个体改造方案,这种罪犯参与制定的改造方案针对性强,目的明确,罪犯乐于接受,也有利于引导罪犯改造从外在强迫走向自觉主动。由于有效激发了罪犯自身的改造内驱力,监狱教育改造工作的效能将大大提高。

因此,在改造评估活动中,每一名罪犯都要主动配合,积极参与,尤其是在量表测试和评议过程中,客观公正地填写,如实反映自己真实的思想状况，切不可弄虚作假、胡乱填写。本着对自己负责、对他人负责、对改造负责的态度，自觉接受监狱人民警察的指导，服从监狱人民警察的管理，积极主动参与改造评估活动。

拓展阅读

"离监探亲"彰显法治温度

999 名离监探亲服刑人员全部安全顺利返回监狱——2 月 22 日，司法部发布的这则消息，意味着春节期间全国监狱服刑犯人离监探亲活动圆满结束。其间，许多服刑人员与亲人相拥而泣的一幕幕场景，让很多人动容。

回家过个团圆年，本是一个很普通的愿望。但是对高墙内的服刑人员来讲，这个愿望却显奢侈。春节前夕，司法部统一部署 27 个省份的 311 所监狱集中开展罪犯离监探亲活动，最终 999 名罪犯得以走出高墙与亲人团聚。这既是依法依规之举，也是人道和人性之举，彰显了法治的关怀与温度。

作为一种狱政奖励措施，离监探亲是指准予符合一定条件的罪犯暂时离开监狱、探望亲属。根据监狱法等相关规定，已执行有期徒刑 1/2 以上的罪犯，符合"服刑期间一贯表现好，离监后不致再危害社会"等条件的，监狱可以根据情况准其离监探亲。

在"惩罚与改造相结合，以改造人为宗旨"这一监狱工作方针的指引下，让那些符合条件的罪犯暂时走出高墙，接受自由的浸润和亲情的感召，有利于促进其深刻忏悔、积极改造，早日重归家庭、走向社会，获得新生。

近些年，考虑到安全风险和社会接纳程度等因素，除四川等个别省份外，离监探亲活动在大多数省份"销声匿迹"。时隔10年，离监探亲在全国范围内重启，这是新时期司法行政系统践行总体国家安全观和监狱治本安全观的生动体现，以实际行动诠释了敢于负责、积极作为的担当精神。

德礼为政教之本，刑罚为政教之用。早在汉代，就已有离监探亲的类似实践。而最为后人所熟知的，则是唐代"纵囚归狱"事件。据《新唐书·刑法志》记载，唐太宗曾亲自审录罪囚，准许390名死刑犯回乡看望父母妻儿。当时有大臣提出反对，担心他们一去不回。可是，这些罪犯于第二年秋天"皆如期自诣朝堂，无一人亡匿者"。白居易曾赞颂，"四百死囚来归狱""以心感人人心归"。从传统的"纵囚归狱"到现代的离监探亲制度，从某种程度上来说，这是当代司法对传统优秀法治遗产的继承和发展。

可以说，在全国层面重启离监探亲，赢得了大多数人的理解和支持。当然，也有一些人担忧，罪犯离开监狱后万一有危害社会的行为或者逃匿怎么办？对此，司法行政机关通过每日报告、加戴电子手环、函告属地公安临时监管等举措，确保"稳妥放出去，安全收回来"，让离监探亲活动不出纰漏。

监狱工作具有一定封闭性，唯有保证离监探亲制度得到公平公正的执行，才能充分发挥这一制度的作用。为此，就要严格依据监狱法及相关规定，确保离监探亲制度在阳光下运行，让暗箱操作、徇私舞弊没有空间，从而发挥"温暖一人、教育一片"的作用。

（摘自《光明日报》2018年02月27日第14版 作者：靳昊）

■**思考题：**

1. 计分考核的目的是什么？其主要内容有哪些？

2. 对罪犯的行政奖励主要有哪几种？其中离监探亲需要什么条件？

3. 行政处罚的条件主要有哪些？

4. 请列举常见的狱内又犯罪类型。

5. 如何以积极姿态参与改造评估工作？

◆**教学活动：**

1. 组织一次《罪犯违纪行为处理及计分考核政策》专题讲座。

2. 组织一次《刑罚执行政策》专题讲座。

结束语　踏实改造奔新生

入监教育期间，大家一起学习了我国监狱的性质、任务，监狱工作的方针和政策，罪犯的权利、义务，认罪服法，政治改造，遵规守纪，规范言行，服从监管，教育改造，文化改造，劳动改造，预防疾病，心理调适，考核奖惩等等，使你们对今后的改造生活有了一个基本的了解和掌握，每一名罪犯对自己的罪错也应当有了一个较为全面和清醒的认识。但罪犯能否早日刑满释放成为守法公民，能否有一个光明的前途，这完全取决于罪犯自己，取决于罪犯改造的实际行动。

古人云"千里之行，始于足下"。每个罪犯要想取得一个好的改造结果，就必须有一个良好的开端，就应当从现在开始，从自身做起。入监教育即将结束，此时，很有必要好好盘点一下，对入监教育的收获和存在问题进行自我总结，并拟订出今后的改造目标和规划，有目的、有计划、有步骤地自觉改旧恶，塑新我，扎实走好改造的每一步。

一、树立信心，勇敢面对

（一）相信"人是可以改造的"

新中国监狱成功改造罪犯的事实胜于雄辩。日本战犯、末代皇帝、还有许许多多的普通刑事犯，通过自己的改造努力，不仅提前出狱，而且有的刑释后成了国际友人、成了受人尊敬的公民；有的入了党、入了团；有的成了英雄、模范；有的成了企业家、发明家等等。类似的案例举不胜举，反复论证了毛泽东的著名论断："人是可以改造的。"①

◆案例1：抚顺战犯管理所创造了"把鬼变成人"的奇迹

抚顺战犯管理所，原是日本帝国主义于1934年用近两年的时间修建的杀人魔窟——抚顺典狱，专门用于关押我爱国同胞以及朝鲜、蒙古、苏联等国的反战和平人士。日本战败后，被国民党占据，曾改作"辽宁第四监狱"。未曾料到，历史竟给这帮战争狂人开了个无情的玩笑。1950年7月19日，中国政府依据《波茨坦公告》、纽伦堡国际军事法庭，远东军事法庭有关处理第二次世界大战战争罪犯之规定，根据中苏有关协定的条款，开始正式接收由苏联政府移交给我国的在侵华战争中被苏军俘获的犯有破坏和平罪、战争罪、违反人道罪的日本战犯共计982人，伪满洲国战犯71人。之后，又陆续收押了在国内解放战争中被人民解放军俘获的犯有战争罪的蒋介石集团战犯354人。

---

①1960年10月，在接见美国记者斯诺时，毛泽东明确表示："许多犯罪分子是可以改造好的，是能够教育好的。"1964年4月24日，在公安部党组《关于调查胡芷芸案件的情况报告》上，毛泽东明确批示："人是可以改造的，就是政策和方法要正确才行。"同年4月，在听取公安部负责人汇报时，毛泽东再次强调："在一定的条件下，在敌人放下武器、缴械投降以后，敌人中的绝大多数是可以改造的，但要有好的政策，好的方法。要他们自觉改造，不能只靠强迫、压服。"

在982名日本战犯中，有到处建立无人区的日军117师团中将师团长铃木启久，制造多次血腥惨案的日军59师团中将师团长藤田茂，参与杀害赵一曼烈士的伪满警务指挥官大野泰治，谋杀赵尚志将军的伪满警察署长田井久二郎，参与指挥南京大屠杀的旅团长后任日军149师团中将师团长的佐佐木到一……

按照二战后国际上惩治战犯规定的量刑标准，抚顺战犯管理所至少有上百名日本战犯应判极刑。然而，中央人民政府实行宽大政策，最终只决定对45名战犯予以判刑。1956年7月20日，军事法庭公开宣判：武部六藏和斋藤美夫判刑20年，古海忠之、三宅秀也、中井久二等5人判刑18年，其余判刑5年至12年不等。一些参加审判旁听的外国记者，见证了国际审判史上罕见的情景：所有受审战犯无一人否认罪行，无一人要求赦免；相反的却是痛哭流涕，请求法庭对自己严惩，并对日本军国主义进行谴责和揭露。

对待上述战犯，抚顺战犯管理所认真贯彻执行中国共产党和人民政府为改造战犯所确定的一系列政策，给予战犯人道主义待遇，终于使昔日犯下滔天罪行的日本战犯，在正义的审判面前低头认罪；把伪满洲国战犯和蒋介石集团战犯改造成为热爱祖国，热爱和平的人。1956年6月至1964年3月间，在该所关押的日本战犯分期分批被全部释放回国。1959年12月至1975年3月间，被关押的伪满洲国战犯和国民党战犯也被分期分批全部释放。

对于该所在改造战犯工作中所做出的突出成绩，周恩来总理曾给予高度评价，并称赞道："抚顺战犯管理所工作很有成绩，改造日本战犯尤为显著；我们把末代皇帝改造好了，这是世界上的奇迹。"

"……只有中国人民，才是我们的恩人和再生父母。我们要把从各位那里得到的两件宝物——新的生命和真理，在后半生中为人民、为社会和平而奋斗。"日本战犯们从获释归国之日起，就开始了与那些历史"健忘者"们作斗争。当年就成立了"中国归还者联络会"（简称中归联），遵循"反对侵略战争，贡献于和平与中日友好"的宗旨，30多年来，他们冲破日本右翼势力的种种阻碍，以其亲身经历，举办座谈会、展览会、街头宣传，对日本侵华战争展开无情的揭露和批判。1975年4月，86岁的藤田茂率"中归联"代表团一行16人第三次访华，瞻仰抚顺平顶山"白骨馆"。1988年10月22日，"中归联"捐款建造了一座6.37米高的由大理石和花岗岩构成的"向抗日殉难烈士谢罪碑"，落成于抚顺战犯管理所。

失足未必千古恨，回头是岸四季春。每一个新入监的罪犯，一定要坚信自己能够改造好，坚信别人能做到的，自己也一定能做得到，要有"我能""我可以""我一定能做到""我一定做得到"的勇气，在什么地方跌倒，就从什么地方爬起来。因为自信可以使智慧闪光，让奇迹不请自来，带你从坎坷中走出自己的一片新天地，洗刷污渍，实现自己的"凤凰涅槃"，重铸美好的人生。

（二）相信国家和社会

1. 全面推进依法治国为罪犯改造提供了法治保障。十九大明确全面推进依法治国总目标是建设中国特色社会主义法治体系、建设社会主义法治国家。所以，全面推进依法治国，是解决党和国家事业发展面临的一系列重大问题，解放和增强社会活力、促进社会公平正义、维护社会和谐稳定、确保党和国家长治久安的根本要求。依法治国就是要求无论是部门还是个人，都必须遵守党纪国法，在法律和纪律允许的范围内开展工作，确保社会生活的安定、有序。在“依法治国”方略的带动下，监狱工作的法治化进程不断加快。《监狱法》的颁布与实施，进一步完善了我国刑事法律体系，为监狱正确履行职能，提供了法律体系和法律保障，并从法律上明确了我国监狱对罪犯实行惩罚与改造相结合、教育与劳动相结合的政策。罪犯从入监到出监，事事处处都受到法律的指引和保护。

尤其是党和政府的宽严相济刑事政策，不仅在量刑上给予罪犯更科学、更合理、更人性化的尺度，而且在行刑过程中也给予了更科学、更合理、更人性化的尺度。总体而论，宽严相济刑事政策本身包含了宽和严的两个侧面，对于不同的犯罪、在不同的时点、采取不同的手段方法凸显宽和严的不同侧面，充分履行了法律监督职能，有效地遏制、预防和减少犯罪，最大限度地增加和谐因素，最大限度地减少不和谐因素，为监狱行刑把握宽严尺度提供有力的司法保障。通过公开、公平、公正的司法程序；公开的社会评量效果；公开的舆论监督；公开的媒体宣传；公开的说理性司法手段，通过对个案或宽或严的执法活动，体现出理由说清、事实论明、宽不失节、严不失度、宽严平衡，让各方面都能对司法政策有一个全面、透明、客观的理解或认可，使整个执法活动更准确更透明。

2. 建设社会主义法治中国为罪犯改造提供了政策保障。改革开放以后，随着司法理念的转变，我国对于刑释人员的权利保护越来越重视，强调要做好刑满释放人员的就业安置工作，给大家创造参加学习、工作、劳动的机会，促使大家顺利回归社会。

(1)社保保障。2010 年,中央综合治理委员会《关于进一步加强刑满释放解除劳教人员安置帮教工作的意见》,刑释解教人员在就业、就学、社会保障等方面不受歧视,享受社会同等待遇。刑释解教人员可以到户籍所在地公共就业服务机构进行失业登记,凭登记证享受公共就业服务和有关就业扶持政策。各地应适当放宽对刑释解教人员中就业困难人员的认定标准,符合条件的刑释解教人员进行失业登记后可以直接申请就业援助;经人力资源和社会保障部门认定后,享受就业困难人员的就业扶持政策。农村户籍的刑释解教人员原有责任田(林)的,应予以落实。对生活困难的刑释解教人员,民政部门应按规定给予最低生活保障或采取临时救助政策。符合申领失业保险金条件和刑释解教人员按规定享受失业保险待遇;已经参加职工基本养老保险或新型农村社会养老保险的,按规定继续参保缴费或领取基本养老金。刑释解教人员按当地规定参加城镇基本医疗保险或新型农村合作医疗。

(2)就业保障。我国经济已由高速增长阶段转向高质量发展阶段,正处在转变发展方式、优化经济结构、转换增长动力的攻关期,建设现代化经济体系是跨越关口的迫切要求和我国发展的战略目标。必须坚持质量第一、效益优先,以供给侧结构性改革为主线,推动经济发展质量变革、效率变革、动力变革,提高全要素生产率,着力加快建设实体经济、科技创新、现代金融、人力资源协同发展的产业体系,着力构建市场机制有效、微观主体有活力、宏观调控有度的经济体制,不断增强我国经济创新力和竞争力,加之社会再就业工程的推进,这些都为罪犯将来回归社会,重新就业,平等参与市场竞争，开辟了更为广阔的空间。

由此可见，我国政府对待罪犯，并不只是一个强制执行和教育改造的过程，更是注重培养大家如何告别错误的过去，迈入新的生活。

3. 同心共筑中国梦为罪犯改造提供了前途保障。中华民族一家亲，同心共筑中国梦，这是全体中华儿女的共同心愿，也是全国各族人民的共同目标。中国梦最根本的是实现中国人民的美好生活。关于这个问题，需要从历史和现实两个角度来认识。1840 年鸦片战争之后，中华民族经历了长达一个世纪的社会动荡、外族侵略、战争磨难，我国劳动人民过着悲惨的生活，没有前途可言，即使是才华出众有专长、有本领的科学家，也是如此。他们的才学得不到重视，有的苦闷、彷徨、走上绝路；有的被迫流亡国外，寄人篱下。罪犯的前途就更不用说了。改革开放之初，我们党发出了走自己的路、建设中国特色社会主义的伟大号召。中国人民始终自强不息、顽强斗争，从未放弃对美好梦想的向往和追求。从那时以来，我们党团结带领全国各族人民不懈奋斗，推动我国经济实力、科技实力、国防实力、综合国力进入世界前列，推动我国国际地位实现前所未有的提升，党的面貌、国家的面貌、人民的面貌、军队的面貌、中华民族的面貌发生了前所未有的变化，中华民族正以崭新姿态屹立于世界的东方。所以我们说，实现中华民族伟大复兴的中国梦是近代以来中华民族最伟大的梦想。中国梦是中华民族的梦，也是每个中国人的梦。中国梦不是镜中花、水中月，不是空洞的口号，其最深沉的根基在中国人民心中。它激励着人们奋发向上，也是罪犯个人前途光明的根本保证。

二、下定决心，踏实改造

(一)端正思想,走好新生起步路

1. 踏实改造的意义。

(1)踏实改造是决裂旧我的必然选择。人之所以走上犯罪道路,是因为在错误的、扭曲的、畸形的世界观、人生观、价值观支配下,养成了不劳而获、好逸恶劳、贪图享受的恶习。这种人要改变成有益于社会的人,必须摒弃旧有的思想观念和行为习惯,用正确的世界观代替以前不健康的腐朽的世界观,用遵纪守法代替违法乱纪,用自食其力代替好逸恶劳,而完成这种改变的过程,必须经过踏实改造才能达到。不经过踏实改造和艰苦磨砺,没有浴火重生、破茧成蝶的决心和勇气,就不可能脱胎换骨,重新做人。

(2)踏实改造是重新做人的起码要求。有的罪犯看待问题偏执,不客观全面,做事情容易极端,容易与人发生争执,从而导致走上犯罪道路。重新做人就必须踏实改造,在改造中自觉学习法律法规,文化知识,劳动技能,接受心理健康教育,加强道德品质修养,提高综合素质,养成健全人格。只有心智健全的人,才能担负起社会责任、家庭责任,才能与人和睦相处,互相尊重,互不伤害,这是做人起码的原则。危害社会和他人的人是不能被社会所接纳的。只有通过踏实改造把自己变成遵纪守法的人,与人和谐相处的人,才能顺利回归家庭,融入社会。

(3)踏实改造是立功受奖的基本前提。立功受奖是罪犯争取光明前途的良好表现,踏实改造又是立功受奖的基本前提。大家都知道,不论是揭发检举狱内外犯罪分子的犯罪活动,还是制止他犯逃跑、行凶、破坏活动,还是有发明创造、技术革新,还是挺身而出、舍己救人救灾,这都是要有一定的思想境界和一定的行为能力作基础的。犯罪时的思想境界和行为能力是不可能作为这样的基础的,奠定这个基础的过程,就是扎扎实实改造的过程。

(4)踏实改造是早日新生的唯一路径。国家的政策和形势让罪犯在希望中改造,只是为罪犯改造指明了正确的方向,创造了重获新生的条件,但罪犯能不能有一个光明的前途,关键得看罪犯自己的改造行动。摆在罪犯面前的不外乎两种前途:一种是有罪不认,有错不改,在罪恶的泥潭里越陷越深,这种人的前途肯定是暗淡的、可悲的。如有的逃避服刑,孤注一掷,结果刑期越跑越长,日子越跑越难过;有的采取投机取巧、蒙混过关,结果混过了今天,混不过明天,因果报应,重蹈覆辙;有的采取放弃生命的绝念,岂不知放弃的不仅是自己的生命,而且放弃了自己的尊严,放弃了自己后半生的精彩,还放弃了家人对自己的期盼;有的服刑期间再次犯罪被加处刑罚,甚至掉了脑袋;有的不思悔改,数次被判入狱。另一种是深刻反省所犯的罪行,决心矫正恶习,用实际行动立功赎罪,争取减刑、假释,早日回归社会,回到亲人身边。由此可见,每名罪犯今后的改造出路和美好前程,不是凭空从天上掉下来的,也不是监狱人民警察给的,而是靠自己积极改造争取来的。罪犯自己的前途实际上就掌握在自己的手中。罪犯唯有坚定地踏实改造,才会有光明的前途,才是缩短刑期、早日新生的唯一出路。

从以上分析来看,踏实改造是一种全面持续的表现,就是罪犯主动将自己改造成为守法公民的努力过程。主要体现在以下三个方面:①改造言行的一致性。言行一致指的是说的和做的一个样,泛指表行一致,表里相应,遇事坦然,常有余裕。这不仅是改造的需要,也是做人的基本准则。但把言语化为行动,比把行动化为言语难得多。罪犯只有言行一致是踏实改造的第一步,光说不做是与踏实改造背道而驰的。②遵规守纪的示范性。良好的改造秩序是靠每名罪犯遵规守纪来维持的。踏实改造的罪犯要在遵规守纪方面作出榜样,不说不利于监管安全稳定的话,不做不利于监管安全稳定的事,并主动揭发检举一切不利于监管安全稳定的言行,自觉维护改造秩序的安全稳定。③改造过程的一贯性。每一名罪犯在服刑改造中都将接受时间和环境的考验。踏实改造的罪犯一方面要在成绩面前不骄傲自满;另一方面在挫折中能够坦然自若,经受住各种考验。

2. 务必消除和克服的几种错误认识。

(1)混刑度日的认识。"混刑度日"思想是改造途中的一只"拦路虎",必须坚决打掉。存有"混刑度日"思想的主要有两种人:一种是刑期短的罪犯。他们自以为刑期短,不需要减刑就可以不要改造。无形中把改造和减刑划成了等号。这部分人认为,反正刑期不长,学习对自己没什么用,倒不如落个逍遥自在。他们认为不管自己表现的好不好,时间一到,自然可以刑满释放,所以他们对监规队纪、行为规范、学习劳动都抱着一种无所谓的态度,整个做一天和尚撞一天钟的模样。另一种是部分数次被判刑入狱的罪犯,他们自诩见多识广,还对他犯的改造进行干扰。反正自己判了刑,成了名副其实的“阶下囚”,学习再努力,改造再积极,也改变不了“坐牢”的现实,何必自寻苦吃。在这种错误思想的支配下,他们即没有找到犯罪的根源,也没有认清犯罪的危害,甚至把刑期当成到监狱潇洒走一回,其结果必然是人出了监狱的大门,心牢却没有打开,于是就算重获自由也会旧病复发再次走上犯罪道路而再一次失去自由。更何况监狱也不是一个“保险箱”,谁能担保你因为改造的不坚决、不彻底,抑制不住别的罪犯的拉拢、教唆,而不出现其他问题呢?过去就有不少“短刑变长刑”的实际例子,这里更要严厉警告少数一而再、再而三被判刑入狱的罪犯,之所以多次判刑改造,正是由于过去不接受改造的必然结果。如果再不悬崖勒马,仍抱着无所谓的态度对待,其结果是十分危险的。

(2)放弃改造的认识。有这种错误思想的主要是长刑犯。特别是死缓、无期和限制减刑的罪犯,因为刑期漫长,觉得看不到希望,随着国家减刑政策的改变,觉得自己熬不出去了,干脆放弃改造,混一天算一天。有这类思想的罪犯看到其他人改造之路顺利,又会很纠结很矛盾,完全放弃有些不甘心,改造又不愿意吃苦,在挣扎中痛苦不已,不能解脱。其实如果能够换一个角度来想,刑期长并不可怕,服刑的过程只是生命的另一种存在状态,只要反思过去,调整好心态,幸福和快乐就一样可以拥有。

(3)虚假改造的认识。在改造过程中,有少数罪犯嘴上夸夸其谈,但在具体行动中却我行我素,发生了问题便遮遮掩掩,企图瞒天过海;另一种人迫于监狱制度的严格,每天能勉强完成各项任务，但牢骚满腹，思想消极，这种人虽然在行为上装成接受改造的样子，但心里没有任何改造意识。如何消除虚假改造呢？这其中最主要的就是要做到言行一致。检验一个人是否诚实，不是看他在众人面前说什么，而要看他背着众人时的所作所为。一个罪犯不管在什么时候，什么场合，都要用踏实改造的意识去提醒自己，约束自己，做到问心无愧，这样才能心地坦荡，光明磊落地接受改造。如果的确是心理上存在障碍，应该通过正当的途径去解决问题，而不能以此为借口，阴一套，阳一套。虚伪改造者为何把自己伪装起来，其主要原因也就是因为虚伪改造者最怕与自己的灵魂作斗争，不敢正视自己。人的内心总是充满矛盾，战胜自己人性中的弱点，不仅要有决心和勇气，还要加强自身的品德修养，培养健康向上的人生观。

(4)功利改造的认识。在改造中，有少数罪犯混淆了罪犯权利和义务的关系，一味地只要权利不要义务；只谈实惠，不谈改造；改造谈条件，劳动讲报酬，这种实惠改造、功利改造的行为是与诚实接受改造相抵触的。权利和义务是相伴而生的，随着权利的产生，义务也就产生了，一方面享有权利，一方面就必须承担相应的义务。罪犯的权利和义务也一样，享有权利是以履行义务为前提，履行义务正是为了更好地享受权利，两者相互促进，相得益彰。只要权利，不履行义务是错误的。罪犯只有依法履行改造义务，才能获得和享有应有的权利。

(5)走捷径改造的认识。在改造中，有少数人不是通过彻底改造自己的世界观，积极劳动，去争取立功受奖，走向新生。而是要家中亲人千方百计为其到所在监狱拉关系、走后门，企图靠人情、靠金钱，走捷径改造之路。消除捷径改造心理，就是要增强服刑改造意识，罪犯被判刑，接受惩罚和改造，是法律所规定的，惩罚就是依法对罪犯实行监禁关押，限制其一定的自由和强制他们进行改造，并通过监管、教育、劳动等手段使罪犯的犯罪恶习逐步得到纠正，良好的行为习惯逐步养成，从而由强迫改造过渡到自觉踏实改造。当然这个过渡不是一蹴而就，而是循序渐进的，只有牢固地树立服刑改造意识，才能满怀信心地接受改造。这里必须指出，走捷径改造是法律所禁止的，也是不可能得逞的，并且是有害于自身世界观的改造。

(6)缺乏韧性改造的认识。有这样思想的人常常因为情绪的变化而表现出不同的改造状态。心情好，情绪高涨的时候就会遵守监规队纪，积极劳动，参加各种学习和活动，一旦遇上波折，比方可能这个月没有联系上家人，可能被监狱人民警察批评了，可能和其他罪犯发生争执了，就容易内心烦躁，情绪失控，于是我行我素，任意违规违纪发泄心理的负面情绪。这类罪犯不能很好的适应环境，不能很好的调节自己的情绪，他们的各种行为举止全部靠自己的心情，缺乏自我约束，三天打鱼，两天晒网，改造之路只会越来越偏离原本的轨道。

(二)矫正行为，走好改造回归路

1. 立志赎罪，主动矫正恶习。赎罪是用行动来抵消、弥补罪过和错误，是认罪悔罪的升华和进步，是踏实改造的开始。一部分罪犯从走进监狱大门的第一天开始，就曾认识到自己犯罪行为的危害性,并试图通过监狱生活使自己脱胎换骨,早日回归社会。可一遇到艰苦的监狱环境,就把自己的愿望忘得一干二净,有意无意地放任老毛病。比如好吃懒做、见利忘义、损人利己、飞扬跋扈、恃强凌弱、图谋不轨、萌生恶念等。这些长期养成的恶习,一遇挫折或机会,就故态复萌,与监狱的规范化管理格格不入,与家庭和亲人的期盼与嘱咐背道而驰,甚至自暴自弃,使自己站到了改造的对立面。究其原因,应当承认矫治恶习不是一朝一夕能够完成的,它需要一个漫长的过程;也可以说有决心不大,改造意识不强,韧性不足等因素的影响。但归根结底是因为赎罪意识不强。

首先赎罪是罪犯良心的发现和良知的苏醒。赎罪意识的萌生是源于罪犯对自己犯罪思想的深刻批判。罪犯在改造中通过民警的启发和教育,深刻反省自己走上犯罪道路的思想演变过程,深挖犯罪根源,并通过激烈的思想斗争最终以积极的姿态承认犯罪事实,认清犯罪危害,从而自觉接受改造惩罚和改造,从内心赎罪。其次赎罪是对犯罪危害的深刻认识。赎罪不是一时心血来潮,必须对自己的行为深刻认识,看到犯罪给国家和人民带来的严重危害,才会产生赎罪意识,并形成坚定的赎罪决心,自觉从思想上赎罪,并把赎罪意识变成实实在在的赎罪行为,落到实处。

"往者不可谏,来者犹可追""不贵于不过,而贵于能改过"。如果一个罪犯从入监教育阶段开始,就站在赎罪的角度,痛下决心来矫正恶习,效果就应该不一样。因为一个罪犯一旦树立了赎罪信念,就不会灰心,就不会放弃,就会自觉咬定矫正恶习不放松,像剥洋葱一样,对自己的犯罪行为一层一层地反思,然通过学习不断提高自己的认知能力,提高自己识别是非、美丑、真假、善恶的能力,自觉朝守法公民目标迈进。期间,也许会遇到这样或那样意想不到的困难,但只要赎罪信念坚定,就会有持之以恒的毅力去克服困难,实现矫正恶习的目标,而且其他的改造收获也一定很不一般。

2. 从我做起,逐步矫正恶习。一个人的思想要发生根本性的转变,光有决心,不付诸行动,下再大的决心,也只是一纸空文,不会有实质性效果。如果行动只是凭三分钟的热情,那也可能只是徒劳。罪犯要充分利用监狱这一特殊环境,变外部的压力为自己的动力:

(1)从自身做起。唯物辩证法认为,内因是事物变化的根据,外因是事物变化的条件,外因只有通过内因才起作用。这就明确告诉每个罪犯,任何事物的变化,尤其是一个人思想的转变,其根本在于罪犯本人。一个罪犯由坏变好关键也在于自身的主观努力。监狱人民警察的谆谆教诲,各项监规纪律、行为规范的约束,社会力量的联合帮教等,这些归根结底是罪犯转变为新人的外部条件,即外因,它必须通过罪犯艰苦踏实的改造才能起作用。由此可见,罪犯要矫正恶习,关键在于从自身改造做起,从劳动学习、文明礼貌、衣食住行等方面严格要求自己,自觉养成遵守各种规章制度的好习惯。

(2)从小事做起。在日常改造生活中,个别罪犯往往不拘小节随地吐痰,乱倒残汤剩菜,不讲究自己的言行,放纵自己的行为。殊不知,这些小事、细节是恶习未除的表现,是违反行为规范的行为,直接关系着罪犯能否自觉遵守规范和矫正恶习。因为行为规范是一个整体,绝不是说大的方面需要遵守,小的方面就不需要遵守了。从小的方面违犯了规范,也是不遵守规范的具体表现。“不积跬步,无以至千里,不积小流,无以成江海”。改造无小事,细节决定成败。如果对这些小事都不在意,罪犯要彻底改造自己是很难的,甚至还有可能重蹈覆辙。因此,矫治恶习要从一点一滴的小事做起,从细节上严格要求自己,从改掉一个不文雅的动作入手,从改变一句不礼貌的言语做起,日积月累,小进步积累成大进步,久而久之,良好的改造习惯就自然形成,自由散漫等恶习就得到克服。

(3)从现在做起。古人云“明日复明日,明日何其多”无论是矫正恶习还是积极的培养健康的“三观”,都需要我们从现在做起,从此时此刻做起。有些人会认为反正刑期很长,今天过了就过了,明天再做也来得及。殊不知,人都是有惰性,今天的你做不好,明天你仍旧会以下次或者下一个明天为借口而放松自己,时间长了就会形成懈怠的习惯。错了并不可怕,重要的是你要在认识到错误的基础上及时付诸行动改掉那些坏毛病。其实生活中,“最重要的事情就是你现在正在做的事情,最重要的时刻就是此时此刻”,没有什么比面对现在,活在当下更重要。

3. 自省自律,坚决矫正恶习。自古以来,凡是成就大业的人,无不把自省自律作为自我修养的重要手段。早在两千多年前的孔子就提出了“吾日三省乎”,越王勾践就以“卧薪尝胆”的方式进行自省自律。

自省,就是经常反省自己,正确认识自己;自律,就是在认识自己的基础上怎样要求自己，自订规矩。自省自律就是要用唯物主义和唯物辩证法的立场、观点和方法来分析、解剖、反思、要求、约束自己，不间断地查找自己存在的问题，解决自己存在的问题，不间断地认识自己、完善自己。自我反省、自我约束，说起来容易，做起来却很难，但每个罪犯在改造中要过好这一关。为此，要把握以下四点：

一是自省自律的决心要大。自律的五大支柱首推认同事实。认同事实意味着你准确的察觉现实并且有意识地承认自己的感觉。这个听起来似乎很简单明了，但是当到具体实践中时尤其困难。如果你在生活中经历过一段特殊的艰难时期，极有可能问题的根源就是你没有觉察到事实的本来面目。所以大家不仅要深挖自己的犯罪根源，同时还要分析导致自己犯罪的真实心理因素，还要寻找自我约束的有效方法。自我反省必须要触及到灵魂深处，如同在烂脓未除、伤口未愈之前要揭去结痂一样；自我约束必须与自己的欲望作斗争，必须战胜不利于改造却又十分诱惑人的念头。特别是那些存有不认罪思想的罪犯更要下定决心，强化自我反省、自我剖析力度。认识到这一点，对于排除各种心理障碍，下决心自我剖析、自我反省、自我约束，找准“病根”，找准措施，不断增强认罪服法自觉性，具有十分重要的作用。

二是自省自律的角度要多。一个人之所以走上犯罪的道路，原因是多方面的。要全面准确地剖析、反省自己的犯罪和有效地约束完善自己，不能简单地就事论事，必须全方位的、多角度地剖析，要从世界观、人生观、价值观、道德观等角度作深刻反省，力求分析细致入微，看清自己本来面目。比如在世界观方面，对所受惩罚的评价，是否不讲前因后果，只讲自己刑期长，不讲自己罪行重；只算判刑给个人和家庭造成的损失账，不算自己犯罪给社会造成的危害账。在人生观方面，是否信奉“人生在世，吃穿二字”，“人不为己，天诛地灭”。在道德方面，是否颠倒是非、美丑、荣辱、善恶等伦理关系，从而找出一系列的所谓理由为自己的犯罪狡辩等。这些思想方面的东西，都要如实摊开，然后挖根源，摆危害，并且有针对性地加强自我教育和自我约束，这样才能做到真正认罪服法，改邪归正。

三是自省自律的层次要深。自省自律的层次浅，往往切不中要害。生活中有这样的人，自己摔跤了，不去扪心自问为什么走路不小心，却一味地责骂路况太差。即使是犯下了不可饶恕的罪行，也总有这样那样的理由。讲别人的多，说自己的少；论客观原因多，挖主观恶习少。强调“生活所迫”“家庭不幸”“政策多变”“过失大意”等，而不是去追究思想上为什么没有抵抗力、免疫力。究其原因就是对自己犯罪剖析不够深刻，暴露不够彻底，约束不够得力。“冰冻三尺，非一日之寒”。一个人的思想演变有一个量变到质变的过程。因此，在剖析、反省时，既要横向剖析思想、心理、行为等方面存在的缺陷，更要纵向剖析反思自己的犯罪历史。诸如：犯罪动机的萌发、产生、形成；从准备犯罪到实施犯罪过程中，思想上恶性膨胀，行为上的不断恶化以及作案后心理活动等。只有这样才能有利于反思整个思想演变的全过程，进而找出导致犯罪的根本原因和预防重新犯罪的有效办法。

四是自省自律的意志要坚。改造思想，矫治恶习，有人喻之为脱胎换骨，不是一朝一夕能够完成的，需要一个漫长的艰辛的过程。自省自律自然也就要长期坚持不懈。你昨天做好了不等于今天做好了，你今天做好了不等于明天就可以做好；而影响自省自律的因素很多，思想松懈会滑坡，身体不适会偷懒，外界诱惑会干扰，凡此种种，稍不留神，就一落千丈，前功尽弃。因此，自省自律必须要有持之以恒的决心和坚强的意志力。一方面要十分明确自己积极改造的目标，要有自己改造的短期打算和长远规划，随时随地用积极改造的标准来衡量自己的改造言行；另一方面要随时随地用积极改造的标准检查自己，查找差距，查找问题，及时地改正错误；与此同时，还要能抵制各种诱惑和克服各种困难，提高抗干扰的能力，任何时候不降低自己的改造标准，在监狱人民警察的教育引导下，坚决将自己的恶习予以矫正。

4. 制定规划，加快新生步伐。在日常改造生活中，罪犯不能混天度日，过一天算一天，做一天和尚撞一天钟，必须明确改造要求，树立正确的改造目标和方向。对自己的改造前途要有信心，要规划好自己的前途，做到改造有方向，生活有规划。

案例2：

某天，一个心理学家做了这样一个实验：他组织3组人，让他们分别向着10千米以外的3个村子进发。

第一组的人既不知道村庄的名字，也不知道路程有多远，只告诉他们跟着向导走就行了。刚走出两三千米，就开始有人叫苦；走到一半的时候，有人几乎愤怒了，他们抱怨为什么要走这么远，，何时才能走到头，有人甚至坐在路边不愿走了；越往后，他们的情绪就越低落。

第二组的人知道村庄的名字和路程有多远，但路边没有里程碑，只能凭经验来估计行程的时间和距离。走到一半的时候，大多数人想知道已经走了多远，比较有经验的人说：“大概走了一半的路程。”于是，大家又簇拥着继续往前走。当走到全程的3/4的时候，大家情绪开始低落，觉得疲惫不堪，而路程似乎还有很长。当有人说：“快到了！”“快到了！”大家有振作起来，加快了行进的步伐。

第三组的人不仅知道村子的名字、路程、，而且公路旁每1千米都有一块里程碑，人们便走边看里程碑，每缩短1千米大家便有一小阵的快乐。行进中他们用歌声和笑声来消除疲劳，情绪一直很高涨，所以很快就到达了目的地。

这个故事告诉我们：当人们的行动有了明确目标的时候，并能把行动与目标不断地加以对照，进而清楚的知道自己的行进速度与目标之间的距离，人们行动的动机就会得到维持和加强，就会自觉地克服一切困难，努力到达目标。

诗人流沙河在诗《理想》中优美地称颂：“理想是石，敲出星星之火；理想是火，点燃熄灭的灯；理想是灯，照亮夜行的路；理想是路，引你走到黎明。饥饿的年代，理想是温饱；温饱的年代，理想是文明；离乱的年代，理想是安定；安定的年代，理想是繁荣。”“理想是罗盘，给船舶导引方向；理想是船舶，载着你出海远行。”并生动形象地指出：“给罪人新生，理想是还魂的仙草；唤浪子回头，理想是慈爱的母亲。”入监初期的罪犯为充实改造生活，消除孤独和寂寞，用好理想这个“还魂草”，拟定一套适宜自己的改造规划是十分必要的。

◆案例3：

李二的改造规划

我叫李二，是一名因故意伤害罪被判处有期徒刑14年的罪犯，通过近3个月的入监教育，我深深感到改造贵在有计划，有计划就有目标，有目标就有追求，有追求就会奋斗，有奋斗就一定会有收获。为此，我将余刑12年6个月改造规划拟定如下：

【短期计划】

(1)尽快适应监狱环境，保质保量完成各项任务。

(2)内务卫生做到净、齐、优。

(3)每月写3~5篇质量较好的宣传报道，争取在监狱小报或省局新生报上发表。

(4)给被害者写一份忏悔信。

(5)争取在1年内拿两个表扬，争取减刑早日回家。

【长期计划】

(1)时刻用《监狱罪犯行为规范》约束自己，做“守法守规”的罪犯。

(2)把刑期当学期，参加高等教育自学考试，力争拿到本科文凭。

(3)争取评为省级改造积极分子标兵。

(4)争取拿到烹调和服装加工两项劳动职业技能证书，为自食其力打好基础。

(5)力争获得3~4次的减刑奖励,早日回到亲人身边。

从上面的案例分析来看,“千里之行,始于足下”,每个罪犯要想取得一个好的改造成果,就应当结合自身实际,从入监教育的结尾阶段开始着手确立改造目标,制定适宜的改造规划,并付诸行动。确立目标时要做到“三个结合”。

一是个人的改造目标要与国家的需要和社会的发展相结合。罪犯在制定改造规划时,眼光应该放长远些,既要考虑当前现实改造的需要,更要着眼于将来自己刑满就业的需要,要根据我国国情和社会发展的需要,要根据自己的爱好和特长,选择一个专项作为自己在服刑期间潜心钻研的对象。

二是个人的改造目标要与自身和所处环境客观条件相结合。要根据自身的条件和长处,扬长避短,客观、全面地分析、评价自己,实事求是地设计自我。同时改造目标也要与你所在监狱的客观条件相联系,不能脱离实际去制定目标,否则就缺乏可操作性,失败的机会就会增多,更容易让自己丧失对改造的信心。当然,改造目标一旦确立就要付诸行动,在实施的过程中,也不是一成不变的,要结合自己现实所处环境的变化作适当的调整,以便更好的实现。

三是长期目标与近期目标相结合。罪犯狱内改造的目标不仅只是每个月的表扬,也不仅只是减刑,而是要立志改掉恶习成为一个受社会欢迎的人;成为一个掌握一技之长、自食其力的对社会有用之人,成为一个有能力,受尊重,对社会有贡献的人。可见,制定好长期努力的目标可以使自己能看得更远,感觉到前面的路很长,不会因取得一点点成绩而沾沾自喜,忘乎所以;也不会因为在改造中受到一次挫折而悲观失望。制定好近期行动的计划,踏踏实实地从小事做起,从近期目标做起,长期目标也就会有实现的基础。

在具体制定改造规划时,可结合自己的刑期来确定自己改造规划的内容和实现目标的时间,长期目标内容宜粗不宜细,时间一般以1年、2年或3年为期限;近期目标内容宜细不宜粗,时间一般以1周、1个月或1个季度为期限。

三、重拾诚心,展望未来

(一)心系亲人,回归家庭

家庭与亲人的期盼和支持有利于罪犯重塑自我。罪犯虽然走入了高墙电网之内,与家庭、亲人相分离,但是为人父(母)、为人子(女)、为人夫(妻)的家庭社会身份并没有消失,仍然是家庭的一员。亲人期盼着罪犯回到他们的身边。浓浓的亲情,是每一个人无法割断的天然联系。多少罪犯的亲人奔波在探监的道路上,给罪犯送来家庭的温暖和亲人的关怀。罪犯不只是为自己而活着,还应当承担起家庭责任。父母需要赡养,配偶需要依靠,子女需要疼爱,家庭需要支撑。不管多长时间,他们都在耐心地等待;不管多么痛心,他们都在期盼;不管遇到多大困难,他们都在坚强地承受。亲人们把压力和痛苦埋在心里,却把温暖和爱带给罪犯,为罪犯默默地做着一切,提供着精神上的巨大动力支持。

（二）心怀感恩，回报社会

我国著名法学家龚瑞祥教授指出："所谓'法治'，不仅仅是指'以法治国'，还包含着用于法治的法律必须遵循的原则，如'公正原则'、'平等原则'、'维护人的尊严的原则'等。也就是说，法律是确定的、公认的理想，而非我们通常所称的'长官意志'"。法治是一种社会状态，是使个人权利能够得到有效保障，国家权利能够得到有效制约的一种平衡状态。随着社会对犯罪现象认识的更加深刻和理性对待，全社会对那些确实改造好的罪犯给予了更多的宽容。这不仅提高了社会关系的和谐度，也更有利于罪犯的再社会化，真正达到教育人、改造人的目的，有效预防犯罪和减少犯罪。

◆案例4：

时代楷模——武汉精神实践者（好人榜）

因抢劫，入狱两次累计19年，刑满释放后，在社区等多方面的关心之下，他选择了回归之路，干起了公厕保洁员的活。在厕所里，他收留了一名捡破烂为生的流浪青年，并帮助他找到一份环卫工作，让其自食其力。他的这份真诚与爱心，打动了一名环卫女工，3人组成了一个特殊的环卫之家。

前不久，43岁的武汉市江岸区厕管员陈雪东，被评为武汉市"时代楷模——武汉精神实践者（好人榜）"。陈雪东迈开踏实的脚步，4年时间，演绎了从坏人到好人的"蜕变"历程。

2013年10月，陈雪东因表现良好，提前出狱。但他的回归之路，并不平坦。

10岁那年，父母离异，他与爷爷奶奶生活在一起。唯一的一套

60 多平方米的住房,因爷爷奶奶患上重病,而变卖用于治病。出狱时,两位老人早已离开人世。得知这一情况后,武汉市江岸区四唯街太平社区为他办理了低保。

听说他出来了,过去的一些朋友,有的许以高薪请他“出山”,有的许以副经理的位置。陈雪东跟过去的朋友约法三章:“无论是什么事,我都不参与。我要换一种活法,只想过平淡的生活。”“朱书记,我想找一份正规的事情做。”陈雪东找到太平社区书记朱耀文。“有一个扫厕所的事,只怕你做不来。”朱耀文试探说。“我做,没问题。”陈雪东满口答应下来。当天,他卷着铺盖,来到了位于黄浦大街小游园旁的一座流动公厕。公厕配有工作间,虽然只有 3 个平方米,但正好可以摆张小床,陈雪东就在公厕安了家。

每天凌晨 5 时许,他起床将公厕里里外外擦洗得干干净净,24 小时开放,成为该市为数不多的全天候开放公厕。

2014 年 7 月的一天早上,陈雪东打开厕所门清扫保洁时,发现一名男子在里面呼呼大睡。

陈雪东和其聊天得知,该男子小凡 1987 年出生,从 13 岁时,外出流浪,做过传销、当过学徒。因大字不识几个,都没干长,后流落至武汉,以捡破烂为生,经常留宿街头。“我认你这个弟弟,你就跟着我吧,有我一口吃的,就有你一口吃的。”陈雪东通过警察朋友,查到小凡没有不良记录,想到自己的过往,他决定帮小凡一把。“我将工资分他一半,让他跟着我扫厕所。”陈雪东说。

这样的日子过了 1 年多,陈雪东决定帮助小凡自食其力,便向太平社区书记朱耀文求援。很快,小凡被安排到汉口江滩当保安,工资比哥哥陈雪东还要多几百元，晚上小凡仍回到公厕管理间居住。

2017年1月，江岸城管岸清一公司正式收小凡做了一名环卫工，有了社保和医保。昨日，小凡告诉记者，虽然陈哥不是亲哥，却胜似亲哥，“是他让我懂得，靠勤劳的双手，才能改变生活。”

这对兄弟的故事，感动了人们。陈雪东被评为“时代楷模——武汉精神实践者（好人榜）”。（参见《中国青年网》2017年6月5日）

“前途是光明的，道路是曲折的。”在改造过程中，会遇到各种困难和问题，如劳动不适应，纪律不适应，学习不适应，家庭变故等。遇到这些困难和问题，就要用入监教育中学到的思想观点、理论知识、方法技巧，有意识地指导自己正确处理。入监教育是为罪犯今后的改造打基础的，它不仅仅是解决罪犯初入监的改造问题，还要指导罪犯今后的改造实践。因此，罪犯下到监区以后，要坚持用入监教育学到的知识指导自己的改造生活，以入监教育的要求约束自己，改造自己。

坚强，不是面对悲伤不流一滴泪，而是擦干眼泪后微笑着面对以后的生活。

拓展阅读

黄丝带：浪子回归的召唤

1971 年 10 月 14 日《纽约邮报》刊登了记者 Pete Hamill 的一篇小说《回家》：长途车上坐着一位沉默不语的男子，在同车的年轻游客的盘问下终于开了口。原来他刚从监狱出来，释放前曾写信给妻子：如果她已另有归宿，他也不责怪她；如果她还爱着他，愿意他回去，就在镇口的老橡树上系一根黄丝带；如果没有黄丝带，他就会随车而去，永远不会去打扰她……汽车快到目的地了，远远望去，镇口的老橡树上挂了几十上百条黄丝带，车上的乘客都欢呼起来。

这个动人的故事被 Dawn 乐队改编成了歌曲。伴随着歌声，这个故事也传遍了全世界。黄丝带也成了美国"欢迎被囚禁的人重获自由"的标志。

◆歌曲：

Tie a yellow ribbon around the old oak tree

《老橡树上的黄丝带》

I'm coming home, I've done my time

Now I've got to know what is and isn't mine

If you received my letter

Telling you I'd soon be free

Then you'll know just what to do

If you still want me, if you still want me

Tie a yellow ribbon around the old oak tree
It's been three long years
Do you still want me
If I don't see a ribbon around the old oak tree
I'll stay on the bus, forget about us
Put the blame on me
If I don't see a yellow ribbon around the old oak tree
Bus driver, please look for me
Cause I couldn't bear to see what I might see
I'm really still in prison
And my love she holds the key
Simple yellow ribbon what I need to set me free
I've wrote and told her please
Now the whole damn bus is cheering
And I can't believe I see
A hundred yellow ribbons around the old oak tree

歌曲译成中文大意是:“我就要回家了,我已经服完刑期。现在我必须知道我还拥有什么。如果你收到我的信,信上写着我即将自由。如果你还要我!那么你将知道怎么办,请在老橡树上系一条黄丝带。已经三年了,你还要我吗?如果我没有看到老橡树上系着一条黄丝带,我会留在公共汽车上,忘了我俩的过去,把过错归咎于我。司机先生,请帮我看看,因为我无法承受我所可能看到的一切。我的心灵仍在监牢之中,而我所爱的她握着开启牢门的钥匙。我写信并告诉她,我所需要的只是一条简单的黄丝带来释放我。现在这整辆公共汽车都在欢呼,我无法相信我的眼睛,我看到有上百条黄丝带系在老橡树上。我就要回家了。”

这首在全球广为传唱的英文歌曲讲述了一个发生在刑满归家人员身上的动人故事,由此,黄丝带成为了呼唤浪子回归的一种象征。

■**思考题:**

1. 组织新入监罪犯撰写入监教育总结。

2. 在民警指导下,根据自己实际情况,制定一份服刑初期的改造规划。